James Goll

Die Gaben des Heiligen Geistes freisetzen

James Goll

Die Gaben des Heiligen Geistes freisetzen

GloryWorld-Medien

3. Auflage 2023

Bibelzitate sind, falls nicht anders gekennzeichnet, für das Neue Testament der Neuen Genfer Übersetzung, 2009, entnommen, für das Alte Testament der Elberfelder Bibel, Revidierte Fassung von 1985 (ELB). Weitere Bibelübersetzungen:

GNB: Gute Nachricht Bibel, 2002
HFA: Hoffnung für alle, Basel und Gießen, 1983
LUT: Lutherbibel, Revidierte Fassung von 1984
NeÜ: Neue evangelistische Übersetzung © 2013 Karl-Heinz Vanheiden
NLB: „Neues Leben. Die Bibelübersetzung", Holzgerlingen, 2002
REÜ: Einheitsübersetzung in neuer Rechtschreibung, 2004
SLT: Schlachter 2000
MNG: Menge Bibel

Das Buch folgt den Regeln der Deutschen Rechtschreibreform. Die Bibelzitate wurden diesen Rechtschreibregeln angepasst.

Übersetzung: Klaudia Wagner
Lektorat/Satz: Manfred Mayer
Umschlaggestaltung: Jens Neuhaus, www.7dinge.de
Umschlagmotiv: pixabay
Druck: CPI books GmbH, Leck

Printed in Germany

ISBN: 978-3-95578-353-2
Bestellnummer: 356353

Erhältlich beim Verlag:

GloryWorld-Medien
Beit-Sahour-Str. 4
D-46509 Xanten
Tel.: 02801-9854003
Fax: 02801-9854004
info@gloryworld.de
www.gloryworld.de

oder in jeder Buchhandlung

Stimmen zum Buch

James Golls *Die Gaben des Heiligen Geistes freisetzen* ist ein exzellentes, wirklich gut geschriebenes Werk. Mir gefällt, dass er verschiedene Strömungen berücksichtigt, nicht nur die Sichtweise einer bestimmten Denomination. James ist einer, der das Wort und die Wege Gottes sehr gewissenhaft studiert. Das spiegelt sich in diesem Buch wider. Ich bin gerne mit klugen Leuten zusammen, die voll des Geistes sind und es schätzen, von Gott zu hören. James war auch der erste Prophet, den ich um Gebet und die Freisetzung der prophetischen Gabe bat.

Ich habe den Eindruck, dass Gott die Gemeinde auf eine neue Heimsuchung Gottes vorbereitet. Wenn er zu uns kommt, erfahren wir mehr von seiner Gnade, was sich darin ausdrückt, dass er uns durch die Gnadengaben des Heiligen Geistes bevollmächtigt. Ich glaube, dass wir in dieser Zeit nicht länger damit zufrieden sein sollten, nur etwas über die Gnadengaben Gottes zu wissen, sondern Gott möchte, dass wir verstehen, wie wir auf ihn hören und durch seine göttlichen Befähigungen – seine Gaben – in seinem Namen handeln können. Ich bin James dankbar für dieses Werk der Liebe, das dazu beiträgt, den vielen, die gerade erst zur Festtafel des Meisters kommen, die Bedeutung und den Wert seiner Gaben zu verdeutlichen und den Weg, in ihnen zu wirken und zu wachsen, aufzuzeigen.

Randy Clark, D. Min.
Begründer und Präsident von *Global Awakening*

In *Die Gaben des Heiligen Geistes freisetzen* lädt James Goll dich ein, die Gaben des Geistes kennenzulernen und wertzuschätzen und außerdem klar zu verstehen, wie du sie freisetzen kannst. Mit solider biblischer Lehre, Erkenntnissen bekannter christlicher Leiter, mitreißenden Zeugnissen und persönlichen Anwendungsmöglichkeiten öffnet er dir den Bereich des Übernatürlichen, in dem das Wirken des Heiligen Geistes normal ist, in dem Menschen die Herrlichkeit Gottes sehen und sowohl Einzelne als auch Gemeinschaften ganzheitlich geheilt und wiederhergestellt werden können.

Dr. Ché Ahn
Seniorpastor der *HRock Church*
Präsident des *Harvest International Ministry*

Dr. James Goll ist in unseren Tagen einer der besten Lehrer, was den Heiligen Geist und das Leben im Königreich Gottes angeht. Seine Lehren sind prophetisch inspiriert, und selbst wer akademisch motiviert ist, kann sich wie zu einem Festmahl niederlassen, wenn er dieses Material anwendet und gleichzeitig eine prophetische „Infusion" empfängt. Die Geistesgaben sind mir ein Herzensanliegen, da ich in ihnen als neugeborene Gläubige das erste offizielle Training erhielt. Mit seinem Buch befähigt James die hungrigen Leser, diese wunderbaren Werkzeuge des Königreichs nicht nur zu verstehen, sondern auch zu aktivieren – und macht damit einen wirklich brillanten Job.

Patricia King
Gründerin von *XP Ministries;* www.patriciaking.com

James Goll wirkt bereits seit Jahrzehnten in den Gaben des Geistes. Nun fügt er in diesem wertvollen Buch solide Theologie und praktische Erfahrung zusammen. Er hilft dir damit, in das übernatürliche Leben hineinzugelangen. Egal, ob du eine Hausfrau bist, die sich aufrichtig und ernsthaft nach den Geistesgaben sehnt (wie Paulus uns in 1. Korinther 12,31 ermutigt) oder ein Pastor, der nach einer gesunde biblische Basis für ihre Anwendung sucht, *Die Gaben des Heiligen Geistes freisetzen* rüstet dich aus, inspiriert und aktiviert dich, die Gaben des Heiligen Geistes zu verstehen und in sie vorzudringen. Jeder Christ braucht dieses Buch!

Jennifer LeClaire
Leiterin des *Awakening House of Prayer*

James Goll hat uns ein exzellentes Buch zur Verfügung gestellt, das sowohl Studenten als auch Theologen viel Stoff zum Nachdenken bietet. *Die Gaben des Heiligen Geistes freisetzen* wird deine persönlichen Gaben aktivieren und den Wunsch in dir wecken, sie im Leib Christi mit Weisheit und Gnade freizusetzen. Mehr als einfach nur ein Buch, ist dieses Werk voller Erkenntnisse eines wahren Freundes des Heiligen Geistes. Ein Exemplar wird dir nicht reichen, denn du wirst es teilen wollen – mit deinen Freunden, deinem Hauskreis und deiner Gemeinde!

Dr. Brian Simmons
The Passion Translation Project, Stairway Ministries

James Goll lebt, was er sagt, und demonstriert, was er lehrt. Ich kenne ihn und seine Lehren sehr gut. Wir sind seit mehreren Jahren in den Dienstgremien des anderen vertreten. James hat dem Leib Christi ein großartiges Werkzeug gegeben, indem er uns diese geistlichen Wahrheiten leicht verständlich und biblisch fundiert unterbreitet und durch historische und heutige Beispiele veranschaulicht. Wenn du glaubst, dass Jesus Christus derselbe ist, gestern, heute und für alle Zeiten, dann wirst du *Die Gaben des Heiligen Geistes freisetzen* lieben!

Elizabeth Alves
Gründerin von *Increase International*
Internationale Bestsellerautorin von *Mighty Prayer Warrior*

James Goll ist einer der brillantesten Leiter, die ich kenne, und trotzdem einfach und bodenständig. Man hat uns gelehrt, gelehrt und gelehrt! Doch nun bläst James zum Appell: Setzt frei, setzt frei, setzt die geistlichen Gaben frei! Dieses Buch ist so klar, dass die Freisetzung der geistlichen Gaben total einfach wird. Tu's einfach! Und finde jemanden, mit dem du's tun kannst! Freisetzung wird ansteckend. Dieses Buch wird dich in einen „Täter" verwandeln!

Barbara J. Yoder
Autorin vieler Bücher
Direktorin des *Shekinah Regional Apostolic Center,* Ann Arbor

Dr. James Goll ist ein Vorreiter und Pionier der prophetischen und apostolischen Bewegungen, der mit seinen dynamischen Lehren und tiefen geistlichen Einsichten seit Jahrzehnten die Nationen prägt. *Die Gaben des Heiligen Geistes freisetzen* baut auf den großen Erfahrungsschatz in Bezug auf den Heiligen Geist auf, der in Dr. Golls Dienst so offenkundig ist.

Dies ist mehr als ein Buch; es ist ein übernatürliches Aktivierungswerkzeug und Handbuch für jeden Gläubigen. Es zeigt auf, wie man die Gaben des Heiligen Geistes erkennen, aktivieren und im Leben freisetzen kann. Im Gegensatz zur gängigen Ansicht, sind die Gaben des Geistes nicht statisch, sondern erfordern unsere aktive Teilnahme und Partnerschaft. Dieses göttlich inspirierte Buch wird deine wichtigen Fragen beantworten, wie zum Beispiel: Sind die Gaben des Geistes heute überhaupt noch relevant? Wie werde ich sensibler für den Heiligen Geist? Wie können Gläubige die Kraft des Heiligen Geistes in ihrem Leben freisetzen?

Wenn du das Übernatürliche in einem noch höheren Maß erleben willst, ist dieses Buch genau richtig für dich! Lies es bewusst und mit geistlichem Hunger – und du wirst nie wieder derselbe bzw. dieselbe sein!

Kynan T. Bridges
Gründer und Präsident der *Kynan Bridges Ministries, Inc.*
Pastor der *Grace & Peace Global Fellowship*

Natürliche Gaben und Talente sind großartig und gottgegeben. Aber deine natürlichen Talente reichen nicht aus, um deine göttliche Bestimmung und Berufung zu erfüllen. Um all das tun zu können, wozu Gott dich berufen hat, brauchst du die Salbung und das Wirken des Heiligen Geistes. *Die Gaben des Heiligen Geistes freisetzen* von James Goll wird dich befähigen, auf einem ganz neuen Level der geistlichen Begabungen und der Kraft zu wirken. In diesem Buch lehrt James Goll meisterhaft über die Funktionen aller neun Gaben des Heiligen Geistes, inklusive den Gaben der Offenbarung, der Kraft und der Sprachen. Er lehrt in einer klaren, wohlgeordneten und kraftvollen Art und Weise. Du wirst nicht nur lernen, was die Gaben des Geistes sind, sondern auch praktische Schritte unternehmen, um zu erleben, dass diese Manifestationen Gottes in dir und durch dich wachsen. Du wirst zugerüstet, um mit der Kraft des Heiligen Geistes das Leben der Menschen in deiner Umgebung zu beeinflussen. Dieses Buch ist äußerst empfehlenswert für jeden Einzelnen, aber auch für Hauskreise, Gemeinden, Bibelgruppen und Bibelschulen. Es wird eine großartige Ressource in deinem geistlichen Waffenarsenal sein!

Matt Sorger
Prophetischer Heilungs- und Erweckungsprediger

James Golls neues Buch ist ein Muss für jeden, der Gottes Stimme besser hören und die Geistesgaben in seinem Leben entwickeln will. Ich hatte die Ehre, mit diesem sympathischen Mann gemeinsam zu dienen und ihn dabei zu beobachten, wie er andere lehrt, ihre Gaben aktiviert und sie in ihre Bestimmung freisetzt. Die Lektüre dieses Buches, wird in dir eine übernatürliche Salbung auslösen, die ganz natürlich in dein Leben heute integriert sein wird!

Jerame Nelson
Living At His Feet Ministries

Ich habe James Goll stets als einen der Hauptväter der heutigen Prophetiebewegung gesehen. Und immer, wenn ich denke, er müsse doch jetzt alles ausgeschöpft haben, was man heutzutage so über die Geistesgaben lehren kann, entwickelt er noch bessere Ressourcen – wie zum Beispiel dieses Buch und das dazugehörige Arbeitsbuch – und dies qualitativ auf dem Niveau einer universitären Dokumentation. Diese beiden Werke sind ganz bestimmt das umfassendste und am besten dokumentierte Lehrmaterial, das uns heute zur Verfügung steht, um zu lernen, wie man die biblischen Geistesgaben empfängt und darin wirkt. Ich wage sogar zu sagen, dass kein einziger Schriftverweis zu dem Thema fehlt. Egal, ob du dich ganz neu damit befasst oder schon sehr erfahren bist, du entdeckst gerade einen größeren Reichtum biblischer Forschung, als du jemals in den Händen hattest!

Steve Shultz
Begründer der *The Elijah List*

Inhalt

Danksagungen und Widmungen

Die Gaben des Heiligen Geistes freisetzen ist auf dem Boden der Erkenntnisse verschiedener anderer Dienste entstanden. Im Laufe der Jahre habe ich mich bemüht, viele der mannigfaltigen Bewegungen des Heiligen Geistes zu studieren, die in der Gemeinde Jesu Christi aufgetreten sind. Dieses Buch ist daraus hervorgegangen.

Besonders danke ich für die Freundschaft und den Dienst von Mahesh und Bonnie Chavda, die mir so viel gegeben haben. Von Pat Gastineau von *Word of Love* in Roswell (Georgia) lernte ich eine Menge über die Gabe der Unterscheidung der Geister. Und der mittlerweile verstorbene Kenneth Hagin sowie andere geistliche Pioniere setzten mich der Gabe des Glaubens aus. Auch danke ich dem Herrn für Jim Crofts Lehrdienst, für John Wimbers bahnbrechende Erforschung der Zeichen und Wunder und für die apostolische Lehre, zunächst von Derek Prince und dann von C. Peter Wagner.

Auf den folgenden Seiten würdige ich die Beiträge verschiedener Freunde, welche Bücher über die Geistesgaben geschrieben haben, unter anderen Sam Storms, Dick Iverson und Mel Robeck. Sehr gesegnet wurde ich auch durch die prophetischen Einlagen von John Sandford, Cindy Jacobs, Bill Hamon, dem mittlerweile verstorbenen Bob Jones und verschiedenen anderen.

Vor allen Dingen aber bin ich unserem himmlischen Vater dankbar für unser größtes Geschenk: die Sendung des kostbaren Heiligen Geistes, der dritten Person der Gottheit! Deswegen widme ich mit einem dankbaren Herzen dieses Buch dem Werk und Dienst des Heiligen Geistes. Du bist der, der uns tröstet, leitet, Frucht bringen lässt und Gaben bringt. Komm, Heiliger Geist, und bevollmächtige dein Volk aufs Neue!

Geleitwort von Sid Roth

Der Heilige Geist tut großartige Dinge in unseren Tagen! Sein authentisches, übernatürliches Handeln nimmt überall auf der Welt zu. Er bereitet jetzt aktiv die Braut des Messias für ihren königlichen Bräutigam vor. Dies ist wirklich die aufregendste Zeit, in der man leben kann!

Als Moderator des internationalen Fernsehprogramms *It's Supernatural!*[1] ist es Teil meiner Berufung und Aufgabe, mich dem Wirken des Heiligen Geistes heute auszusetzen. Ich bin dankbar für alles, was Gott in der Vergangenheit getan hat, aber meinen Blick richte ich auf das, was er heute tut. Zugleich erwarte ich, dass die Geistesgaben noch stärker demonstriert werden.

Die meisten Bücher über das Übernatürliche handeln davon, wie sich die geistlichen Gaben im Leben des Autors auswirken oder wie sie funktionieren. Das freut mich zwar, interessiert mich aber nicht so sehr. Was mich wirklich interessiert, ist ein Buch darüber, *wie man die Gaben freisetzt.* Das bringt mich zu James Goll, der ein Freund Gottes ist und uns in den Wegen Gottes in der heutigen Zeit unterrichtet. Seitdem er vom Heiligen Geist unter Feuer gesetzt wurde, demonstriert er dessen Gnade und Kraft. Nun gibt er zum ersten Mal seine praxiserprobten Geheimnisse weiter, damit du die Gaben des Geistes in deinem Leben freisetzen kannst.

Wir leben in den letzten der letzten Tage. Jesus wird bald wiederkommen. Jetzt ist die Zeit auch für dich, das Feuer des Heiligen Geistes zu erfahren und in seinen Gaben zu wirken. Wenn nicht jetzt, wann dann? Dieses einzigartige Buch ist nicht nur biblisch basiert, sondern auch mit Zeugnissen über das Werk des Heiligen Geistes gespickt. Schließe also deine Sicherheitsgurte, denn du wirst in Höhen aufsteigen, die du nie zuvor erreicht hast!

---

[1] Übers.: Es ist übernatürlich!

Einleitung: Tu's einfach!

Mit voller Absicht habe ich dieses Buch mit *Die Gaben des Heiligen Geistes freisetzen* betitelt, anstatt mit *Die Gaben des Heiligen Geistes empfangen*, denn ich glaube, dass wir mit den geistlichen Gaben *jetzt* auch etwas *tun* sollten und sie nicht länger nur studieren, um zu erfahren, was sie sind und wie wir sie bekommen. Gottes Liebe mittels seiner Gaben an andere weiterzugeben, setzt natürlich ihren Empfang voraus. Doch zu lernen, wie wir die Gaben seines Geistes heute nutzen können, ist wichtiger, als lediglich zu lernen, wie man sie empfängt – und dann nichts damit tut.

Vor nicht allzu langer Zeit waren die „Geistesgaben" noch ein heißes Eisen. Die meisten verfügbaren Bücher darüber wurden erst in der jüngeren Vergangenheit publiziert. Obwohl man heutzutage nicht mehr allzu viele Predigten und Lehren darüber hört, hat Gott seine Gaben und die Bevollmächtigung dazu nicht zurückgenommen. Er hat diese besonderen Erscheinungsformen seiner Gnade nicht aufgehoben. Vielmehr hat er sich in diesen letzten Tagen entschlossen, sie *noch stärker* und mit viel höherer Wirksamkeit und Autorität auszugießen. Gott möchte, dass du nicht nur theoretisch etwas über seine Gaben *lernst*, sondern dass du auch das große Wunder erlebst, täglich in seiner Gnade und durch sie zu wirken. Diese Erfahrungen unter der Leitung des Heiligen Geistes werden dein größter Lehrer sein. Und du kannst erwarten, dass du immer mehr dazulernst, wenn du die Gaben praktisch anwendest – heute, morgen und übermorgen. Übung macht den Meister! Oder, wie man so schön sagt: „Tu's einfach!"

Die neun am meisten anerkannten Gaben

Die Gaben des Heiligen Geistes freisetzen besteht aus vier Teilen mit jeweils drei Kapiteln. Der erste Teil gibt dir einen Überblick über die Geistesgaben und eine Einführung in ihre Wirkungsweise.

Die Teile zwei bis vier enthalten spezifische Informationen über die neun bekanntesten geistlichen Gaben, und zwar gruppiert in die Bereiche „Offenbarungsgaben“, „Kraftgaben“ und „Sprachgaben“.

In Teil 2 geht es um die drei „Offenbarungsgaben“, die etwas „enthüllen“ oder offenbaren: die Unterscheidung der Geister, das Wort der Weisheit und das Wort der Erkenntnis. Teil drei betrifft die „Kraftgaben“, welche etwas tun oder handeln: Glaube, Heilung und Wunderwirkungen. Und der letzte Teil behandelt die „Sprachgaben“, die „sprechen“ bzw. an eine menschliche Stimme gebunden sind, um sich zu manifestieren: Die Zungen- bzw. Sprachenrede, deren Auslegung sowie die Prophetie.

Diese neun Gaben sind nicht die einzigen, die Gott seinen Kindern gegeben hat, aber es sind die wichtigsten, weshalb es gut ist, unter seiner Leitung etwas darüber zu lernen, sie zu verstehen und sie zu aktivieren.

Ich werde immer wieder Beispiele anführen, bei denen du diese Gaben in Aktion siehst, sowohl im heutigen täglichen Leben als auch in der Bibel. Es ist stets aufregend, Gott durch sein Volk wirken zu sehen; und selbst, wenn wir vertraute biblische Geschichten nochmal einmal betrachten, können wir immer wieder Neues darin entdecken.

Information, Inspiration und Freisetzung

Meine drei Hauptziele für dieses Buch sind *Information*, *Inspiration* und *Freisetzung* (oder Weitergabe). Erstens möchte ich, dass dir die hier zur Verfügung gestellten Informationen ein größeres Bewusstsein über die biblischen Wahrheiten in Bezug auf die Geistesgaben verleihen. Zweitens, dass dich die persönlichen und biblischen Berichte zu mehr Hoffnung und Glauben inspirieren, was das enorme Potenzial der Gaben angeht, die Gott dir gegeben hat. Und drittens wünsche ich mir, dass der Heilige Geist dich mit dem Mut erfüllt, vorwärtszugehen und sie zu nutzen.

Ich hoffe, dass wir beim Studieren dieses Themas alles daransetzen, um uns selbst als bewährte und effektive Arbeiter für den Meister zu erweisen (vgl. hierzu 2 Tim 2,15). Der Herr hat jeden Einzelnen von uns mit Gaben ausgestattet. Möge er in unserem Leben verherrlicht werden, dadurch dass wir der Welt um uns herum dienen – als seine Hände, Füße und Stimmen.

Wenn du nicht im Glauben aktiv wirst, wird auch nichts geschehen. Lass dich durch die Worte dieses Buches wachrütteln, dich Gott wieder ganz neu zuzuwenden, damit du die geistlichen Gaben, die Gott dir gegeben hat, jeden Tag deines Lebens einsetzen kannst: Tu's einfach!

Vergiss nicht: Glaube buchstabiert man „RISIKO" – die besten Früchte befinden sich immer ganz außen, am Ende des Astes! Was will der Herr für dich und durch dich tun? Blättern wir weiter und entdecken wir, was er heute für dich auf Lager hat.

TEIL 1

Einführung in die Geistesgaben

In diesem Teil führe ich dich in das weitgefächerte Themengebiet des Heiligen Geistes und seiner Gaben ein. Ich erkläre zunächst die Grundlagen für deren Gebrauch, da einige Leute glauben, diese Gaben seien nur von den Gläubigen der frühen Kirche ausgeübt worden und hätten dann aufgehört. Nach dieser Lehre, die sich „Cessationismus" nennt, hörten alle geistlichen Gaben, die mit Zeichen und Wundern zu tun haben, mit dem Ableben der urgemeindlichen Apostel (inklusive Paulus) auf. Cessationistische Anschauungen findet man auch in dieser Generation noch, doch sind sie nicht mehr so einflussreich wie zuvor, da die Kirchengeschichte und die heutigen Manifestationen des Heiligen Geistes solche Lehrmeinungen ganz einfach widerlegen. Eine ansteigende Flut von Millionen von Menschen wurden in den vergangenen Jahrzehnten vom Heiligen Geist berührt und haben seine Kraft sowie die Manifestation seiner Gaben erlebt.

Statt an Cessationismus glaube ich lieber an „Kontinu-ismus". Gott hat weder seine Gaben noch seine Beauftragung widerrufen! Er bleibt auch weiterhin dabei, den Heiligen Geist wie am Pfingsttag auf sein Volk auszugießen, um es zu segnen und die Welt mit seiner Liebe und Wahrheit zu erreichen.

In Kapitel 1 erörtern wir die Frage „Was sind geistliche Gaben?" und werden sehen, dass der Heilige Geist der Urheber aller Geistesgaben ist. In Kapitel 2 entdecken und verstehen wir, wie der Heilige Geist wirkt. Wie ich ausführen werde, ist es nicht immer einfach, einem Geist nachzuspüren, der wie eine unsichtbare Brise kommt und geht. Aber wir können uns auf Jesu Verheißung verlassen, dass er uns hilft, ihm zu folgen und seine Wege zu erkennen. Er erweitert unsere Grenzen und motiviert uns dazu, die Liebe und Kraft Gottes auszutesten. Dabei zeigt er uns, wie wir bleibende Frucht hervorbringen können. Dieses Kapitel zeigt auch Schlüssel zum Kennenlernen des Heiligen Geistes auf. Weil er in uns lebt, können wir uns auf ihn verlassen, mit ihm gehen, mit ihm leben und ihm zuhören. Wir können darauf vertrauen, dass er uns jederzeit aus der Dunkelheit ins Licht führt.

Kapitel 3 handelt davon, wie wir die geistlichen Gaben üben können. Ja, ich sagte „üben". Es benötigt Praxis, eine Menge Praxis, um in der Anwendung der geistlichen Gaben zu reifen. Der Heilige Geist ist überall in der Welt am Werk. Das bedeutet, dass alle seine Gaben immer noch voll aktuell sind. Dabei möchte ich betonen, dass sie nicht optional sind, sondern dass wirklich alle Kinder Gottes sie praktizieren sollten. Wie John Wimber es ausdrückte: Geistliche Gaben sind *Werkzeuge* – keine *Spielzeuge.* Du musst dich in ihnen üben und wirst nicht beim ersten Versuch ein Experte sein.

Die Geistesgaben sollen von Gläubigen benutzt werden, um die Welt mit dem Reich Gottes in Berührung zu bringen. Von ihm bevollmächtigt und befähigt, können wir überall Zeichen und Wunder tun – ob am Arbeitsplatz, auf der Straße, auf dem Parkplatz des Lebensmittelladens, im Café oder wo auch immer. Ich glaube, dass die Gaben des Geistes in ihrer Vielfältigkeit genauso groß und weit sind wie Gott selbst, sodass es keinen Grund dafür gibt, sie auf einen bestimmten Satz zu beschränken. Das Aufregende ist, dass wir noch zu unseren Lebzeiten erwarten können, dass die Dunkelheit durch eine bisher nicht gekannte, brillante Demonstration von Gottes Gnade und übernatürlicher Kraft überwunden wird – durch sein von ihm mit Gaben ausgestattetes Volk, das die Erlösungsbotschaft von Jesus Christus predigt.

KAPITEL 1

Was sind die geistlichen Gaben?

Bei jedem zeigt sich das Wirken des Geistes auf eine andere Weise ...

1. Korinther 12,7

Direkt nach der Aufhebung des Kommunismus 1992 hatte ich die Gelegenheit, einige Wochen lang quer durch Albanien zu fahren und in verschiedenen Städten die Leiter über den Dienst des Heiligen Geistes in der heutigen Zeit zu lehren. Das Gebiet von Albanien überschneidet sich mit dem historischen Illyrien, einer römischen Provinz, in der Paulus lehrte und den Menschen aktiv die Kraft des Heiligen Geistes demonstrierte. Durch den Römerbrief haben wir Kenntnis von Paulus' dortigem Dienst:

> *Dass ich so voller Freude und Stolz von meinem Dienst für Gott reden kann, hat seinen Grund einzig und allein in Jesus Christus. Ich würde es niemals wagen, von dem zu reden, was ich getan habe, wenn nicht Christus durch mich gewirkt hätte, damit Menschen aus den nichtjüdischen Völkern das Evangelium annehmen. Er hat durch das gewirkt, was ich sagte und tat, und hat es durch machtvolle Wunder und außergewöhnliche Dinge und durch die Kraft des Geistes Gottes bestätigt. Auf diese Weise ist es mir möglich gewesen, von Jerusalem aus in dem ganzen Gebiet bis hin nach Illyrien meinen Auftrag zu erfüllen und das Evangelium von Christus bekannt zu machen* (Röm 15,17-20).

Eine der albanischen Städte, in denen ich Versammlungen abhielt, nennt sich Shëngjin, das ist „Sankt Johannes“ auf Albanisch, und nach der dortigen Überlieferung predigte Paulus hier einst, zusammen mit Titus und Johannes, „dem Geliebten“. Wie sich herausstellte, war unseres das erste öffentliche Treffen der jüngeren Geschichte, bei welchem das Evangelium gepredigt und von Zeichen und Wundern in der Kraft des Heiligen Geistes begleitet wurde. Nur Gott kann die Dinge so gut eingefädelt haben, um die Wahrheit des Evangeliums zu bestätigen.

Es gab kein kirchliches Gebäude für unsere Versammlungen, weshalb wir an einem kalten, regnerischen Februarabend in einem festungsähnlichen, kommunalen Gebäude der Stadt zusammenkamen. Dort drängten sich etwa hundertzwanzig Leute im Raum, alle in ihren Wintermänteln, da es drinnen genauso bitterkalt war wie draußen.

Ich hatte nur wenig Unterstützung, nicht mal ein Lobpreisteam oder eine Möglichkeit, Anbetungsmusik abzuspielen. Außer einem christlichen Dolmetscher und einem Freund, der mich begleitete, sprach jeder in diesem Raum *shqip* (was man ungefähr wie „schkiep“ ausspricht), die albanische Sprache.

Ich hatte speziell um ein Wort Gottes für diese geistlich hungrigen Leute gebetet, da sie so lange keines bekommen hatten. Mithilfe meines Dolmetschers begann ich darüber zu predigen, wie Gott uns von Ablehnung und Unterdrückung befreit. Auch erzählte ich etwas über meinen Hintergrund sowie mein Zeugnis.

Ich begann mit meiner Predigt und sprach eine Weile, obwohl ich sehen konnte, dass ich nicht viel erreichte. Auf einmal ging mir der Name *Sarah* durch den Kopf. Es war bereits das zweite Mal an diesem Tag. Als ich mich zuvor im Gebet auf die Versammlung vorbereitet hatte, war mir derselbe Name schon in den Sinn gekommen. Ich hatte dem allerdings keine große Beachtung geschenkt, weil ich das Gefühl hatte, ich sei verpflichtet, der ganzen Gruppe zu dienen, nicht nur einer Person; außerdem fand ich, dass *Sarah* kein albanischer Name ist.

Aber nun gewann der Name zum zweiten Mal meine Aufmerksamkeit. Ich musste also schlussfolgern, dass Gott einen Grund dafür hatte. Ich wandte mich an meinen Dolmetscher und fragte: „Was heißt Sarah auf Albanisch?“ „Sabrina“, antwortete er.

„Ist hier jemand namens Sabrina?“, fragte ich. Eine jüngere Frau mit trauriger Miene hob ihre Hand. Jeder schien sie zu kennen. Ich bat sie, in den Gang zu treten und nach vorne zu kommen, was sie auch tat, fest in ihren Mantel gewickelt. Erst dann bekam ich mehr Klarheit darüber, was ich ihr sagen sollte. Ich prophezeite, und es wurde für sie übersetzt: „Du heißt Sabrina. Du hast das Evangelium von Jesus Christus noch nie in deinem Leben gehört. Du bist zweiunddreißig Jahre alt. Du hast einen Tumor in der linken Brust, und Jesus möchte dich heilen.“

Die Frau war ganz verblüfft über meine Worte. Sie war noch nie zuvor bei einer christlichen Versammlung gewesen, geschweige denn bei einer charismatischen. Doch obwohl sie so etwas vorher noch nie gesehen hatte, begann sie stark zu zittern. Sie wusste, dass die Worte wahr waren – und die restlichen Leute ebenso, da sie ihnen bekannt war. Vor der ganzen Gruppe gab Sabrina Jesus ihr Herz, und andere folgten ihr. Aber selbst die, welche in dieser Nacht vielleicht nicht gerettet wurden, hatten definitiv eine Begegnung mit der Kraft des lebendigen Gottes. An diesem Abend vergaßen wir alle, dass es kalt war, da Gottes Gegenwart äußerst intensiv war.

Schließlich kehrte Ruhe ein und jeder ging nach Hause, außer uns drei: mein Freund, mein Dolmetscher und ich. Wir hatten keine Unterkunft in der Nähe, sondern mussten noch in die nächste Stadt kommen, wo wir logierten. Der Sicherheitsdienst begleitete uns den Hügel hinunter zur Straße, wo wir darauf hofften, ein Taxi rufen zu können, obwohl Autos in ganz Albanien wirklich knapp waren. Und die Straßen waren schrecklich! So blieb uns in dieser regnerischen, dunklen Nacht (Straßenlaternen gab es auch nicht) nichts weiter übrig, als zu versuchen, als Anhalter mitzukommen.

Erstaunlicherweise hielt tatsächlich ein Auto an. Ich musste dabei an die Begebenheit in der Apostelgeschichte denken, wo Philippus in die Kutsche des äthiopischen Beamten stieg – und Gott mit ihm (nachzulesen in Apg 8,26-40). Der Fahrer war bereit, uns in die nächste Stadt zu bringen. So stiegen wir also in seine „Kutsche“ ein, und unser gottgesandter Chauffeur zog los, trotz Dunkelheit immer schön um die Schlaglöcher herum navigierend.

Ich hatte auf dem Beifahrersitz Platz genommen, während mein Dolmetscher und mein Freund hinten eingestiegen waren. Der Dolmetscher übersetzte für mich, und ich begann dem Fahrer zu erzählen, was wir an dem Abend in dem kommunalen Gemeindezentrum erlebt hatten. Plötzlich erfasste den Fahrer ein Zittern, und zwar nicht aufgrund der miserablen Straße. Mir wurde klar, dass wir uns mitten in einem weiteren göttlichen Treffen befanden. Dieser Mann stellte sich als Sabrinas Ehemann heraus! Er war ein Muslim, und auch er hatte das Evangelium nie zuvor gehört. Er fuhr weiter und ich sprach weiter. Noch bevor wir am Ziel ankamen, war auch er durch die Kraft des Heiligen Geistes gerettet.

Nach diesem Ereignis wusste ich, dass ich mir Paulus' Worte an die Korinther zu eigen machen konnte: *„Was meine Verkündigung kennzeichnete, waren nicht Überredungskunst und kluge Worte; es war das machtvolle Wirken von Gottes Geist"* (1 Kor 2,4). Gott war dabei, ein mächtiges Werk in Nordalbanien zu tun!

Gaben für heute

Mag sein, dass solche Dinge noch nicht besonders häufig in deiner Nachbarschaft geschehen sind, aber es ist eine Tatsache, dass der Heilige Geist Gottes Kraft durch seine Gemeinde in viel größerem Maß demonstriert, als uns bewusst ist. Er ist überall in der Welt am Werk, und *„Jesus Christus ist immer derselbe – gestern, heute und in alle Ewigkeit"* (Hebr 13,8). Das bedeutet, dass alle seine Gaben immer noch einsatzfähig sind, so wie auch die prophetische Gabe, durch welche ich das Wort für Sabrina empfing.

Ich erwähnte schon, dass die Gaben da sind, damit wir sie benutzen. Sie sind nicht nur eine Option, sondern alle Kinder Gottes sollten sie einsetzen. Du und ich – jeder einzelne Gläubige – sollten in unserem Leben mindestens eine Form der Geistesgaben praktisch ausüben. Wir sind dafür ausgestattet, die gleichen Dinge zu tun, welche die Jünger in der Apostelgeschichte getan haben – Zeichen und Wunder und alles dazwischen. Wir sollten nicht unwissend in Bezug auf unsere Gaben sein, sondern etwas über sie lernen. (Lesen Sie dazu beispielsweise 1 Kor 12,1 und 4-11 sowie 1 Pt 4,10-11.)

„Doin' the stuff" – „Die Dinge anpacken!"

Von John Wimber, der als Lehrer und Leiter der Vineyard-Bewegung bekannt war, stammt die Formulierung „Doin' the stuff" („Die Dinge anpacken"). Damit meinte er alle Erscheinungsformen der Kraft Gottes, welche die Verkündigung des Evangeliums und die Verbreitung der guten Nachricht vom Reich Gottes ergänzen, egal, wo und wann sie auftreten. Wimber sagte auch:

> Geistliche Gaben zeigen, wie die Kraft Gottes in der Gemeinde heute am Werk ist. Ein Gläubiger besitzt die Gaben nicht, sondern er empfängt diese von Gott, um sie zu bestimmten Zeiten und bei bestimmten Gelegenheiten einzusetzen. Gaben bezeugen die Bevollmächtigung durch den Heiligen Geist und sind für einen Dienst mit Zeichen und Wundern absolut unverzichtbar.
> Geistliche Bevollmächtigung ist eine Zurüstung für den Dienst. Die Gaben sind die Werkzeuge, die jemanden dazu befähigen, seinen Auftrag zu erfüllen.
> Die Geistesgaben werden uns verliehen. Außer der privaten Nutzung des Sprachengebets sind sie uns gegeben, damit wir sie zum Nutzen anderer einsetzen. Sie entfalten sich in einem Klima der Risikobereitschaft und der Bereitschaft zu akzeptieren, dass es möglicherweise „danebengeht".[1]

Wir haben die geistlichen Gaben nicht, um damit nach Lust und Laune zu spielen, sondern um sie durch Glauben zu aktivieren und nach Gottes Anweisung einzusetzen. Wann immer er sein Königreich auf etwas einwirken lassen will, ist seine erste Wahl, einen mit geistlichen Gaben ausgestatteten Nachfolger zu benutzen. Dieser Mann, diese Frau oder dieses Kind muss kein „Berufsgeistlicher" sein, wie ich einer bin (weshalb ich nach Albanien eingeladen wurde). Gott hätte die Situation auch so einfädeln können, dass die geistlichen Gaben eines anderen ins Spiel gekommen wären, denn üblicherweise setzt er den nächstbesten Gläubigen ein, um seine Ziele in der Welt zu erreichen.

---

[1] John Wimber, „Signs and Wonders, MC510," Audiolehre, auf einer Lehrstunde des Fuller Theological Seminary basierend (Anaheim, CA: Vineyard Ministries International, 1985).

Was sind geistliche Gaben?

Wie John Wimber sagte, sind geistliche Gaben Werkzeuge, keine Spielzeuge. Es ist also wichtig, sie zu praktizieren, und du wirst nicht schon beim ersten Versuch ein Experte sein. Es ist nicht gerade ein kleiner Schritt, hinauszugehen und sie in der Öffentlichkeit zu nutzen. Man muss wirklich in Kauf nehmen, sich dumm vorzukommen oder erfolglos zu sein. Es ist nichts garantiert, außer dass der Heilige Geist mit dir ist.

John Wimber war zum Beispiel irgendwann zu der Überzeugung gekommen, dass Gott ihn im Gebet für Kranke einsetzen wolle. Zuerst hat er alles, was er nur konnte, über die Heilungsgaben gelernt. Dann begann er es auszuprobieren. Er hatte schließlich für hundert Leute gebetet, bis endlich eine Person geheilt wurde. Das muss entmutigend gewesen sein, ganz zu schweigen von der Blamage. Aber er hat daran festgehalten, denn er war davon überzeugt, dass Gottes Heilungsgaben für heute bestimmt sind, und auch, dass Heilungen sich überall dort ereignen sollten, wo das Evangelium verkündet wird. Als er für das zweite Hundert Leute betete, wurden zwei geheilt. Aber er bleib dabei und wollte mehr – mehr Erfahrung, mehr erreichen und mehr Glauben gewinnen – und die Anzahl derer, die geheilt wurden, nahm dementsprechend zu. Schließlich wurde übernatürliche Heilung eine Hauptkomponente seines Dienstes.

Auf die gleiche Weise müssen auch wir willig sein, zielstrebig die Gaben zu praktizieren und dabei von geistlichen Mentoren zu lernen. Und wir brauchen die Bereitschaft, ein Risiko einzugehen. Der Heilige Geist wird dich nie antreiben, etwas zu tun. Wenn du darauf wartest, dass die „tanzende Hand Gottes“[2] über dich kommt und dich veranlasst, etwas zu sagen oder zu tun, wirst du ewig warten. Du musst schon handeln.

---

[2] Das Konzept der „tanzenden Hand Gottes“ ist hauptsächlich ein symbolischer Hinweis auf die spontane Aktivität des Heiligen Geistes, bei dem er sich auf besondere Weise und in einer bestimmten Salbung auf verschiedenen, einzelnen Personen bewegt oder sie mit einer Gnade oder Gabe für diese spezielle Situation oder Versammlung bevollmächtigt. Er „landet“ oder „fällt“ auf die versammelten Gläubigen und befähigt übernatürlich verschiedene Personen, um in verschiedenen Gaben zu wirken, sie zu empfangen und auch freizusetzen.

Um eine umfassende, schriftgemäße Grundlage für seine Definition der geistlichen Gaben zu geben, zitiert John Wimber Mel Robeck, der an der Fakultät des *Fuller Theological Seminary* lehrt:

> Die Gaben *(charismata)* des Heiligen Geistes sind die transrationalen [über den menschlichen Verstand hinausgehenden] Manifestationen Gottes. Sie sind von Gott zum Zweck des Dienstes gegeben, welcher zum Wohl des Leibes Christi stattfindet (vgl. 1 Kor 12,7).
> Die *Quelle* der Gaben ist der Heilige Geist (vgl. 1 Kor 12 und Hebr 2,4).
> *Empfänger* ist die Gemeinde des Heiligen Geistes, manchmal auch das Volk Gottes oder der Leib Christi genannt (vgl. 1 Kor 12, Röm 12, Eph 4 und 1 Pt 4,10-11).
> Deren *Ziel* ist, den Leib zu erbauen, die Heiligen auszustatten und Gott zu verherrlichen.
> Ihr *Motiv* sollte immer Liebe sein (vgl. 1 Kor 13,1-13).
> Das Wie und Wofür der geistlichen Gaben steht durch die ganze Geschichte hindurch stets in direkter Beziehung zum Werk des Heiligen Geistes.[3]

Dieser letzte Punkt, über das Wirken des Geistes durch die ganze Geschichte hindurch, steht in direktem Widerspruch zu dem Glauben vieler westlicher Kirchen, dass die Zeichen- und Wundergaben des Heiligen Geistes mit den letzten urkirchlichen Aposteln verschwunden sind. Diese Anschauung wird *Cessationismus* genannt. Wenn du allerdings solche Erfahrungen gemacht hast, wie ich in Albanien mit Sabrina und ihrem Ehemann, ist es schwer, diesen cessationistischen Ideen anzuhängen. Ich schrieb dieses Buch unter anderem auch, um meine Überzeugung zu unterstreichen, dass der Cessationismus sich in der Auflösung befindet. Die Idee, dass die Gaben verschwunden sind, wird verschwinden! Die Gaben des Heiligen Geistes sind quicklebendig und in zahlreichen heutigen Christen wohlauf. Wenn du noch keiner von ihnen bist, hoffe ich, dass dies spätestens am Ende des Buches der Fall ist.

---

[3] Wimber, „Signs and Wonders", (Mel Robeck zitierend), Hervorhebungen durch den Autor.

Sind geistliche Gaben menschliche Fähigkeiten?

Wir müssen uns dessen bewusst sein, dass die Gaben des Geistes nicht lediglich menschliche Talente oder Fähigkeiten sind, die man so lange „poliert“, bis sie mit Gottes Licht strahlen. Die Geistesgaben sind nicht Teil des „natürlichen Werkzeugkoffers“, auch wenn Menschen ihre angeborenen und gottgegebenen Fähigkeiten nutzen, sobald sie die Gaben des Geistes als Werkzeuge einsetzen. Wir können zwar beobachten, dass Gott durch seinen Geist die Temperamente und Fähigkeiten von Menschen benutzt und verstärkt, aber das ist nicht das Gleiche wie der Empfang der geistlichen Gaben, welche „direkte Manifestationen des Heiligen Geistes durch die Gläubigen sind“.[4]

Der apostolische Lehrer und produktive Autor Peter Wagner fasst Wesen und Ziel der geistlichen Gaben so zusammen: „Eine geistliche Gabe ist eine spezielle Eigenschaft, welche der Heilige Geist nach Gottes Gnade jedem Glied des Leibes Christi gegeben hat, um sie im Rahmen des Leibes einzusetzen.“[5] Seine Formulierung „im Rahmen des Leibes“ bedeutet nicht, dass geistliche Gaben nur in gemeindlichen Veranstaltungen genutzt werden sollen. Vielmehr sollen sie durch die Glieder des Leibes Christi überall und allerorten ausgeübt werden, so wie Gott es bestimmt – was letztlich bedeutet, dass jede Situation in den „Kontext“ des Leibes gestellt wird.[6]

Der internationale Bibellehrer Derek Prince schrieb einmal, dass „kein Gläubiger in Jesus Christus ohne seine eigene, unverwechselbare Manifestation des Heiligen Geistes bleiben muss“.[7] Der Sinn der Geistesgaben ist, von Gläubigen genutzt zu werden, um die Welt mit dem Königreich Gottes in Berührung zu bringen. Bevollmächtigt und befähigt von ihm können wir Zeichen und Wunder am Arbeitsplatz, auf der Straße, auf dem Parkplatz des Lebensmittelladens, im Café und so weiter tun. Sowohl innerhalb als auch außerhalb der Gemeinschaft der Gläubigen können wir Kranke heilen, prophetisch evangelisieren und vieles mehr.

---

[4] Dick Iverson, *The Holy Spirit Today* (City Christian Publishing, 2006), 75.
[5] C. Peter Wagner, *Discover Your Spiritual Gifts* (Regal Books, 2005), 20.
[6] Ebd. S. 21–22.
[7] Derek Prince, *The Gifts of the Spirit* (Whitaker House, 2007), 20.

Warum gibt Gott geistliche Gaben?

1. Zum allgemeinen Wohl

Die Schrift hält uns dazu an, nach den geistlichen Gaben zu streben (vgl. 1 Kor 12,31; 14,1), und der Apostel Paulus macht klar, dass der Sinn der Gaben ist, sie zugunsten anderer Menschen zu nutzen:

> *Bei jedem zeigt sich das Wirken des Geistes auf eine andere Weise, aber immer geht es um den Nutzen der ganzen Gemeinde. Dem einen wird durch den Geist die Fähigkeit geschenkt, Einsichten in Gottes Weisheit weiterzugeben. Der andere erkennt und sagt mit Hilfe desselben Geistes, was in einer bestimmten Situation zu tun ist. Einem dritten wird – ebenfalls durch denselben Geist – ein besonderes Maß an Glauben gegeben, und wieder ein anderer bekommt durch diesen einen Geist die Gabe, Kranke zu heilen. Einer wird dazu befähigt, Wunder zu tun, ein anderer, prophetische Aussagen zu machen, wieder ein anderer, zu beurteilen, ob etwas vom Geist Gottes gewirkt ist oder nicht. Einer wird befähigt, in Sprachen zu reden, die von Gott eingegeben sind, und ein anderer, das Gesagte in verständlichen Worten wiederzugeben. Das alles ist das Werk ein und desselben Geistes, und es ist seine freie Entscheidung, welche Gabe er jedem Einzelnen zuteilt* (1 Kor 12,7-11).

Jeder von uns wurde um der anderen willen begabt. Weiter führt Paulus in seinem ersten Brief an die Korinther aus: *„Das soll also euer Ziel sein: ein Leben, das von der Liebe bestimmt wird. Bemüht euch aber auch um die Fähigkeiten, die uns durch Gottes Geist gegeben werden"* (1 Kor 14,1) und: *„Was folgt daraus im Hinblick auf euch? Ich weiß, wie eifrig ihr euch um die Gaben bemüht, die uns durch Gottes Geist gegeben werden. Aber dabei muss es euer Ziel sein, vor allem die Gaben zu bekommen, die eine Hilfe für die ganze Gemeinde sind"* (1 Kor 14,12).

Einige Leute verstehen an dieser Stelle den Sinn nicht so ganz. Sie gehen, was ihre Identität anbetrifft, vollkommen in ihrer Begabung auf, dabei sollten sie ihre Identität voll in Christus Jesus sehen. Gottes Gaben für dich sind niemals eine Aussage darüber, wie sehr er dich liebt. Ganz schnell kommt man in Versuchung, so zu denken, besonders dann, wenn Gott etwas wirklich Sensationelles durch dich tut. Du kannst dann fast nicht anders, als zu meinen, dies beweise Gottes besondere Gunst für dich, aber das tut es nicht! Wenn wir uns das Leben Jesu anschauen, sehen wir ihn als jemanden, dessen innere Sicherheit nicht darauf beruhte, eine hohe Anerkennung vom Vater zu ernten. Er diente während seines Lebens auf verschiedene Weisen, viele davon unspektakulär in ihrer Art. Genauso wird jeder von uns im Laufe seines Lebens in vielen verschiedenen Funktionen dienen, und die meiste Zeit davon werden wir nicht im Licht der Öffentlichkeit stehen. Wir werden umherziehen, von Ort zu Ort, und dabei ganz verschiedene Einflusssphären haben. Unsere Beziehungen werden sich verändern, und der Einsatz unserer Gaben wird möglicherweise wechseln, um den Erfordernissen der jeweiligen Situation zu entsprechen. Aber wenn wir auf Gott fokussiert bleiben, und nicht auf seine Gaben, können wir in jeder Situation einen festen und sicheren Stand bewahren.

Manche Leute sind wie Sternschnuppen; sie steigen auf wie der Blitz und brennen genauso schnell aus. Ich aber will feststehen wie der Nordstern, unerschütterlich und stark, da Gott unerschütterlich und stark ist! Wenn wir unsere Augen fest auf ihn richten, können wir uns darauf verlassen, dass er die geschenkte Gabe nicht zurückzieht oder widerruft. Was er gibt, nimmt er nicht wieder weg (vgl. Röm 11,29). In dieser Wahrheit können wir ruhen und müssen nicht versuchen, Gottes Plänen für uns vorauszueilen.

Es läuft darauf hinaus, dass geistliche Gaben eher zeigen, wie sehr Gott andere Menschen durch dich lieben möchte, als dass sie ausdrücken, wie sehr er dich liebt (obwohl er dich liebt, wahrhaftig!). Du bist ein Kanal seiner Gnade. Die Gaben wurden dir gegeben, damit du seine Liebe geradewegs an jemand anderen weiterleiten kannst. Gaben sind dazu da, sie zu verschenken!

2. Für den ganzen Leib

Die Arbeitsweise der Gaben ähnelt der Funktion des menschlichen Körpers, wo jeder Teil und jedes Organ mit den anderen zusammenwirkt, sodass der ganze Körper gedeiht (vgl. 1 Kor 12,12-31; Röm 12,4-8). Gott gibt geistliche Gaben, damit der gesamte Leib

Christi davon profitiert und alle Glieder einander Gutes tun können. Der Leib Christi ist nicht lediglich eine Versammlung individueller Gläubiger – er ist organisch. Er ist der heutige, lebendige Leib des Herrn Jesus Christus auf der Erde, welcher Gottes Gnade zum Ausdruck bringt. *„Das alles gilt nun auch im Hinblick auf euch, denn ihr seid der Leib Christi, und jeder Einzelne von euch ist ein Teil dieses Leibes"* (1 Kor 12,27).

Allzu oft kommen die Glieder einer Gemeinde auf Basis ihrer alltäglichen Interessen, Leidenschaften, Wünsche oder Gaben zusammen. Doch Gott will, dass wir uns gemäß unseren Gaben gruppieren, damit wir voneinander lernen und anderen Teilen des Leibes damit dienen können und schließlich der Leib der ganzen Welt.

Jeder von uns wurde um des anderen willen begabt. Die neun Gaben, die ich in diesem Buch detailliert beschreibe, umfassen nicht den gesamten Dienst des Leibes, doch ist dieser ohne sie nicht möglich.

3. Um die Wirksamkeit des Evangeliums zu verstärken

Es ist nicht möglich, dass der Leib Christi herrlich und voll funktionsfähig ist, wenn die *Charismata*, die Gaben des Geistes, fehlen. Ohne übernatürliche Gaben kann sich die Gemeinde nicht einbilden, der ganzen Welt das Evangelium predigen und die große Ernte vor dem Kommen des Herrn einholen zu können (vgl. Mt 24,14). Anders gesagt: Das Evangelium wird nicht vollständig gepredigt, wenn es nicht von „den Zeichen begleitet" wird (vgl. Mk 16,20).

Als die ersten Jünger durch Verfolgung zerstreut wurden, nahmen sie das Evangelium mit, wo auch immer sie hingingen:

> *Die Christen, die aus Jerusalem geflohen waren, machten überall, wo sie hinkamen, das Evangelium bekannt. Unter ihnen war auch Philippus. Er ging in die bedeutendste Stadt von Samarien und verkündete dort, dass Jesus der Messias ist. Scharen von Menschen hörten ihm mit ungeteilter Aufmerksamkeit zu; sie waren beeindruckt von dem, was er sagte, und das um so mehr, als sie die Wunder miterlebten, die durch ihn geschahen. Bei vielen Besessenen fuhren die bösen Geister aus; sie verließen ihre Opfer mit lautem Geschrei. Auch zahlreiche Gelähmte und Verkrüppelte wurden geheilt. In der ganzen Stadt herrschte große Freude* (Apg 8,4-8).

Wann warst du das letzte Mal Zeuge solcher Zeichen? Auch heutzutage leben wir immer noch in neutestamentlichen Zeiten, und wir sollten danach trachten, dass Gott uns die Gaben gibt, welche überzeugende Zeichen und Wunder hervorbringen, sodass einer sterbenden Welt das wahre Leben des Himmels bekannt gemacht werden kann: Jesus Christus. Jesus selbst sagt, dass die übernatürlichen Gaben der „Ausweis“ beziehungsweise die „Legitmation“ der Gläubigen sein würden (vgl. Mk 16,17-20; Apg 4,33; Hebr 2,3-4).

Wie man Gottes Gnade und Gaben empfängt

Nun gut, wir wissen also jetzt, dass Gott uns Gaben geben möchte, damit wir andere Glieder des Leibes Christi segnen und die gute Nachricht vom Königreich verbreiten können. Aber wie sieht das praktisch aus? Und wie können wir unseren Glauben aktivieren, um seine Gaben zu empfangen und auszuüben – hier und jetzt? Mit den folgenden Schritten bringen wir uns in Empfangsstellung, wenn wir Gott und seine Gaben suchen.

1. Wähle Gottes Wahl für dich

Als Erstes wählen wir Gottes Wahl für uns. Die theologischen Spannungen in der Gemeinde zwischen Gottes Souveränität und dem freien menschlichen Willen sind dir wahrscheinlich bekannt. Ohne die Kontroverse im Detail zu besprechen, lasst uns einfach anerkennen, dass Gott über alles souverän ist und dass er uns Gnade, Dienste und geistliche Ämter gibt, wie er es für gut befindet. Seine Entscheidung, uns Gaben zu verleihen, hängt nicht davon ab, wie gut sich jemand vorbereitet oder was er sich aussucht. Es ist Gottes Wahl, und wir können nicht darüber abstimmen (vgl. dazu beispielsweise Apg 2,1-4; 10,44-46).

Dennoch, obwohl Gott unsere Gabe auswählt, haben wir die Möglichkeit, uns für seine Wahl für uns zu entscheiden. Es ist wie bei den Pedalen eines Fahrrads. Wenn eines oben ist, ist das andere unten, und gemeinsam sorgen sie dafür, dass es vorwärts geht. Es benötigt Druck, zuerst auf das eine, dann auf das andere, um das Rad vorwärts zu bewegen. Genauso benötigen wir diese beiden scheinbar gegensätzlichen Wahrheiten als zusammenwirkende Kräfte, um das Ziel zu erreichen, nämlich geistliche Gaben zu empfangen und auszuüben. Ist es Gottes Souveränität? Oder unser freier Wille? Ja – beides!

Entscheiden wir uns also dafür, Gottes Gaben für uns zu empfangen und auszuüben.

2. Sei offen und empfänglich für Gott

Nachdem wir nun Gottes Willen gewählt haben, ist es wichtig, aktiv nach dem zu suchen und zu fragen, was Gott für uns gewählt hat. Dadurch stellen wir uns selbst zur Verfügung, um es auch zu empfangen. Diejenigen, welche bereits begabt wurden, können den anderen helfen, Gottes Gaben zu empfangen, häufig durch Handauflegung. Wir sehen diese Vorgehensweise durch die ganze Geschichte des Volkes Gottes hindurch, besonders nachdem der Gemeinde der Heilige Geist gegeben wurde. Ein Beispiel finden wir im Alten Testament, als Mose Josua die Hände auflegte, um ihm die Gabe der Leiterschaft zu vermitteln: *„Josua aber, der Sohn des Nun, war erfüllt mit dem Geist der Weisheit; denn Mose hatte seine Hände auf ihn gelegt. Und die Söhne Israel gehorchten ihm und taten, wie der HERR dem Mose geboten hatte"* (5 Mose 34,9). Diese Übertragung wäre ohne Josuas vorherige Zustimmung nicht geschehen.

Als im Neuen Testament der Heilige Geist an Pfingsten im Obersaal auf die Jünger ausgegossen wurde, waren sowohl die göttliche Souveränität als auch der freie menschliche Wille beteiligt. Keiner dort hätte den Wind des Geistes oder die Feuerzungen, die über ihren Köpfen in der Luft erschienen, selbst produzieren können. Aber sie waren dem Wort gehorsam, das Jesus ihnen gegeben hatte, und harrten zusammen geduldig und erwartungsvoll auf Gottes Gabe. Jesus hatte ihnen befohlen, *„... sich nicht von Jerusalem zu entfernen, sondern auf die Verheißung des Vaters zu warten – die ihr, sagte er, von mir gehört habt; denn Johannes taufte mit Wasser, ihr aber werdet mit Heiligem Geist getauft werden nach diesen wenigen Tagen"* (Apg 1,4-5 ELB). Die Gläubigen brachten sich also empfangsbereit in Stellung, betend und lobpreisend, ohne genau zu wissen, was Gott ihnen geben würde, aber willig, es zu empfangen. Sobald sie mit dem Heiligen Geist erfüllt waren, ließen sie zu, dass ihre Zungen sich lösten und ihre Stimmen diese neuen Töne hervorbrachten, *„wie der Geist ihnen gab auszusprechen“* (Apg 2,4, ELB).

Keiner legte an diesem Pfingsttag einem anderen die Hände auf, aber später gingen die Apostel oft auf diese Weise vor, als sie herausfanden, wie Gott innerhalb dieser Gemeinschaft von Menschen, die man später „die Gemeinde“ nannte, die Dinge getan haben wollte. Gott wollte, dass jeder mit seinem Geist erfüllt wird, und er stattete die Gläubigen mit dem Charakter und der Weisheit aus, die notwendig sind, um gute Entscheidungen über Methoden und Zeitpunkte zu treffen. Zum Beispiel riet Paulus Timotheus, die Hände „nicht zu schnell“ aufzulegen, sondern lieber Weisheit walten zu lassen, damit Gottes Wille geschehen konnte, ohne durch menschliche Sündhaftigkeit gefährdet zu werden (vgl. 1 Tim 5,22).

Schau dir einmal diese Beispiele der neutestamentlichen Praxis des Handauflegens zur Beauftragung im Dienst an:

> *Man ließ sie* (Stephanus und die anderen, die für die Verteilung von Nahrung an die armen Witwen ausgewählt worden waren) *vor die Apostel treten, und die Apostel beteten für sie und legten ihnen die Hände auf* (Apg 6,6).
>
> *Da machte sich Hananias auf den Weg und ging in jenes Haus. Er legte Saulus* (Paulus) *die Hände auf und sagte: „Saul, mein Bruder! Der Herr selbst – Jesus, der dir auf deiner Reise hierher erschienen ist – hat mich geschickt. Er möchte, dass du wieder sehen kannst und mit dem Heiligen Geist erfüllt wirst“* (Apg 9,17).
>
> *Eines Tages, während die Gemeinde dem Herrn mit Gebet und Fasten diente, sagte der Heilige Geist: „Stellt mir Barnabas und Saulus für die Aufgabe frei, zu der ich sie berufen habe!“ Da legte man* (die Leiter der Gemeinde in Antiochia) *den beiden nach weiterem Fasten und Beten die Hände auf und ließ sie ziehen* (Apg 13,2-3).

Manchmal bewirkt die Handauflegung eine Gabenfreisetzung[8] größeren Ausmaßes, so wie bei Ananias und Paulus. Diese kann

[8] Das englische Wort „impartation“ geben wir in diesem Buch wechselweise mit „Übertragung“, „Weitergabe“ oder „(Gaben)Freisetzung“ wieder. Anm. d. Hrsg.

allerdings auch ohne Handauflegung geschehen, wie zum Beispiel bei einem zielgerichteten Mentoring. Manchmal nennen wir das „einen Mantel werfen“ – was auf Elias tatsächlichen Mantel zurückgeht, der Elisa über die Schultern geworfen wurde, damit er Elias Nachfolger würde (vgl. 1 Kö 19,16.19). Diese einfache Handlung bestimmte den ganzen restlichen Verlauf von Elisas Leben. Er wurde Elias Diener und lernte, in Gottes Gaben zu wirken. Schließlich, am Ende von Elias' Leben, wurde Elisa der einzige Besitzer dieses Mantels, der einst über seine Schultern gelegt worden war (vgl. 2 Kö 2,1-14), und er setzte das Werk fort, indem er sogar noch mehr wundersame prophetische Handlungen vollbrachte als sein Mentor Elia.

Gibt uns Gott heutzutage weniger Gaben? Sollten wir nicht sogar noch mehr Aktivität des Heiligen Geistes erwarten, jetzt, wo wir in den letzten Tagen leben? Manchmal, wenn niemand da ist, der für mich beten könnte, lege ich mir die Hände selbst auf, um die Gaben zu wecken, die Gott gerade nutzen möchte. Ich lege die Hand auf meinen Bauch und sage: „Aus meinem Innersten werden Ströme des lebendigen Wassers hervorkommen“ (vgl. Joh 7,38) – und es funktioniert! Die Gaben, die er mir gegeben hat, fließen zum Nutzen der Menschen hervor. Tatsächlich ist es in meinem Leben die größte Freude zu sehen, wie Menschen Gottesbegegnungen haben! Das ist besser, als einen großartigen Kinofilm anzuschauen. Du und ich dürfen in der „großartigsten Show auf Erden“ die Schauspieler auf Gottes Bühne sein!

3. Stelle dich Gott zur Verfügung

Wir sollten uns dessen bewusst sein, dass es durchaus möglich ist, die Chance, eine Gnadengabe zu empfangen, zu verpassen. Ich erinnere mich an eine Fernsehsendung mit der Heilungsevangelistin Kathryn Kuhlman gegen Ende ihres Lebens. „Ich war nicht Gottes erste Wahl“, war sie überzeugt. „Gott hatte diese Gabe, diesen Dienst zuerst einem Mann angeboten. Und er lehnte ab. So kam Gott zu einer hässlichen Frau mit roten Haaren und Sommersprossen … und ich sagte ja.“ Sie empfing die Gabe und die Berufung, weil sie sich selbst zur Verfügung stellte.

Wir wollen nun betrachten, wie Jesu Jünger ihre Gabenfreisetzung empfingen. Sie stellten sich zur Verfügung, als er sie berief und sie in seiner Autorität zum Dienst aussandte. Sie gingen hinaus ins Land, und zwar ohne ihn, um ihre neuen Gaben auszuprobieren, und kamen dann zurück, um ihm von ihren Erfolgen zu berichten (vgl. beispielsweise Lk 10,1-11; 17-19). „Die Dinge einfach tun" brachte ihnen große Freude, und das trotz der persönlichen Opfer und Schwierigkeiten, die mit diesem Auftrag einhergingen.

Eine Vielzahl von Gaben

Für die Zielsetzung dieses Buches habe ich mich auf die neun wichtigsten Gaben des Geistes konzentriert, die wir in 1. Korinther 12 finden: die Unterscheidung der Geister, das Wort der Weisheit, das Wort der Erkenntnis, die Gabe des Glaubens, die Heilungsgaben, die Gabe der Zungen- oder Sprachenrede sowie die Gabe deren Auslegung, Prophetie und das Wirken von Wundern. Aber die Schrift führt noch eine ganze Reihe anderer geistlicher Gaben auf. Schau dir diese wundervolle Bestandsliste an (in alphabetischer Reihenfolge, die dazugehörigen Schrifthinweise in Klammern), welche auch die neun bereits erwähnten beinhaltet:

1. Leitung bzw. Verwaltung (1 Kor 12,28)
2. Apostel (1 Kor 12,28; Eph 4,11)
3. Barmherzigkeit (Röm 12,8)
4. Dienen (Röm 12,7)
5. Ehelosigkeit (1 Kor 7,7)
6. Ermahnung (Röm 12,8)
7. Evangelist (Eph 4,11)
8. Ewiges Leben (Röm 6,23)
9. Geben (Röm 12,8)
10. Gerechtigkeit (Röm 5,17)
11. Glaube (1 Kor 12,9)
12. Heilungen (1 Kor 12,9+28)
13. Hilfsdienste (1 Kor 12,28)
14. Lehren (Röm 12,7)

15. Lehrer (1 Kor 12,28; Eph 4,11)
16. Vorsteher (Röm 12,8)
17. Pastor oder Hirte (Eph 4,11; Apg 20,28; 1 Pt 5,2)
18. Prophet (1 Kor 12,28; Eph 4,11)
19. Prophetie (1 Kor 12,10; 14,1)
20. Sprachengaben (1 Kor 12,10; 14,1-34)
21. Sprachengaben-Auslegung (1 Kor 12,10)
22. Unterscheidung oder Scheidung von Geistern (1 Kor 12,10)
23. Wort der Erkenntnis (1 Kor 12,8)
24. Wort der Weisheit (1 Kor 12,8)
25. Wunder- oder Kraftwirkungen (1 Kor 12,10)

Die meisten der oben genannten Gaben werden an vier Stellen des Neuen Testaments genannt, wo wir Gaben aufgelistet finden: Römer 12, 1. Korinther 12, Epheser 4, und 1. Petrus 4.

Manche Leute sehen auch noch andere Gaben in der Bibel, wie zum Beispiel Handwerkskunst, Ermutigung, Fasten, Gastfreundschaft, Fürbitte, Deutung von Träumen, Urteilsvermögen (ein weiser Richter zu sein), Mission (interkultureller Dienst), Musik, Philanthropie und Anbetungsleitung. Den Beleg für diese Gaben finden wir nicht als Liste vor, aber man kann sie in biblischen Begebenheiten oder verschiedenen Befehlen und Anweisungen entdecken.

Die Vielfältigkeit der Gaben

Ich glaube, dass die Gaben des Geistes in ihrer Vielfältigkeit genauso groß und weit sind, wie Gott selbst, sodass es keinen Grund gibt, starr an einer bestimmten Zusammenstellung oder Liste festzuhalten, als sei sie exklusiv oder maßgeblich. Selbst in den biblischen Listen kann es, abhängig von ihrer Anwendung, Variationen von Gaben geben. Nimm zum Beispiel „Lehrer“ oder „Lehren“. Einige Leute lehren Erwachsene, andere lehren Kinder. Wieder andere lehren nur spezielle Gruppen, so wie beispielsweise „lernbehinderte“ oder internationale Schüler. Alle Lehrer sind auf die Themenfelder spezialisiert, die sie ihren Schülern vermitteln, und in jedem primären Bereich gibt es wieder eine große Anzahl spezieller Unterthemen.

Musiklehrer bringen ihren Schülern beispielsweise das Spielen eines bestimmten Instruments bei oder sie lehren über die Musik einer besonderen Kultur oder sie vermitteln, wie man Lobpreismusik leitet.

Dazu kommt, dass die meisten Lehrer eine bestimmte Art der Darstellung ihres Lehrstoffs bevorzugen. Eine beträchtliche Anzahl derer, die das Lehren ihren Beruf nennen, drücken sich verbal aus und richten sich dabei an große oder kleine Gruppen; viele von ihnen nutzen die Technik, um ihre Stimme zu verstärken und zu übertragen. Andere Lehrer sprechen eigentlich gar nicht so viel, da die meisten ihrer Lehren in geschriebener Form veröffentlicht werden. Manche Lehrer geben sich ganz informell und nutzen ihre Gabe einfach in der alltäglichen Kommunikation mit ihren Familienmitgliedern oder ihren Geschäftskollegen. Andere verwenden einen eher formalen Stil.

Es gibt also viele verschiedene Arten und Methoden des Lehrens. Würdest du jede Art als eine separate Gabe betrachten oder als Teilmenge einer Hauptgabe? So oder so, wir können in Bezug auf die Vielfältigkeit der Gaben, die Gott geben mag keine Einschränkung machen oder Grenze setzen.

„Situationsgaben", „Dienstgaben," und „Ämtergaben"

Manche der Geistesgaben scheinen nur zeitweilig zu funktionieren, je nachdem, was gerade für den Moment benötigt wird. Man könnte sie „situationsbedingte" Gaben des Geistes nennen. In anderen Fällen wirken Gläubige beständig in einer oder mehreren Gaben; die Gaben scheinen in ihnen zu bleiben. Diese können wir „Dienstgaben" des Heiligen Geistes nennen. Gewisse Gläubige wirken nicht nur kontinuierlich in einer oder mehreren Gaben, sondern wurden von Gott auch *selbst als Gaben* für den Leib Christi ausgesondert, um die Gemeinde für das Werk Jesu zuzurüsten (vgl. Eph 4,11). Diese Kategorie wird oft als „Amt" oder „Berufung" des Geistes bezeichnet.

Der Geist ist bereit, Gottes Gaben freizusetzen

Das Thema Geistesgaben ist wirklich phänomenal, und es ist ziemlich spannend, es zu lehren; aber es ist noch viel besser, die Gaben in Aktion zu sehen. Dabei ist vollkommen klar, dass sie allein durch die große Gnade Gottes geschehen, unabhängig davon, ob sie nun situationsbedingt, beständig oder eine Berufung für eine bestimmte Zeitperiode sind. Die Gaben des Geistes kann man nicht verdienen. Deswegen werden sie „Gaben" (Geschenke) genannt. Und sie werden auch heute noch freigesetzt!

Seit Beginn der Zeit wünscht sich der Heilige Geist, Menschen zu finden, die offen und empfänglich für ihn sind, damit er sich durch sie manifestieren (zum Ausdruck bringen) kann. Während der Schöpfung „brütete" er wie die Henne über ihren Küken, bevor er die Welt schuf (vgl. 1 Mose 1,2[9]), was in der Erschaffung der Menschen nach Gottes Bild gipfelte. Mehr als zweitausend Jahre später, nach dem Auszug aus Ägypten, sagte Mose: *„Mögen doch **alle** im Volk des HERRN Propheten sein"* (4 Mose 11,29). Der Prophet Joel sagte einen Tag voraus, an dem Prophezeiungen, Träume und Visionen weit verbreitet sein würden (vgl. Joel 2,28-29). Nach dem Kommen Jesu auf die Erde und nachdem der Geist der Gemeinde gegeben worden war, verkündete Petrus, dass der von Joel prophezeite Tag gekommen sei (vgl. Apg 2,14-18). Und noch einmal: Wir leben immer noch an diesem Tag, und Gott versorgt diejenigen mit seinen Gaben, die sie empfangen und zum Segen der Gemeinde und zur Rettung der Welt freisetzen werden.

Unser Gebet muss sein, gute Verwalter der Geistesgaben zu sein und zugleich drei Aspekte der geistlichen Fülle in unserem Leben anzustreben: Erstens, die Fülle der Kraft (die Gaben des Geistes), zweitens, die Fülle des Charakters (die Frucht des Geistes; vgl. Gal 5,22-23) und drittens, die Fülle der Weisheit. Haben wir nicht alle drei Aspekte der Fülle, führt das zu Missbrauch und Missachtung der Geistesgaben und das Kommen des Königreichs wird sich hinziehen. Wir müssen weiter wachsen und reifen und dem Bild Christi

---

[9] Von den deutschen Bibelübersetzern ergänzt Menge das Wort „schweben" in Klammern mit dem Wort „brüten" – Anm. d. Übers.

entsprechen, indem wir die geistlichen Gaben in göttlichem Charakter und Weisheit ausüben.

Paulus Worte an Timotheus gelten für jeden Einzelnen von uns: „… *dass du erweckest die Gabe Gottes, die in dir ist*“ (2 Tim 1,6), und „… *lass nicht außer Acht die Gabe in dir*“ (1 Tim 4,14 LUT). Lasst uns also unsere Gaben entfachen und sie zur Ehre Gottes hervorrufen. Komm, Herr Jesus! Komm, Vater! Komm, Heiliger Geist! Fülle uns ganz neu, genau jetzt!

Himmlischer Vater, ich möchte in allen drei Dimensionen des Heiligen Geistes in meinem Leben wachsen. Ich bitte dich um mehr von deiner Kraft, mehr von deinem Charakter und mehr von deinen weisen Wegen. Sei mein Gabengeber, mein Fruchtbringer und mein Lehrer und Leiter – immer zu deiner Herrlichkeit.

Ohne deine Hilfe kann ich nicht lernen, ein christusgemäßes Leben zu führen. Durch die Kraft des Heiligen Geistes möchte ich in meinem Leben Jesus widerspiegeln, wo auch immer ich hingehe. Lass mich immerzu offen und empfangsbereit für die Gaben sein, die du mir geben willst. Ich bin voller Erwartung, dass du heute in meinem Leben wirken wirst! Amen!

Kapitel 2

Wie der Heilige Geist wirkt

Und ich gebe meinen Geist in euch, dass ihr lebt, und werde euch in euer Land setzen. Und ihr werdet erkennen, dass ich, der HERR, geredet und es getan habe, spricht der HERR

Hesekiel 37,14

Der Heilige Geist liebt das Durcheinander. Woher ich das weiß? Vom zweiten Vers der Bibel: *„Die Erde war wüst und wirr und Finsternis lag über der Urflut und Gottes Geist schwebte über dem Wasser"* (1 Mose 1,2 REÜ). Bei der Schöpfung, als der Heilige Geist sich über dem formlosen Nichts aufhielt, sprach Gott die Welt, so wie wir sie kennen, in Existenz. Der Geist Gottes „liebte" das Chaos ins Leben und verwandelte es in etwas Herrliches.

Viele Bibellehrer wenden bei ihren Studien und Auslegungen das „Gesetz der ersten Erwähnung" an, womit gemeint ist, dass die erste Erwähnung eines Wortes, eines Begriffes oder eines Grundsatzes in der Bibel von diesem Punkt an dessen Eigenschaft festlegt. In dem obigen Vers sehen wir, dass der Geist Gottes schwebt bzw. sich *bewegt*. Und so wirkt er bis heute. Ständig ist er dabei, sich über der Erdoberfläche zu bewegen, und wo er hinkommt, bringt er Licht ins Dunkel. Auch nachdem die Erde fertig war, hat er niemals damit aufgehört, sich auf diese Weise zu bewegen, da er permanent das Gesicht der Erde – mitsamt den Herzen der Erdbewohner – erneuert.

Die grundlegendste Antwort auf die Frage „Wie bewegt sich der Heilige Geist?" ist, dass er „schwebt". Er verweilt über etwas, bis er beschließt, sich weiterzubewegen, nachdem er seine Inspektion oder die Ausführung seines Vorhabens vollendet hat. Was bedeutet diese Information für uns? Manchmal mag sich auch unser Leben wie ein „formloses Nichts" anfühlen, aber der Heilige Geist in uns ist nicht untätig. Wir können heute auf sein Wirken in uns und um uns herum reagieren. Wir können unsere Herzen öffnen, um die Gnade Gottes zu empfangen und sie auch für andere freizusetzen!

Wie sollen wir auf den Heiligen Geist eingehen?

Mir fallen mindestens drei Möglichkeiten ein, wie wir dem Heiligen Geist immer begegnen sollten:

1. Wir sollten ihn ehren – als Gast und als Hausherrn

Heiße den Heiligen Geist in deinem Zuhause willkommen, in deinem eigenen Geist. Begrüße ihn per Du, aber nicht mit einer plumpen Vertraulichkeit. Erkenne an, dass er die dritte Person der Gottheit ist und eine ganz eigene Persönlichkeit und eigene Weg hat. So wie Johannes, der geliebte Jünger, schrieb:

> *Doch wenn der ‚Helfer' kommt, der Geist der Wahrheit, wird er euch zum vollen Verständnis der Wahrheit führen. Denn was er sagen wird, wird er nicht aus sich selbst heraus sagen; er wird das sagen, was er hört. Und er wird euch die zukünftigen Dinge verkünden* (Joh 16,13).

Nun, genaugenommen mag das Wort „Gast" nicht das beste sein. Denn wenn wir den Heiligen Geist willkommen heißen, sollten wir ihn nicht nur als Gast verstehen, sondern auch als Hausherrn. Wenn wir ihm die Tür öffnen, erscheint er nicht nur als Besucher. Er ist der Eigentümer!

2. Wir sollten seine Gegenwart suchen

Der Heilige Geist ist mehr, als unser besonderer Gast; er ist auch unser Zurüster. Wenn wir um ihn bitten, müssen wir auch danach streben, von ihm zugerüstet zu werden – ständig – sodass wir das

Werk des Dienstes tun können. Er ist äußerst großzügig damit, sich selbst zu verschenken, allerdings möchte er gebeten werden. Jesus drückte es so aus:

> *Darum sage ich euch: Bittet, und es wird euch gegeben; sucht, und ihr werdet finden; klopft an, und es wird euch geöffnet. Denn jeder, der bittet, empfängt, und wer sucht, findet, und wer anklopft, dem wird geöffnet. Ist unter euch ein Vater, der seinem Kind eine Schlange geben würde, wenn es ihn um einen Fisch bittet? Oder einen Skorpion, wenn es ihn um ein Ei bittet? Wenn also ihr, die ihr doch böse seid, das nötige Verständnis habt, um euren Kindern gute Dinge zu geben, wie viel mehr wird dann der Vater im Himmel denen den Heiligen Geist geben, die ihn darum bitten?* (Lk 11,9-13).

Wenn ein Sohn seinen Vater um einen Fisch bittet, dann wird der ihm ja wohl keine Schlange geben, nicht wahr? Genauso wenig wird der Heilige Geist uns eine gefälschte oder schädliche Gabe geben. Und er wird uns auch nicht zu wenig geben – oder zu viel. Wir können niemals zu voll mit ihm werden, denn unterwegs erweitert er unsere Kapazität, öffnet uns neue Räume im Herzen und dehnt uns aus, damit wir mehr empfangen können. Auf meinem Weg mit Gott komme ich mir manchmal so vor, als unterziehe er mich einer Operation am offenen Herzen. Es ist dann, als würde er mir die Brust öffnen und mein Herz bloßlegen, um mit größerer Fülle hineinkommen zu können.

„Seine Gegenwart suchen" mag ein bisschen banal klingen. Lass es mich etwas lebhafter ausdrücken: *Umwirb ihn!* Schaffe durch Anbetung eine Atmosphäre, die ihn anzieht. Sprich ihm Worte des Segens, des Staunens und der Freude zu. Lade ihn ein, in deinem heutigen Leben aktiv zu sein.

3. Wir sollten ihm die Freiheit geben, uns zu leiten

Sobald du den Heiligen Geist in deinem Innersten willkommen geheißen hast, lass ihn die Regie übernehmen. Wenn du ihm die volle Kontrolle überlässt, wirst du die wahre Freiheit finden. Du wirst entdecken, dass der Heilige Geist dich dazu befähigt, die unrechten Handlungen deiner gefallenen menschlichen Natur zu kontrollieren.

> *Der Herr ist der Geist; wo aber der Geist des Herrn ist, da ist Freiheit. Wir alle aber spiegeln mit aufgedecktem Angesicht die Herrlichkeit des Herrn wider, und wir werden verwandelt in sein Bild von einer Herrlichkeit zur andern von dem Herrn, der der Geist ist* (2 Kor 3,17-18).

Der Geist wird dich verwandeln – und du wirst das Ergebnis mögen!

Reaktionen auf den Heiligen Geist, die wir vermeiden sollten

Unsere ständige Beziehung zum Heiligen Geist ist sehr feinfühlig. Sie kann allzu leicht beeinträchtigt werden. Aus diesem Grund warnt uns die Schrift vor einigen Haltungen und Handlungen, die unsere Verbindung zu ihm stören können.

1. Sei nicht unwissend in Bezug auf den Heiligen Geist

Für Paulus ist dies ein wichtiger Punkt. Er wiederholt es mindestens dreizehnmal in seinen Briefen. Zum Beispiel schreibt er: *„Über die Gaben des Geistes aber will ich euch, Brüder und Schwestern, nicht in Unwissenheit lassen"* (1 Kor 12,1 LUT). Leider *ist* ein großer Teil des Leibes Christi unwissend, was die geistlichen Gaben angeht und wozu der Heilige Geist da ist. Damit verurteile ich diese Menschen nicht. Es ist aber wirklich wichtig, dass wir uns gegenseitig darin unterrichten, wie man dem Heiligen Geist in unserer Mitte begegnet, und einander lehren, wie man im Geist wandelt und lebt (vgl. Röm 8,4; Gal 5,16.25).

2. Betrübe den Geist nicht

Paulus schrieb viel darüber, wie man mit dem Geist Gottes zusammenarbeitet. Zu der Gemeinde in Ephesus sagte er:

Über eure Lippen komme kein böses Wort, sondern nur ein gutes, das den, der es braucht, auferbaut und denen, die es hören, Nutzen bringt! Betrübt nicht den Heiligen Geist Gottes, den ihr als Siegel empfangen habt für den Tag der Erlösung! Jede Art von Bitterkeit und Wut und Zorn und Geschrei und Lästerung mit allem Bösen verbannt aus eurer Mitte! (Eph 4,29-31 REÜ).

Aus diesem Zusammenhang erkennen wir, dass der Heilige Geist am häufigsten dadurch betrübt wird, dass wir unsere Mitmenschen schlecht behandeln. Negatives, kritisches Gerede war zu Paulus' Zeiten genauso ein Problem wie heutzutage. Und wenn wir den Geist betrüben, zieht er sich zurück. Er ist immer noch da, aber er tritt einen Schritt zurück und wartet darauf, dass wir erkennen, was wir getan haben, sodass wir umkehren und den Schaden reparieren können.

Der Geist wird uns nicht am Kragen packen und schütteln bis wir eine Entschuldigung aushusten. Vielmehr lässt er zu, dass seine scheinbare Abwesenheit schwer auf unserem Geist liegt. Wir werden ihn vermissen, obwohl es manchmal eine Weile dauert, bis wir merken, dass unsere Freundschaft darunter leidet.

Wenn wir die sanfte Gegenwart von Gottes Geist wertschätzen, sollten wir lernen, unser „unheilsames Gerede" durch Worte des Segens und der Ermutigung zu ersetzen und unsere negativen Gedanken und Worte so schnell wie möglich zu beschneiden. Wenn nötig, kannst du es noch in dieser Minute ändern.

3. Beleidige nicht die feinfühlige Gegenwart der Taube Gottes

Diese Warnung ist der vorangegangenen ähnlich. Es ist nicht nur möglich, den Heiligen Geist zu betrüben, sondern auch, ihn zu beleidigen. Wenn du jemanden beleidigst, macht er „dicht". Er zieht sich so schnell wie möglich von dir zurück und kommt möglicherweise nicht mehr wieder. In der Gemeinde wird meist angemessen betont, dass der Gläubige gegenüber der Taube Gottes sensibel sein sollte; wir sollten jedoch ebenfalls ernsthaft beachten, dass das Wesen der Taube selbst feinsinnig ist!

Alle vier Schreiber der Evangelien berichten, dass sich bei Jesu Taufe die Himmel öffneten und der Heilige Geist wie eine Taube auf den Sohn Gottes herabkam (vgl. Mt 3,16; Mk 1,10; Lk 3,21-22; Joh 1,32). Dieses Bild ist sehr aussagekräftig. Tauben sind anmutig und ruhig. Sie sind nicht selbstzentriert, gierig oder aufdringlich. Und es braucht nicht viel, um sie zu bedrohen oder zu verscheuchen.

Der Autor des Hebräerbriefes spricht dieses Thema der Beleidigung des Heiligen Geistes an, indem er schreibt:

> *Wenn nun aber jemand die Ehre des Sohnes Gottes mit Füßen tritt, wenn er das Blut des Bundes entweiht, durch das er geheiligt worden ist, und damit den Heiligen Geist verhöhnt, durch den er Gottes Gnade erkannt hat – meint ihr nicht auch, dass so jemand eine noch viel härtere Strafe verdient?* (Hebr 10,29).

Lasst uns stets ehrerbietig und respektvoll gegenüber dem feinsinnigen Wesen des Heiligen Geistes sein.

4. Lösche den Geist nicht aus

Der Apostel Paulus gab die Anweisung: *„Löscht den Geist nicht aus!"* (1 Thess 5,19 REÜ). Oder wie die „Today's New International Version" es übersetzt: *„Löscht das Feuer des Geistes nicht aus."*[1] Wenn du eine nasse Decke auf ein loderndes Feuer wirfst, löschst du es damit aus. Bald wird es nur noch schwelen und dann zur kalten Asche werden. Man kann den Geist auf viele Arten auslöschen. Noch einmal: Andere schlecht zu behandeln, kann den Geist dämpfen. Wie wir anderen begegnen, ist äußerst wichtig. Pflegen wir einen respektvollen Umgang miteinander? Ehren unsere Leiter diejenigen, welche ihnen anvertraut sind, oder haken sie ihre Leute nur als Nummern ab und versuchen, deren Verhalten zu kontrollieren? Behandeln sich Mann und Frau gegenseitig mit Liebe und Respekt? Achten sie auf die schriftgemäßen Anweisungen bezüglich Ehe – oder glauben sie, dass sie weiser als die Bibel sind? Durch das ganze Neue Testament hindurch erhalten wir viele Ratschläge, wie wir anderen mit Liebe begegnen und vermeiden können, den Geist zu löschen.

[1] Direkt aus dem englischen Originaltext übers.

5. Provoziere den Geist nicht

Eine andere Art, dies auszudrücken, ist: „Belüge den Heiligen Geist nicht!“ Ananias und seine Frau Saphira verhielten sich unehrlich und versuchten den Geist, als sie vorgaben, die Geldsumme, welche sie der Gemeinde gaben, sei die volle Summe des Erlöses für eine Besitzveräußerung (vgl. Apg 5, 1-11). Jeder für sich belogen sie Petrus, der leitender Apostel der Gemeinde war; aber faktisch belogen sie den Heiligen Geist, da dieser natürlich die Wahrheit kannte. Petrus fragte Saphira: *„Warum seid ihr übereingekommen, den Geist des Herrn zu versuchen?“* (Apg 5,9 ELB). Es wäre nicht falsch gewesen, hätten sie einen Teil oder vielleicht sogar das ganze Geld für sich behalten, aber es war sündig, den Anschein zu erwecken, als seien sie rechtschaffener oder großzügiger, als sie in Wirklichkeit waren.

Es ist wirklich gut, dass eine solche Lüge nicht immer sofort den augenblicklichen Tod nach sich zieht, wie es in ihrem Fall war, sonst wäre die Gemeinde doch sehr viel kleiner, als sie ist! Lasst uns die Übereinstimmung unserer Worte mit unseren Handlungen beachten, egal ob wir es mit Leuten innerhalb oder außerhalb der Gemeinde zu tun haben.

6. Lästere den Geist Gottes nicht

Lästern bedeutet fluchen oder schmähen. Wie oft hört man, dass Gottes Name in Form eines Fluches „missbraucht“ wird (vgl. 2 Mose 20,7), verbunden mit „Jesus“, „Christus“ oder „Gott“. Natürlich kann man solche Flüche nicht als „erbauliche Rede“ sehen (vgl. Eph 4,29), aber sie können vergeben werden. Das gilt nicht für Flüche, die den Heiligen Geist betreffen. Dies sagt Jesus selbst dazu:

> *Deshalb sage ich euch: Jede Sünde und Lästerung wird den Menschen vergeben werden; aber die Lästerung des Geistes wird nicht vergeben werden. Und wenn jemand ein Wort reden wird gegen den Sohn des Menschen, dem wird vergeben werden; wenn aber jemand gegen den Heiligen Geist reden wird, dem wird nicht vergeben werden, weder in diesem Zeitalter noch in dem zukünftigen* (Mt 12,31-32 ELB).

Das ist heftig! Da sollte man keinen Fehler machen. Es ist eine Sache, den Heiligen Geist zu dämpfen oder zu beleidigen, aber es ist eine unwiderrufliche Sünde, einen Fluch gegen den göttlichen Erhalter des Lebens auszustoßen, den Geist Gottes selbst. Es geht hier nicht um Sprüche aus Unwissenheit, zum Beispiel wenn jemand die Werke des Geistes dem Teufel zuordnet. Ich bin davon überzeugt, dass die Schwere des Vergehens gegen den Heiligen Geist vom Grad der Erleuchtung abhängt, die eine Person erlangt hat. Ich kann nicht glauben, dass eine Person, die wahrhaft eng mit dem Geist gewandelt ist, ihn einfach so verwerfen oder lästern kann. (Beachte bitte, dass es noch andere, unterschiedliche Auslegungen davon gibt, was eine Lästerung des Heiligen Geistes ausmacht, außer der, welche ich hier hinsichtlich dieses ernsten Themas kurz vorgestellt habe. Aber Jesu Warnung in Matthäus 12 zeigt, wie entscheidend es für uns ist, den Heiligen Geist und sein Werk in unserem Leben zu schätzen und zu ehren.)

Wie arbeite ich mit dem Heiligen Geist zusammen?

Wir haben jetzt wirklich genug darüber gesprochen, wie man den Heiligen Geist *nicht* behandeln sollte. Als Nächstes wollen wir unsere Aufmerksamkeit einigen biblischen Ratschlägen zuwenden, wie wir erfolgreich mit dem Heiligen Geist zusammenarbeiten können. Wie mit allem anderen, sind biblische Ermahnungen ein hilfreiches Fundament, aber die meisten von uns lernen am besten durch das Beobachten von Vorbildern im Leib Christi, die bereits entdeckt haben, wie man mit dem Heiligen Geist zusammenarbeitet. Kennst du jemanden, der ein anschauliches Beispiel dafür ist, was es bedeutet, mit dem Geist zu leben und mit ihm zu wirken?

Mit dem Geist zu leben, bedeutet, im Licht Gottes zu wandeln. Eine weise Person sagte einmal: Mit dem Heiligen Geist zusammenzuarbeiten, bedeutet, sich so eng mit dem Herrn zu bewegen, dass man keine zwei Schatten wirft. Das gefällt mir! Was ist nun erforderlich, um mit dem Geist zusammenzuarbeiten?

Du musst vom Geist geboren sein

Der Ausdruck *„von Neuem geboren sein“* (Joh 3,3.7) stammt direkt aus dem Gespräch Jesu mit dem Pharisäer Nikodemus. Bevor man lernen kann, mit dem Geist zusammenzuarbeiten, muss man von Neuem geboren sein. Dies geschieht nicht durch eine Formel oder ein Ritual, sondern durch ein Werk des Geistes. Es ist der Geist, der am Anfang daran beteiligt ist, dass wir zum Glauben kommen. Und wenn wir seine Einladung hören, müssen wir ihm unsere Herzenstür öffnen und ihm erlauben, uns eine geistliche Neugeburt zu schenken. Indem wir *„vom Geist geboren werden“* (Joh 3,6.8), geben wir ihm die Erlaubnis, mit unserem Leben zu tun, was auch immer er will, und wir bitten ihn, uns zu helfen, mit ihm zu wandeln.

Du musst den Geist empfangen und mit ihm getauft sein

Daran kommt man nicht vorbei: Wenn du mit dem Geist zusammenarbeiten willst, musst du mit dem Geist getauft sein. Du musst zulassen, in ihn „eingetaucht“ zu werden und dass er dich von Kopf bis Fuß einhüllt. Johannes der Täufer sprach von Jesus, als er sagte: *„Ich taufe euch mit Wasser zur Umkehr. Der aber, der nach mir kommt, ist stärker als ich und ich bin es nicht wert, ihm die Sandalen auszuziehen. Er wird euch mit dem Heiligen Geist und mit Feuer taufen“* (Mt 3,11 REÜ).

Wie auch die Neugeburt, erlebt man dies nicht durch das Aufsagen einer bestimmten Formel oder durch ein Ritual; es ist ein Werk des Geistes. Vielleicht spürst du bei der Taufe mit ihm das „Feuer“ des Geistes, vielleicht auch nicht. Die Worte, welche Jesus vor Pfingsten seinen Nachfolgern sagte, richten sich genauso an uns heute: *„Aber wenn der Heilige Geist auf euch herabkommt, werdet ihr mit seiner Kraft ausgerüstet werden“* (Apg 1,8). Der Geist bekleidet uns mit sich selbst, und das geschieht, wenn wir ihn empfangen und mit ihm getauft werden. Jesus nannte den Geist *„die Verheißung meines Vaters“* (Lk 24,49 REÜ). Er wollte, dass wir die Verheißung des Vaters als Geschenk empfangen: seinen eigenen Geist.

Du musst unaufhörlich mit dem Geist erfüllt werden

Viele wiedergeborene und geistgetaufte Leute haben gemerkt, dass wir nach der Erfüllung mit dem Geist – bedingt durch die Umstände des Lebens – dazu neigen, „undicht" zu werden. Wir verlieren die Verbindung zum Heiligen Geist, stumpfen ab. Das heißt nicht, dass wir immer wieder in den Geist getauft werden müssen, doch ist es wichtig, stets neu erfüllt zu werden. Bei der grammatischen Befehlsform der Originalsprache, die Paulus verwendet, als er sagt: *„Lasst euch vom Geist erfüllen!"* (Eph 5,18 REÜ), handelt es sich um einen Imperativ Präsens[2]. Wörtlich bedeutet es: „Lasst euch *beständig* mit dem Heiligen Geist füllen!" Eine einmalige Erfüllung reicht nicht weit. Selbst wenn wir nicht „undicht" werden würden, so geben wir doch anderen von unserem Überfluss ab und brauchen deshalb kontinuierlich mehr vom Geist, um erfüllt zu bleiben.

Du musst den Geist kennen, hören und durch ihn sehen

Indem wir sein Flüstern hören und seiner Stimme folgen, lernen wir den Geist kennen. Und ihn zu kennen, befähigt uns, alles „im Geist zu sehen" – durch seine klaren Augen. Für die meisten von uns ist es ein langer Weg, diese Wirklichkeit zu ergründen, doch können wir eifrig danach streben, ihn besser kennenzulernen.

Die erste Person der Gottheit, der jeder von uns begegnet, ist der Heilige Geist, da er derjenige ist, der uns von der Sünde, der Gerechtigkeit und dem Gericht überführt (vgl. Joh 16,8). Es ist der Heilige Geist, der an die Tür unseres Herzens klopft (vgl. Offb 3,20), und er ist es auch, der uns Jesus zu einer lebendigen Realität macht.

Der Geist erklärt uns die Dinge. Er spricht über die Wirklichkeit der neuen Schöpfung, und er zeigt uns, wie wir in dem vollendeten Werk des Kreuzes Jesu wandeln können. Jesus wusste, dass wir die Hilfe des Geistes brauchen würden, als er versprach, ihn zu senden:

> *Und der Vater wird euch an meiner Stelle einen anderen Helfer geben, der für immer bei euch sein wird; ich werde ihn darum*

[2] „Der Imperativ Präsens (imp) enthält eine Aufforderung, etwas zu tun, das in einer andauernden oder wiederholten (linearen) Handlung geschieht." Elberfelder Studienbibel, Grammatischer Sprachschlüssel zum Neuen Testament, Erklärung der grammatischen Begriffe, Punkt 10 – Anm. d. Übers.

bitten. Er wird euch den Geist der Wahrheit geben, den die Welt nicht bekommen kann, weil sie ihn nicht sieht und nicht kennt. Aber ihr kennt ihn, denn er bleibt bei euch und wird in euch sein. Ich werde euch nicht als hilflose Waisen zurücklassen; ich komme zu euch (Joh 14,16-18).

Wir sind nicht länger Waisen, da uns der Geist Gottes adoptiert hat. Wir dürfen voller Zuversicht unseren Status als Kinder Gottes annehmen. Und mit ein wenig Übung können wir so mit seiner Stimme vertraut werden, dass wir nicht länger taube Ohren (und verhärtete Herzen) haben, wenn er zu uns spricht (vgl. beispielsweise Hebr 3,15).

Damit wir überhaupt in den Gaben des Geistes wirken können, müssen wir ihn kennen. Es ist zwar auch wichtig, die richtige Lehre und geistliche Prinzipien zu kennen, aber noch viel wichtiger ist es, den Heiligen Geist selbst zu kennen. Mit der Gabe des Sprachengebets kannst du jeden Tag mit Gott im Geist sprechen (vgl. Kapitel 10 dieses Buches). Du kannst eine fortlaufende persönliche Beziehung mit dem Heiligen Geist pflegen. Verhärte dein Herz nicht. Missachte nicht, was er dir zu tun aufträgt. Höre es, tu es – und lebe!

In deinem Wandel mit dem Geist musst du auch von ihm geleitet werden

Du musst vom Heiligen Geist geleitet werden, denn *„alle, die sich von Gottes Geist leiten lassen, sind seine Söhne [und Töchter]"* (Röm 8,14). Wenn die Leute dein Leben anschauen, sollten sie sagen können, dass du ein Kind Gottes bist, weil sie sehen, dass du von etwas anderem geleitet wirst, als von deinen Emotionen, deiner Logik oder selbst von deinem erneuerten Verstand. Du bist vom Heiligen Geist geleitet, der dritten Person der Dreieinigkeit. Du lebst in einer ganz anderen Dimension, als diejenigen, welche nicht vom Geist geleitet werden.

Weil er dein Beistand ist, kommt der Heilige Geist an deine Seite, um dir in jeder Situation zu helfen. Er ist dein Freund, dein Tröster, derjenige, der dir Stärke gibt und dich befähigt, in Übereinstimmung mit dem Charakter und der Kraft Jesu zu leben.

> *Was will ich damit sagen? Lasst den Geist Gottes euer Verhalten bestimmen, dann werdet ihr nicht mehr den Begierden eurer eigenen Natur nachgeben* (Gal 5,16).

Der Apostel Johannes schrieb, dass das Blut Jesu uns von aller Sünde reinigt, wenn wir im Licht Gottes wandeln (vgl. 1 Joh 1,7). Es ist wichtig zu beachten, dass Jesu Blut uns nicht reinigen kann, wenn wir in der Finsternis unterwegs sind. Beharren wir darauf, im Dunkeln zu bleiben, werden wir unsensibel für den Geist. Trotzdem wird er uns nicht herausfordern; stattdessen wird er auf uns warten und uns Möglichkeiten auftun, zu ihm zurückzukehren, sodass wir wieder frei unterwegs sind.

Du musst im Geist beten

Paulus schrieb: *„Ich will im Geist beten, ich will aber auch mit dem Verstand beten"* (1 Kor 14,15 REÜ). Auch für uns sind beide Arten wichtig. Durch das Beten mit unserem Geist im Heiligen Geist (also in unbekannter Sprache, eingegeben durch den Geist), können wir uns über unser natürliches Verstehen hinauskatapultieren. Wie wir in Kapitel zehn und elf noch sehen werden, ist die Gabe des Sprachengebets nicht die geringste der Geistesgaben, wie manche Leute annehmen. Tatsächlich ist sie sogar das Sprungbrett zu den anderen Gaben. Wenn du im Geist betest, bewegst du dich in den Bereich der geistlichen Gaben hinein; als Nächstes stellst du möglicherweise fest, dass die Gabe des Glaubens, der Weisheit, des Wortes der Erkenntnis, der Prophetie, der Geisterunterscheidung oder etwas anderes in dir hervorkommt. Der Apostel Judas fasst die Wichtigkeit des Betens im Geist zusammen: *„Ihr aber, Geliebte, erbaut euch auf eurem heiligsten Glauben, betet im Heiligen Geist"* (Judas 20 ELB).

Wie der Geist wirkt

Es ist nicht immer leicht, dem Heiligen Geist zu folgen, da er wie eine unsichtbare Brise kommt und geht. Aber wir können uns auf sein Versprechen verlassen, dass er uns hilft, ihm zu folgen und seine Wege zu erkennen. So war es auch für die Jünger Jesu. Drei Jahre waren sie ganz eng mit ihm unterwegs; und kurz bevor er sie verließ, um zum Vater zurückzukehren, versicherte er ihnen, dass er nach seinem Weggang für sie sorgen würde:

> *Doch glaubt mir: Es ist gut für euch, dass ich weggehe. Denn wenn ich nicht von euch wegginge, käme der Helfer nicht zu euch; wenn ich aber gehe, werde ich ihn zu euch senden ... Ich hätte euch noch viel zu sagen, aber ihr wärt jetzt überfordert. Doch wenn der Helfer kommt, der Geist der Wahrheit, wird er euch zum vollen Verständnis der Wahrheit führen. Denn was er sagen wird, wird er nicht aus sich selbst heraus sagen; er wird das sagen, was er hört. Und er wird euch die zukünftigen Dinge verkünden. Er wird meine Herrlichkeit offenbaren; denn was er euch verkünden wird, empfängt er von mir. Alles, was der Vater hat, gehört auch mir. Aus diesem Grund sage ich: Was er euch verkünden wird, empfängt er von mir* (Joh 16,7.12-15).

Jesus hatte den Jüngern noch viel zu sagen, und deshalb stellte er sicher, dass sie ihn hören und ihm folgen könnten, auch wenn er nicht mehr körperlich bei ihnen sein würde. Auf irgendeine Art würde der *„Geist der Wahrheit“* – über den sie nicht allzuviel wussten – kommen, und irgendwie würde er sie *„führen“* und ihnen *„verkünden“* was auch immer sie wissen und verstehen mussten.

Wie wir jetzt wissen, kam der Geist am Pfingsttag (vgl. Apg 2). Praktisch sofort lernten die neu mit dem Geist getauften Gläubigen die Art und Weise kennen, wie der Heilige Geist wirkt und handelt. Indem sie aufmerksam auf ihn achteten, konnten sie ihm jetzt folgen und ihm erlauben, durch sie zu wirken, wo auch immer sie gerade in der Welt waren. Bis auf den heutigen Tag können wir Jesus nur folgen, wenn der Heilige Geist mit uns und in uns ist.

Um es noch einmal zu wiederholen: Der Geist offenbart Jesus als lebendige Realität und bringt uns fortlaufend in eine tiefere Beziehung mit ihm hinein. Und Jesus führt uns zum Vater, indem er sagt: *„Ich bin der Weg und die Wahrheit und das Leben; niemand kommt zum Vater außer durch mich“* (Joh 14,6 REÜ). So wie Jesus den Vater offenbart, so offenbart der Heilige Geist Jesus. Es sind ineinandergreifende Kreise, und wir haben das Vorrecht, daran teilhaben zu dürfen. Der Heilige Geist offenbart den vereinigten Rat von Gott-Vater und Gott-Sohn. Der Geist redet nicht über sich selbst; er spricht über den Vater und über Jesus. Er hört ihrem Gespräch zu, und teilt das mit, was er hört, und zwar aufgrund *ihrer* Initiative, nicht von sich selbst aus.

Der Geist weiß immer ganz genau, was Gott in unserem Leben tun will. Das ist der Grund, warum das Beten im Geist so effektiv ist. Wie Paulus schreibt:

> *So nimmt sich auch der Geist unserer Schwachheit an. Denn wir wissen nicht, was wir in rechter Weise beten sollen; der Geist selber tritt jedoch für uns ein mit unaussprechlichen Seufzern. Der die Herzen erforscht, weiß, was die Absicht des Geistes ist. Denn er tritt so, wie Gott es will, für die Heiligen ein* (Röm 8,26-27 REÜ).

Der Heilige Geist ist unsere Lebensquelle, derjenige, der uns in das Leben des Herrn Jesus hineinführt. Er macht wahre Jünger aus uns, da er mehr daran interessiert ist, unseren Charakter zur Reife zu bringen, als uns persönliche Bequemlichkeit zu verschaffen. Er bringt uns Wahrheit, nicht falsche Sicherheit oder falschen Trost. Er überführt, überzeugt, behütet uns und geleitet uns zur Lebensquelle Gottes. Er hilft uns, unsere Ängste zu überwinden, und er lässt uns über uns selbst hinauswachsen, indem er uns dazu bewegt, die Liebe und die Kraft Gottes zu bezeugen, und uns zeigt, wie man Frucht bringt, die bleibt (vgl. Joh 15,16).

Wir können den Heiligen Geist kennenlernen, weil er in uns lebt. Wir können uns auf ihn stützen, mit ihm gehen, mit ihm leben, ihm zuhören. Wir können uns darauf verlassen, dass er uns jederzeit aus der Dunkelheit ins Licht führt.

Und wir dürfen nicht vergessen, dass sich der Heilige Geist in allem, was er tut, niemals im Widerspruch zum Wort Gottes bewegt. Er vervollständigt es und konkurriert nicht mit seinen Anweisungen und Grundsätzen. Wir tun gut daran, uns einen Vorrat an Bibelversen zuzulegen, damit wir eine funktionierende Richtschnur in unserem eigenen Geist haben. Auf diese Weise können wir prüfen, ob es mit dem Wort übereinstimmt, wenn wir denken, dass der Geist uns etwas mitteilt. Wir können unsere Träume und Visionen überprüfen und auch, ob wir die richtigen Schlüsse daraus ziehen. Wir können uns schnell wieder selbst zurückpfeifen, wenn wir irgendwie vom

Weg abkommen. Wir können zuversichtlich und kompetent unsere geistlichen Gaben aktivieren. Und wir können die Reise genießen!

Öffne dich für den Geist

Wie funktioniert das im realen Leben – sich für den Geist öffnen? Wie können wir unseren Geist vorbereiten und positionieren, damit wir mit Gottes Geist mitgehen können?

Als Erstes müssen wir lernen, wie wertvoll es ist, sich selbst zur Ruhe zu bringen. Wir müssen diese Hektik stoppen. Gleichen unser Geist und unser Verstand einem aufgewirbelten Goldfischglas oder einer geschüttelten Schneekugel, können wir unmöglich hören, was er sagt. Der Psalmist kannte dieses Geheimnis: *„Ich setze meine ganze Hoffnung auf den Herrn, ich warte auf sein helfendes Wort. Ich sehne mich nach dem Herrn mehr als ein Wächter nach dem Morgengrauen, mehr als ein Wächter sich nach dem Morgen sehnt"* (Psalm 130,5-6 GNB).

Heute nennen wir diesen Prozess, in der Gegenwart des Herrn zu warten, „Soaking"[3]. Dabei befüllst du deinen geistlichen Tank wieder neu mit dem Heiligen Geist, und am besten macht man es sich zur Gewohnheit, es morgens als Erstes zu tun. Auf diese Weise kannst du zu jeder Zeit des Tages an diesen inneren Ort des Friedens und Vertrauens zurückkehren und im Geist Erfüllung und Zufriedenheit finden. Der Psalmist vergleicht eine ruhige Seele mit einem zufriedenen kleinen Kind, für das gut gesorgt wurde und dessen Hunger vollkommen gestillt ist: *„Wie ein gestilltes Kind bei seiner Mutter, wie das gestillte Kind, so ist meine Seele in mir"* (Psalm 131,2 REÜ).

Sobald wir uns selbst zur Ruhe gebracht haben, können wir zu Gott kommen. Während des Tages können wir die Gabe des Sprachengebets ausüben und im Geist beten. Das baut sehr effektiv unseren Glauben auf und bringt uns mit dem Herz des Vaters in Einklang. Paulus schrieb den Korinthern: *„Ich danke Gott, dass ich*

[3] Das „Soaking" ist mittlerweile auch in deutschen Gemeinden ein Begriff. Es meint, die Gegenwart Gottes zu genießen und völlig in sich aufzusaugen, sodass man ganz durchtränkt wird. – Anm. d. Übers.

mehr als ihr alle in Sprachen des Geistes rede" (1 Kor 14,18 GNB), und er meint damit, dass er sich in so hohem Maß auf diese Gabe verlässt, dass er sie vielleicht mehr nutzt als alle Korinther zusammen.

Zu Beginn meines Dienstes gab der Geist mir zu verstehen, dass er mir einen Geist der Offenbarung geben würde, wenn ich jedes Mal zwei Stunden im Geist beten würde, bevor ich vor Leuten sprechen würde. Ich wollte das wirklich, aber ich konnte mir nicht vorstellen, zwei Stunden am Stück in Sprachen zu beten. Also holte ich mir eine Stoppuhr und teilte die Zeit in 15-Minuten-Einheiten ein, die ich über den Tag verteilte. Doch der Geist korrigierte mich: *Ich sagte nicht zwei Stunden am Tag, sondern zwei Stunden am Stück!* Ich gehorchte, musste aber meine geistlichen Muskeln trainieren, um das zu tun. Ich entschied mich, im Geist zu singen, und wenn ich das tat, verlor ich mich in Gebet und Anbetung. Die zwei Stunden erschienen auf einmal nicht mehr so lang; und tatsächlich nahm der Geist der Offenbarung in meinem Leben immer mehr zu. Das war eine wunderbare Vorbereitung für das Fließen im Geist.

Um sich dem Heiligen Geist zu öffnen, ist es unter anderem wichtig, sich bewusst dafür zu entscheiden, in allem mitzuwirken, was er tun will, anstatt lediglich ein passiver Beobachter zu bleiben. Wenn du an einer Lobpreisveranstaltung teilnimmst, solltest du bereit sein, dich völlig zu engagieren, bereitwillig zu geben und nicht nur zu empfangen. Als Mindestes solltest du ein Fürbitter sein und für die beten, welche das Treffen leiten. Halte ihnen „die Arme hoch", wie es Aaron und Hur bei Mose taten, um den Israeliten den Sieg zu bringen (vgl. 2 Mose 17,8-13). Erwecke deinen Glauben und vertraue, dass Gott dich einsetzen will, um seine Liebe anderen Menschen weiterzugeben, auch wenn du dir noch so unbedeutend vorkommst.

Selbst wenn du mal einen „schlechten Tag" hast, kannst du Gott erlauben, dich zu benutzen. Auch an deinem schlechtesten Tag hast du etwas Lebendiges in dir, das du verschenken kannst. Es ist die Hoffnung der Herrlichkeit. Wahre Hoffnung ist etwas, das die Welt nicht hat. Wenn du dich in der Kraft und dem Rat bewegst, die der Geist schenkt, wirkst du in Gottes Gnade.

Bitte den Heiligen Geist um eine frische Offenbarung seiner Gnade. Du weißt ja bereits, dass du die Gaben des Geistes nicht verdienen kannst und ohne Gnade keinen Zugang zu der Kraft Gottes hast. Wenn du in Gottes Gnade mit dem Geist mitgehst, kehrt die ganze Ehre und Herrlichkeit zurück zu Gott, wo sie hingehört.

Gnädiger Vater, in dir lebe und atme ich und bin ich. Von dir bin ich ganz und gar abhängig. Ich bin so glücklich, dass es so einfach ist, zu dir zu kommen und dass mir die Gaben deines Geistes durch Gnade zufallen und nicht durch meine Leistung. Ich halte inne, um dir zu sagen: „Danke! Ich liebe dich und deine Wege!" Nun bitte ich dich, wirke du in meinem Leben, begegne mir ganz frisch und neu durch deinen Heiligen Geist, der mein Helfer, mein Leiter und mein persönlicher Lehrer ist. Komm, Heiliger Geist! Ich möchte dich empfangen und deine Gegenwart und deine Gaben überall freisetzen, wo ich hinkomme. Ich bin begeistert von den neuen Abenteuern, die ich jetzt mit dir erleben werde! Ich preise dich, Herr! Amen!

Kapitel 3

Im Gebrauch der Gaben wachsen

Strebt nach der Liebe; eifert aber nach den geistlichen Gaben .... da ihr nach geistlichen Gaben eifert, so strebt danach, dass ihr überreich seid zur Erbauung der Gemeinde.

1. Korinther 14,1.12 ELB

Als Jesus seinen Jüngern sagte: *„... ich werde euch nicht als hilflose Waisen zurücklassen"* (Joh 14,18), sprach er auch zu uns – zu jedem, der seine Worte hört und ihm glaubt. Hätte Jesus dieses Versprechen nicht erfüllt und uns nicht ermöglicht, in die himmlische Familie seines Vaters adoptiert zu werden, wären du und ich Waisen ohne jeden geistlichen Status und unfähig, uns selbst zu versorgen. Aber er brachte es zu Ende, und wir wurden als Gottes Söhne und Töchter adoptiert. Jesus hieß uns in seiner Familie willkommen, indem er uns Gaben schenkte, die innerhalb der Familie immer weiterfließen. Seine geistlichen Gaben wurden ausschließlich einer Gemeinschaft von Gläubigen – dem Leib Christi – gegeben. *„Denn in einem Geist sind wir alle zu einem Leib getauft worden... und sind alle mit einem Geist getränkt worden"* (1 Kor 12,13 ELB).

Gott verströmt sein brillantes Licht durch die geistlichen Gaben. Er erleuchtet unser innerstes Sein (vgl. Sprüche 20,27), und er macht seine Herrlichkeit der ganzen Welt sichtbar. Jesus sagte: *„Ihr seid das Licht der Welt; eine Stadt, die oben auf einem Berg liegt, kann nicht verborgen sein. Man zündet auch nicht eine Lampe an* *und setzt sie unter den Scheffel, sondern auf das Lampengestell, und sie leuchtet allen, die im Hause sind“* (Mt 5,14-15 ELB).

Mit anderen Worten: Egal, wie sehr unabhängig denkende Leute dieser Ansicht auch widerstehen mögen, sind die geistlichen Gaben nicht isolierten Individuen gegeben, da definitionsgemäß jeder, der in die Familie Gottes hineinadoptiert wurde, nicht länger allein ist. Wir sind keine Waisen, und niemand von uns ist ein Einzelkind. Geistliche Gaben werden nur im Rahmen einer Gemeinschaft gegeben und erzeugen dort gemeinsam ein helles Licht. Wie wir gesehen haben, findet sich der neue Wein in der Traube (vgl. Jes 65,8).

Eine Kultur der Ehre, der Liebe und des Dienens

Was die geistlichen Gaben angeht, bist du also kein unabhängiger Akteur. Wusstest du das? Du kannst deine Gaben nicht in der Isolation ausüben, getrennt von den anderen. Wir benötigen gegenseitig unseren Dienst und dass wir einander im Glauben ermutigen. Und wir gedeihen in einer Kultur, in der gilt: *„Lasst im Umgang miteinander Herzlichkeit und geschwisterliche Liebe zum Ausdruck kommen. Übertrefft euch gegenseitig darin, einander Achtung zu erweisen“* (Röm 12,10).

So wie der weltweite Leib Christi ähnlich einem menschlichen Körper funktioniert, so ist es auch bei einer örtlichen Gemeinschaft von Gläubigen: Jedes einzelne Mitglied hat darin eine spezifische Funktion. Der Leib ist in seiner Gesamtheit wichtig (vgl. 1 Korinther 12,12-31). Wir finden dort Sicherheit und Verantwortlichkeit, und in Wahrheit können unsere Gaben außerhalb des Leibes nicht so wirken, wie sie sollen. Wozu soll eine Nase oder ein Auge für sich alleine gut sein?

Unsere geistlichen Gaben auszuüben, ist kein Wettkampf; es ist ein Zusammenwirken, und jeder von uns muss eine demütige Haltung einnehmen, auch wenn wir mit ganzem Einsatz am Werk sind. Unsere Eigenheiten und unser Stolz sollten nicht in unsere Begabung verstrickt sein; wir sollten die Tatsache anerkennen, dass wir nur ein Teil eines größeren Leibes sind. Wir wollen nun noch einmal den Abschnitt in Römer 12 anschauen, wo Paulus über die geistlichen Gaben spricht:

> *Genauso sind wir alle – wie viele und wie unterschiedlich wir auch sein mögen – durch unsere Verbindung mit Christus ein Leib, und wie die Glieder unseres Körpers sind wir einer auf den anderen angewiesen. Denn die Gaben, die Gott uns in seiner Gnade geschenkt hat, sind verschieden. Wenn jemand die Gabe des prophetischen Redens hat, ist es seine Aufgabe, sie in Übereinstimmung mit dem Glauben zu gebrauchen. Wenn jemand die Gabe hat, einen praktischen Dienst auszuüben, soll er diese Gabe einsetzen. Wenn jemand die Gabe des Lehrens hat, ist es seine Aufgabe zu lehren. Wenn jemand die Gabe der Seelsorge hat, soll er anderen seelsorgerlich helfen. Wer andere materiell unterstützt, soll es uneigennützig tun. Wer für andere Verantwortung trägt, soll es nicht an der nötigen Hingabe fehlen lassen. Wer sich um die kümmert, die in Not sind, soll es mit fröhlichem Herzen tun* (Röm 12,4-8).

In einer gesunden Gemeinschaft dienen wir uns alle gegenseitig. Keiner wird einen Ehrensitz beanspruchen. Der Apostel wird bereitwillig Stühle aufstellen und der Prophet vergnügt den Boden wischen, wenn es nötig ist, denn jeder findet seine Identität in Christus. Wir müssen uns gegenüber anderen zurücknehmen und ihnen die Möglichkeit geben, ihre Gaben auszuüben (vgl. beispielsweise 1 Kor 14,26-32; Hebr 5,14).

Ich erinnere mich an eine Zeit mit meinem Freund Ché Ahn, dem apostolischen Gründer des Gemeindenetzwerks *Harvest International Ministry (HIM),* das seine Basis in Pasadena in Kalifornien hat. Wir dienten in einer Gemeinde in Alabama bei einem Leitertreffen vor dem Beginn einer öffentlichen Konferenz. Ich hatte schon eine Beziehung zu dieser Kirche und stellte Ché Ahn und *HIM* vor, um eine mögliche apostolische Verbindung mit dieser Gemeinde in die Wege zu leiten. Bei einem guten Essen teilten wir uns gegenseitig unsere Herzensanliegen mit. Dann stand Ché auf und begann, den Tisch abzuräumen. Er war einfach er selbst und vollbrachte einen Akt der Freundlichkeit. Damit hatte er an diesem Abend die Herzen der Leiter für sich gewonnen. Womit also? Mit einer großen Vision? Mit erstaunlichen Zeugnissen aus der ganzen Welt? Möglicherweise. Aber ich glaube, was diese Gruppe von Leitern wirklich überzeugte, Ja zur Partnerschaft mit *HIM* zu sagen, war Ché Ahns dienende Haltung. Gaben gedeihen in einer Atmosphäre des Dienens.

Die Ausübung der Geistesgaben ist aktiv, nicht passiv

Wie bereits erwähnt, musst du die Gaben in dir anfachen. Du kannst nicht einfach in einem Lobpreisgottesdienst sitzen und hoffen, dass der Geist dich in irgendeiner Weise bewegt. Du musst die Initiative ergreifen. Erinnere dich, dass Jesus uns aufforderte zu *gehen*:

> *Danach sagte Jesus zu seinen Jüngern: „Geht in die ganze Welt und verkündet der ganzen Schöpfung das Evangelium! ... Folgende Zeichen werden die begleiten, die glauben: In meinem Namen werden sie Dämonen austreiben; sie werden in neuen Sprachen sprechen; wenn sie Schlangen anfassen oder ein tödliches Gift trinken, wird ihnen das nicht schaden; Kranke, denen sie die Hände auflegen, werden gesund werden." ... Sie aber gingen überallhin und verkündeten das Evangelium. Der Herr wirkte mit und bekräftigte das Wort durch die Zeichen, die die Verkündigung begleiteten* (Mk 16,15.17-18.20).

Gott wartet darauf, dass sein Volk hinausgeht, sodass er die Kraft des Kreuzes Christi demonstrieren und die geistlich Hungrigen zum Leben erwecken kann. Den Gläubigen, die mit dem Evangelium in die Welt hinausgehen, werden Zeichen folgen. Zeichen bestätigen die Wahrheit – für Gläubige und Ungläubige gleichermaßen. Der entscheidende erste Schritt für Gläubige ist zu gehen. Im Missionsbefehl steht nichts von sitzen, sondern: „Geh!"

Lass dich niemals durch einen religiösen Perfektionismus passiv machen! Gehe Risiken ein! Gib, was du hast! Steh auf und fang an, etwas zu tun! Wenn du zögerst, weil du dich noch nicht bereit fühlst, und weiterhin wartest, bis du „mehr" gesammelt hast – mehr Vertrauen, mehr Stärke, mehr Weisheit, mehr Erfahrung, mehr Kraft und so weiter – wirst du niemals anfangen, andere aus deiner Begabung heraus zu beschenken. Aber wenn du mit deinem Wenigen beginnst, wird Gott deine kleinen „Brote und Fische" vermehren. Wenn du großzügig mit dem umgehst, was du bereits hast, und dich vom Geist leiten lässt, wirst du überrascht sein, wieviel mehr zu dir zurückkommt. Das Trainieren der geistlichen Muskeln macht diese jedes Mal stärker.

Nur wenn du sie benutzt, wirst du lernen, die Geistesgaben in Reife auszuüben. Wie ich im Vorwort dieses Buches bereits betont habe: Übung macht den Meister! Je mehr du übst, desto kompetenter wirst du. Und noch einmal: Gib einfach das, was du von deinem Vater empfangen hast, und erwarte, ja, bitte sogar ganz unverblümt darum, mehr zu empfangen. Dein Vater wartet darauf, dir mehr Gnade und mehr Gaben durch seinen Geist geben zu können (vgl. beispielsweise Mt 7,11; Mk 11,24). *„Und wer an Jesus glaubt, kann sich voll Zuversicht an Gott wenden; denn wenn wir ihn um etwas bitten, was seinem Willen entspricht, erhört er uns. Und weil wir wissen, dass er unsere Bitten erhört, können wir sicher sein, dass er uns das Erbetene gibt – so sicher, als hätten wir es bereits bekommen"* (1 Joh 5,14-15).

Wie kannst du dir ganz sicher sein, dass du um das Richtige bittest? Durch das Werk von Gottes Geist in deinem Herzen. Das Neue Testament fordert uns ständig dazu auf zu bitten und zu empfangen, denn wenn wir Gott ernsthaft suchen, wandelt er die Wünsche unseres Herzens so um, dass sie mit den seinen übereinstimmen. Wenn wir unsere Freude vollkommen im Herrn finden, richten sich unsere Anliegen ganz auf seinen Willen aus, und letztlich werden wir genau um das bitten, was wir brauchen und er uns zugedacht hat (vgl. Psalm 37,4). So funktioniert das tatsächlich! Als frühere Waisen können wir wirklich über das neue Leben, das Gott uns gegeben hat, jubeln! Denn *„... alle, die sich von Gottes Geist leiten lassen, sind seine Söhne [und Töchter]"* (Röm 8,14).

Vergiss nicht, dass du dich immer in Gottes Willen befindest, wenn du um bestimmte Gaben bittest, wie zum Beispiel die Prophetie, das Sprachengebet und die Auslegung des Sprachengebets (vgl. 1 Kor 14,1.5.13). Mit anderen Worten, du liegst niemals falsch, wenn du um diese Gaben bittest. Werde aktiv und tu *irgendetwas*. Zieh heute einfach im Glauben los, erwecke deine Gabe und bitte Gott um mehr – alles um der Menschen willen, die um dich herum sind: *„So ist es auch mit euch. Da ihr nach Geistesgaben strebt, gebt euch Mühe, dass ihr damit vor allem zum Aufbau der Gemeinde* *beitragt!"* (1 Kor 14,12 REÜ). Unterziehe deine Motive einer gründlichen Prüfung. Mache aus der Ausübung der Gaben nie eine Show, besonders dann, wenn du durch deine Gabe auf der Bühne vor anderen stehst. Und behalte im Auge, dass du nicht dein eigenes kleines Königreich baust. Vielmehr wurdest du in Gottes Familie hineinadoptiert und zu einem Bürger *seines* Königreichs gemacht!

Säen und ernten

Der Spruch „Was du säst, wirst du ernten" ist wahr (vgl. 2 Kor 9,6). Du fragst mich vielleicht: „James, was hat das mit dem Empfang und der Ausübung von geistlichen Gaben zu tun?" Nun, *alles*! Lass mich einige persönliche Geschichten erzählen, um das zu illustrieren.

Als ich sehr viel jünger war, säte ich in den Dienst und das Leben Mahesh Chavdas von der *All Nations Church* in Charlotte, South Carolina. Ich war das, was manche einen „Waffenträger" nennen würden. Ich transportierte sein Gepäck, hielt Fürbitte für ihn, brachte ihm Kaffee oder heiße Getränke, wenn er endlose Stunden für die Kranken betete, und diente ihm auf ähnliche Weise. Einmal, als wir in Prag waren, ging ich zurück in sein Hotelzimmer, um seine Tennisschuhe zu holen, da seine Füße von dem vielen Stehen und Beten für Hunderte von Leuten – einen nach dem anderen – müde geworden waren. Gelegentlich half ich – mit meiner eigenen Zeit und meinem eigenen Geld – seine Veranstaltungen im Mittleren Westen und in Neuengland zu organisieren. Ich organisierte die Vorausoffensive für einen Missionseinsatz in Haiti. Es war mir wirklich eine Freude, diesem demütigen Mann des Gebets und Fastens zu dienen, der bis heute in außergewöhnlichen Zeichen und Wundern wirkt.

Nun, was denkst du, geschah? Du säst, und dann erntest du. Ich säte in das Leben dieses Heilungsevangelisten, und was erntete ich? Ein solides Wunder: die Heilung meiner lieben Frau von medizinisch dokumentierter Unfruchtbarkeit. Es gab absolut keine Aussichten, Kinder bekommen zu können. Aber unter einer prophetischen Salbung erklärte Mahesh, dass wir Kinder haben würden, obwohl das menschlich gesehen unmöglich war. Und vier Wunder später hatten wir das Prinzip von Saat und Ernte kapiert!

Hier noch ein weiteres Beispiel, um dein Herz zu ermutigen. Ché Ahn, den ich bereits vorher als Gründungsapostel von *Harvest Ministries International* erwähnte, war Veranstalter einer Anzahl von Konferenzen in verschiedenen Teilen der Vereinigten Staaten und in anderen Ländern. Als Apostel pflegte er Umgang mit einigen bekannten Propheten, wie zum Beispiel Lou Engle, Jill Austin, Stacey Campbell und mir. Ché hatte damals noch keine so starke prophetische Gabe wie heute, aber ich weiß, warum sich das änderte. Nachdem er diese Propheten in sein Leben eingeladen hatte, erhielt er auch *„den Lohn eines Propheten"* (Mt 10,41). Was war der Lohn? Eine Zunahme im Geist der Offenbarung in seinem eigenen Leben.

Du erntest, was und wo du säst! Wenn du also im Empfangen und Freisetzen von geistlichen Gaben wachsen willst, diene genau in diesem Umfeld und schau einfach, was der Herr dann tut. Je mehr du weggibst, desto mehr wirst du empfangen. Je mehr du in den Dienst und das Leben einer anderen Person säst, desto mehr wirst du wachsen. So funktioniert das Königreich Gottes!

Vielfalt an Gaben, Diensten und Wirkungen

Wie bereits vorher erwähnt, gibt es eine endlose Vielfalt in der Art, wie der Geist Gottes sich durch geistliche Gaben, Dienste sowie verschiedenste Wirkungen und Handlungen ausdrückt. Paulus erweitert unser Verständnis dieser Realität erheblich, indem er schreibt: *„Es gibt viele verschiedene Gaben, aber es ist ein und derselbe Geist, [der sie uns zuteilt]. Es gibt viele verschiedene Dienste, aber es ist ein und derselbe Herr, [der uns damit beauftragt]"* (1 Kor 12,4-5). Er beendet diesen Gedanken, indem er sagt: *„Es gibt viele verschiedene Kräfte, aber es ist ein und derselbe Gott, durch den sie alle in [uns] allen wirksam werden"* (1 Kor 12,6). Dienste setzen sich aus einer ganzen Kollektion von Gaben zusammen; und die große Vielfalt an Gaben, ausgedrückt durch verschiedene Persönlichkeiten, wird außerdem noch durch die äußeren Umstände variiert.

So sehr wir auch daran interessiert sein mögen, eine Einheitlichkeit im Ausdruck der Gaben zu erreichen (eine Neigung, die meiner Ansicht nach aus Unsicherheit und dem Wunsch nach Kontrolle stammt), können wir die Tatsache nicht leugnen, dass der Heilige

Geist sich selbst in endloser Kreativität ausdrückt. Es gibt da nicht den „einzig richtigen" Weg, um die Gaben auszuüben (obwohl es um der Ordnung willen hilfreich ist, bestimmten Grundsätzen zu folgen). Es kann also sein, dass sich bei einem Dienst die Leute vorne in einer Reihe aufstellen, um Heilungsgebet zu empfangen, bei einem anderen dagegen gibt es Heilungsräume und erfüllendes, durchtränkendes Gebet[1], und wieder woanders ist schon die einfache Proklamation „Sei geheilt!" wirkungsvoll. Manche Gemeinden propagieren das Fünf-Stufen-Heilungsmodell, während andere keinen blassen Schimmer davon haben, was das überhaupt ist. Bisweilen ist es eine Sache der Umgebung. Bei manchen Leuten scheinen die Gaben nicht sehr entwickelt, wenn sie sich in ihrer Heimatgemeinde befinden, aber sobald sie nach draußen unter die Bevölkerung gehen, leuchtet zum Beispiel ihre Gabe der prophetischen Evangelisation hell auf.

Wir können alle voneinander lernen, ohne jedes Detail nachzumachen. Auch wenn du vielleicht von der Art beeindruckt bist, wie der Geist in einer bestimmten Situation durch einen anderen begabten Gläubigen wirkt, musst du dem nicht Schritt für Schritt folgen – es sei denn, der Geist führt dich so. Jede Person sollte in jeder Situation der Leitung des Geistes folgen. Nur, weil du gesehen hast, dass einer beispielsweise ins Mikrofon bläst, wenn er den Heiligen Geist bittet, in den Raum zu kommen, bedeutet das nicht, dass du es genauso machen musst. Lass es den Heiligen Geist auf seine Weise tun! Wir sind nicht zu Nachäffern berufen. Wir sind dazu berufen, uns unserer Identität in Christus sicher zu sein und den Leuten in unserer Umgebung mit dem einzigartigen Ausdruck seiner Gaben in uns zu begegnen. Und außerdem sollen wir das Ganze auch noch genießen!

Trotz der vielfältigen Ausdrucksweisen stammt das alles doch vom selben Gott, nicht wahr? Jahrhunderte hindurch hat derselbe Heilige Geist gläubige Männer und Frauen über Kulturen und Klassenunterschiede hinweg inspiriert, bis zur gegenwärtigen Minute. Jedes Mal, wenn ihm jemand erlaubt, in ihm und durch ihn zu wirken, drückt er seine Gnade auf ganz spezielle Art aus. Er begrenzt sich nicht etwa nur auf „religiöse Profis" oder eine bestimmte,

[1] Der Autor verwendet hier den Begriff „soaking prayer"; siehe dazu Fußnote 3 in Kapitel 2.

ausgefeilte Ausdrucksweise. Unser Schöpfer ist ganz und gar kreativ, und sein Leben fließt durch jedes Glied seines Leibes, das ihm die Schleusen zu seinem Herzen öffnet.

Das Allerwichtigste dabei aber ist die Liebe. In 1. Korinther 12,31 schreibt Paulus: *„Bemüht euch um die Gaben, die der Gemeinde am meisten nützen! Und jetzt zeige ich euch einen Weg, der weit über das alles hinausführt.“* Als Nächstes fährt er mit 1. Korinther 13, dem bekannten Hohelied der Liebe, fort, um die absolute Überlegenheit der Liebe zu preisen. Er beschließt seine Ausführungen über die Beziehung zwischen den geistlichen Gaben und der Liebe damit, festzustellen, wie wichtig es ist, der Liebe und den Gaben förmlich *nachzujagen*: *„Jagt der Liebe nach! Strebt aber auch nach den Geistesgaben“* (1 Kor14,1 REÜ).

Liebe lockt die Liebe an. Gottes Heiliger Geist ist aktiv und sucht nach Leuten, die ihm gehören. *„Die Augen des Herrn blicken über die ganze Erde, um die zu stärken, deren Herzen ganz ihm gehören“* (2 Chr 16,9 NLB). Ich möchte von ihm gefunden und gestärkt werden, du auch?

Baue deinen Glauben auf

Wenn wir aus unserer Komfortzone heraustreten und unsere geistlichen Gaben nutzen oder freisetzen wollen, brauchen die meisten von uns beständige Ermutigung. Wo können wir die besten Worte dafür finden? Im Wort selbst! Das Neue Testament ist reich an glaubensstärkenden Worten über die Geistesgaben, und wir werden diese in ihrer Tiefe in den restlichen Kapiteln dieses Buches erforschen. Erbaue deinen eigenen Glauben durch Gebet und dadurch, dass du die folgenden Bibelstellen und Verse in einem Rutsch durchliest. Dann stehe auf und erkläre sie für dich als wahr. Erwecke deinen eigenen geistgegebenen Gabenmix.

> *Bei jedem zeigt sich das Wirken des Geistes [auf eine andere Weise], aber immer geht es um den Nutzen [der ganzen Gemeinde] ... Das alles ist das Werk ein und desselben Geistes, und es ist seine freie Entscheidung, welche Gabe er jedem Einzelnen zuteilt* (1 Kor 12,7.11).

Jeder soll den anderen mit der Gabe dienen, die er [von Gott] bekommen hat. [Wenn ihr das tut, erweist ihr euch] als gute Verwalter der Gnade, die Gott uns in so vielfältiger Weise schenkt. Redet jemand im Auftrag Gottes, dann soll er sich bewusst sein, dass es Gottes Worte sind, die er weitergibt. Übt jemand einen praktischen Dienst aus, soll er die Kraft in Anspruch nehmen, die Gott ihm dafür gibt. Jede einzelne Gabe soll mit der Hilfe von Jesus Christus so eingesetzt werden, dass Gott geehrt wird. Ihm gehören der Ruhm und die Macht für immer und ewig. Amen (1 Pt 4,10-11).

Wenn also ihr, die ihr doch böse seid, das nötige Verständnis habt, um euren Kindern gute Dinge zu geben, wie viel mehr wird dann der Vater im Himmel denen den Heiligen Geist geben, die ihn darum bitten (Lk 11,13; vgl. auch Mt 7,11).

Täuscht euch nicht, liebe Geschwister! Vom Vater der Himmelslichter kommen nur gute und vollkommene Gaben (Jak 1,16-17 NeÜ).

Das soll also euer Ziel sein: ein Leben, das von der Liebe bestimmt wird. Bemüht euch aber auch um die Fähigkeiten, die uns durch Gottes Geist gegeben werden, und wenn ich das sage, denke ich vor allem an die Gabe des prophetischen Redens. ... Ich wünschte, ihr alle könntet in Sprachen reden, [die von Gott eingegeben sind]; aber noch lieber wäre es mir, ihr alle hättet die Gabe, prophetisch zu reden. ... Ich weiß, wie eifrig ihr euch um die Gaben bemüht, die uns durch Gottes Geist gegeben werden. Aber dabei muss es euer Ziel sein, vor allem die Gaben zu bekommen, die eine Hilfe für die ganze Gemeinde sind. ... Geschwister, seid doch nicht wie Kinder, wenn es darum geht, [diese Dinge] zu beurteilen! Wie Kinder sollt ihr nur in Bezug auf das Böse sein; in eurem Urteilsvermögen erweist euch als erwachsene Menschen! ... Was ergibt sich aus dem allem für eure Zusammenkünfte, Geschwister? Es steht jedem frei, etwas beizutragen – ein Lied oder eine Lehre oder eine Botschaft, die Gott ihm offenbart hat, oder ein Gebet in einer von Gott eingegebenen Sprache oder dessen Wiedergabe in verständlichen Worten. Aber

> *jedem soll es darum gehen, dass [alle] einen Gewinn [für ihren Glauben] haben* (1 Kor 14,1.5.12.20.26).

> *Am Ende der Zeit, so sagt Gott, werde ich meinen Geist über alle Menschen ausgießen. Dann werden eure Söhne und eure Töchter prophetisch reden; die Jüngeren unter euch werden Visionen haben und die Älteren prophetische Träume. Sogar über die Diener und Dienerinnen, die an mich glauben, werde ich in jener Zeit meinen Geist ausgießen, und auch sie werden prophetisch reden* (Apg 2,17-18, wobei er Joel 2,28-29 zitiert).

> *Aber wenn der Heilige Geist auf euch herabkommt, werdet ihr mit seiner Kraft ausgerüstet werden* (Apg 1,8).

> *Durch ihn hat er euch in jeder Hinsicht reich gemacht – reich an [geistgewirkten] Worten und reich an [geistlicher] Erkenntnis. Er hat die Botschaft von Christus, die wir euch gebracht haben, in eurer Mitte so nachhaltig bekräftigt, dass euch nicht eine von den Gaben fehlt, die er in seiner Gnade schenkt. Nun wartet ihr sehnsüchtig darauf, dass Jesus Christus, unser Herr, [in seiner ganzen Herrlichkeit] erscheint* (1 Kor 1,5-7).

> *Mein Gott aber wird alles, wessen ihr bedürft, erfüllen nach seinem Reichtum in Herrlichkeit in Christus Jesus* (Phil 4,19 ELB).

Neben der Fleischwerdung und der Auferstehung unseres Herrn Jesus Christus ist die Ausgießung des Heiligen Geistes an Pfingsten eines der größten Ereignisse, die jemals geschehen sind. Seitdem ist der Heilige Geist auf der ganzen Erde unterwegs, um Herzen zu gewinnen. Der Einfluss des ausgegossenen Geistes übertrifft Satans ganze, scheinbar zunehmende, boshafte Kraft, welche wir in diesen letzten Tagen sehen (vgl. beispielsweise 1 Tim 4,1; 2 Tim 3,1-5.13). Wir leben in angstvollen Zeiten. Aber wenn wir unsere Furcht durch Glauben überwinden, können wir Teil von Gottes Plan sein, das Böse zu bezwingen und ein für alle Mal zu gewinnen.

Zeichen werden folgen

Gott bestimmte, dass das Evangelium mit nachfolgenden Zeichen gepredigt werden sollte (schau dir an, was in der frühen Gemeinde passierte, beispielsweise in Mk 16,15-20; Apg 8,5-7; 28,1-10; Röm 15,18-19; Hebr 2,3-4). In der heutigen Welt gibt es mehr „Heiden", die das Evangelium noch nicht gehört haben, als zur Zeit der ersten Apostel! Deshalb können wir noch zu unseren Lebzeiten erwarten, dass die Dunkelheit durch bisher nie dagewesene, großartige Demonstrationen von Gottes Gnade und übernatürlicher Kraft überwunden wird – und zwar durch sein mit Gaben ausgerüstetes Volk, wenn wir die Erlösungsbotschaft von Jesus Christus predigen.

Ich habe dieses Kapitel mit der guten Nachricht begonnen, dass wir, um ein gutes Leben zu führen, uns nicht in unserer menschlichen Stärke abmühen müssen. Jesus hat uns nicht in einem irdischen Waisenhaus sitzen lassen. Stattdessen wurden wir durch ihn in die himmlische Familie seines Vaters adoptiert, und er ist nun unser ältester Bruder. Im Schoß der Familie Gottes finden wir alles, was wir zum *„Leben und zur Gottseligkeit"* (2 Pt 1,3 ELB) benötigen – und das schließt die Begabung ein. In dieser Verheißung können wir vollkommen ruhen: *„Mein Gott aber wird alles, wessen ihr bedürft, erfüllen nach seinem Reichtum in Herrlichkeit in Christus Jesus"* (Phil 4,19 ELB).

Sieh dich einmal einen Moment lang um. Folgen dir gerade Zeichen und Wunder? Siehst du hinter dir eine Reihe von Zeugnissen, die Gaben des Heiligen Geistes betreffend – nicht nur gestrige, sondern auch heutige? Ist dein Glaube aktiv? Wirfst du einen „Jesus-Schatten", indem du im Licht der Liebe Gottes, seiner Worte und seiner Taten stehst? Wie „gefährlich" bist du überhaupt? Was mich anbelangt, will ich die nachfolgenden Zeichen sehen! Amen!

Vater, in dem wunderbaren Namen Jesu erkläre ich, dass ich mehr von dem kostbaren Heiligen Geist empfange, und ich bin entschlossen, die Gaben, die du mir gabst, zu aktivieren und freizusetzen. Ich will eine Kultur der Ehre gegenüber dem Wort und den Botschaftern

Gottes schaffen, die heute in meinem Leben sind. Ich glaube, dass ich ernten werde, was ich säe. Deswegen erhebe ich mich im Heiligen Geist und erwarte, dass überall, wo ich hingehe, Ströme des lebendigen Wassers aus mir hervorfließen. Ich erwarte, dass radikale Dinge geschehen werden! In Jesu mächtigem Namen, amen!

TEIL 2

Offenbarungsgaben – die Gaben, die enthüllen

In diesem Teil beginne ich mit der Untersuchung jeder der neun Gaben. Zur Erleichterung der Darstellung und Beschreibung teile ich die Gaben in Gruppen zu jeweils drei ein. Die erste Gruppe umfasst die Gaben, die etwas offenbaren, die zweite Gruppe betrifft die Gaben, die etwas bewirken und bei der dritten Gruppe handelt es sich um die Sprachgaben.

Wir beginnen unser Studium der Offenbarungsgaben in Kapitel 4 mit der Gabe der Unterscheidung der Geister. Diese Gabe verleiht die Fähigkeit, die geistliche Welt wahrzunehmen, was sowohl den Heiligen Geist als auch gute und böse Engelwesen sowie den individuellen Geist des Menschen einschließt. Du wirst sehen, dass die Gabe der Unterscheidung entwickelt werden kann. Dementsprechend können deine Sinne trainiert werden, sodass du im Laufe der Zeit durch Erfahrung lernst, wie du zu deuten hast, was deine Sinne aufnehmen.

In Kapitel 5 betrachten wir das „Wort der Weisheit“. Diese Gabe befähigt Personen, klar und überzeugend über Gottes allumfassende Vorsätze zu sprechen, und seine liebende Unterweisung weiterzugeben, sei es an ganze Regierungen oder an einzelne Menschen. Ich möchte hier klarstellen, dass du weder im fortgeschrittenen Alter sein, noch Theologie studiert haben musst, um in dieser Gabe zu wirken, da sie vom Geist stammt und kein Produkt deines Verstandes ist. Das Wort der Weisheit kann auf vielfältige Weise zu uns kommen, wie beispielsweise als innerer Impuls, als eine Bibelstelle, die uns anspricht, als Engelbesuch oder als Vision oder Traum.

In Kapitel 6 konzentrieren wir uns auf das „Wort der Erkenntnis“. An dieser Stelle des Buches erkläre ich am Beispiel des Regenbogens, dass die neun Gaben nicht so eindeutig voneinander getrennt sind, wie wir uns das vorstellen mögen. Die Grenzen, durch welche sie definiert werden, können durchaus fließend sein, so wie die einzelnen Farben des Regenbogens ineinander übergehen. Ganz oft kannst du nicht genau wahrnehmen, wo eine Gabe endet und die andere beginnt. Und doch behält jede Gabe ihren eigenen Farbton.

In diesem Kapitel erkläre ich außerdem, dass ein Wort der Erkenntnis gewöhnlich durch einen ruhigen Eindruck oder eine sanfte Empfindung zu uns kommt. Man könnte es „inneres Hören“ nennen, oder ein „Bauchgefühl“. Es ist einfach so, dass du „weißt, dass du weißt“, aber nicht, „woher“ du es weißt. Kein Mensch der Welt – und sei es die gescheiteste Person der ganzen Welt – kann alles wissen. Aber Gott kann es! Er ist allwissend und kennt alle Dinge, selbst die tiefsten Geheimnisse. Und durch das Wort der Erkenntnis lässt er seine Söhne und Töchter an seinem Wissen teilhaben. Man könnte sagen, dass ein Wort der Erkenntnis mit einer Information verknüpft ist, während das Wort der Weisheit mit einer Anweisung verbunden ist. Zu beachten ist auch, dass die Gabe des Wortes der Erkenntnis sich mit den Heilungsgaben und dem Wirken von Wundern überschneidet, was zu einer Atmosphäre des Glaubens beiträgt.

KAPITEL 4

Die Gabe der Unterscheidung der Geister

Geliebte, traut nicht jedem Geist, sondern prüft die Geister, ob sie aus Gott sind

1. Johannes 4,1

Ich wuchs nach dem Zweiten Weltkrieg auf und der Kalte Krieg war in vollem Gange. Das bedeutete, dass nukleare Waffen und Strahlenkanonen auch in den Spielen von uns amerikanischen Jungen immer gegenwärtig waren. Und wenn wir die feindliche Kontamination aufspüren mussten, konnte eine ausrangierte Schuhschachtel oder eine leere Toilettenpapierrolle sich in einen voll funktionsfähigen Geigerzähler verwandeln. Dessen Klick-Klick-Klick zeigte uns an, wieviel „radioaktive Strahlung" unser Hinterhof aufwies.

Definition der Gabe der Geisterunterscheidung

Die Gabe der Geisterunterscheidung wirkt ein bisschen wie ein Geigerzähler beim Aufspüren einer Quelle, welche für die natürlichen Sinne nicht wahrnehmbar aber trotzdem präsent ist und einen gewissen Einfluss ausübt. Diese Gabe verleiht die Fähigkeit, die geistliche Welt wahrzunehmen, was sowohl den Heiligen Geist als auch gute und böse Engelwesen sowie den individuellen Geist von Menschen einschließt. Sie gibt einen übernatürlichen Einblick in den Bereich der Geister[1].

Es kann manchmal schwierig sein, den Ursprung für eine übernatürliche Aktivität herauszufinden, da nicht jede vom Heiligen Geist stammt. Nur jemand, der mit geistlichen Augen tiefer schauen kann, kann den Unterschied zwischen dem übernatürlichen Wirken des Heiligen Geistes und einem anderweitigen Geist erkennen.

> Die Gabe der Geisterunterscheidung ist die gottgegebene Fähigkeit oder Befähigung, die Identität (und oft die Persönlichkeit und den Zustand) von Geistern hinter verschiedenen Manifestationen und Aktivitäten zu erkennen …
> Die Trennlinie zwischen einer menschlichen und einer göttlichen Aktivität mag für manche Gläubige unklar sein, aber jemand mit der Fähigkeit der geistlichen Unterscheidung kann dies klar erkennen.[2]

Personen mit dieser übernatürlichen Wahrnehmungsgabe können den „motivierenden Geist hinter bestimmten Worten oder Taten" erkennen.[3] Sam Storms, Bibellehrer und früherer außerordentlicher Gastprofessor der Theologie am *Wheaton College*, sagt, dass die Gabe der Geisterunterscheidung „ein übernatürlich befähigter Sinn oder Gefühl in Bezug auf das Wesen und den Ursprung eines Geistes" ist. Er vertritt die Meinung, dass es sich bei „dieser geistlichen Gabe auch um die Befähigung handeln kann, ein unterscheidendes Urteil über prophetische Aussagen zu fällen und damit auf die gleiche Art und Weise in Beziehung zur Gabe der Prophetie zu stehen wie die Gabe der Sprachenauslegung zum Sprachengebet."[4]

Unterscheiden bedeutet, auseinanderzuhalten, zu differenzieren und zu empfinden. Jeder übt diese Gabe der Unterscheidung auf andere Weise aus, häufig durch seine Sinne. Manche empfangen die

---

[1] Vgl. Kenneth Hagin, *The Holy Spirit and His Gifts* (Tulsa, OK: Kenneth Hagin Ministries, 1991), 109–111.

[2] Iverson, *Holy Spirit Today*, 125.

[3] David Pytches, *Spiritual Gifts in the Local Church* (Minneapolis, MN: Bethany House, 1985), 87.

[4] Sam Storms, *The Beginner's Guide to Spiritual Gifts* (Minneapolis, MN: Bethany House, 2012), 131.

Offenbarung visuell, andere „wissen“ es einfach, einige nehmen es hörend oder schmeckend wahr, und wieder andere haben einfach eine erhöhte Fähigkeit, Unterschiede wahrzunehmen.

Wir müssen alle unsere fünf Sinne dem Heiligen Geist überlassen und dann die Unterscheidung zwischen Gut und Böse üben (vgl. Hebr 5,14). In Gottes Königreich können wir lernen „natürlich übernatürlich“ zu sein und „übernatürlich natürlich“. Aber immer bedeutet dies einen umfangreichen Lernprozess. Niemand beginnt mit der Fähigkeit, perfekt zu unterscheiden. Ich bin seit über vierzig Jahren dabei und entdecke immer noch neue Wege, in den Gaben des Heiligen Geistes zu wirken, inklusive der Gabe der Geisterunterscheidung.

Was die Unterscheidung noch auszeichnet

So wie jede Gabe, zeigt sich auch diese bei jedem, der sie hat, wieder anders. Manche haben eine Salbung, um die Geister unter den Engelwesen zu unterscheiden. Ihre Salbung wirkt möglicherweise hauptsächlich durch einen ihrer fünf Sinne. Ich kenne eine Person, die ohne Weiteres Engel unterscheiden kann, aber rein gar nichts in der dämonischen Welt sieht. Andere nutzen ihre Gabe der Geisterunterscheidung hauptsächlich im Gebet der geistlichen Kampfführung, wo sie ihnen hilft, territoriale Geister der Finsternis über einer Region wahrzunehmen. Wieder andere sind speziell für den persönlichen Dienst der Befreiung begabt; solche Leute können unterscheiden, ob der Geist einer Person in Bedrängnis ist oder ob ein dämonischer, wie zum Beispiel ein „religiöser Geist“, den Konflikt oder die Turbulenzen verursacht. Menschen mit einer pastoralen Veranlagung können ihre Unterscheidungsgabe in Bezug auf den Geist anderer anwenden, um ihnen dabei zu helfen zu ergründen, wodurch sie motiviert werden.

Ich persönlich habe viele Träume, wenn ich schlafe, und es ist wichtig für mich, ihre Bedeutung zu erkennen. Manchmal erscheint mir ein Engel in einem Traum in symbolischer Form, und der Traum trägt eine Botschaft, die ich entschlüsseln muss. Zu anderen Zeiten kommt ein Engel ganz real in meinen Raum, und das Erste, was ich beim Erwachen wahrnehme, ist, dass die Atmosphäre stark mit den Intentionen des Himmels geladen ist.

Ob eine Person nun ein „Seher" ist und sieht, was der Geist tut, oder nicht, jemand mit der Gabe der Geisterunterscheidung kann jedenfalls *wahrnehmen,* was vor sich geht. Wahrnehmung geschieht auf viele verschiedene Weisen. Einer meiner Freunde spürt eine Art Gewicht auf den Schultern, das er als übernatürlich erkennt, und ergründet stets dessen Bedeutung. Andere fühlen so etwas wie Feuer, das auf ihrem Kopf verweilt. Wenn du diese Gabe hast, wirst du durch Erfahrung lernen, wie die Signale zu interpretieren sind. Es ist großartig, so viele Arten spezieller Unterscheidung im Leib Christi zu haben; und wir brauchen jede Art der göttlichen Wahrnehmung, die wir bekommen können!

In meinem Leben und Dienst hat sich gezeigt, dass die Gabe der Geisterunterscheidung an öffentlichen Schauplätzen genauso gut funktioniert, wie bei privaten Fürbittetreffen. Vor einigen Jahren konnte ich zum Beispiel eine Zeitlang im Publikum über einzelnen Personen, für die der Geist etwas Herrliches tun wollte, Feuerflammen sehen. Ich musste nur seine Gegenwart ankündigen. Dann hörte ich ein *„Wuuusch"* und sah im Publikum über dem Kopf einer Person eine Feuerflamme, woraufhin ich auf sie zeigte und sagte: „Okay, diese Person hier drüben in der dritten Reihe …" Die Flamme bewegte sich dann in die Person hinein, und diese „tauchte" in die Herrlichkeitszone des Geistes „ab" – und rutschte dabei auch manchmal vom Stuhl. Gott tat wunderbare Dinge für die Leute, inklusive körperlicher Heilung, und nachdem ich darauf hingewiesen hatte, dass der Geist am Werk ist, musste ich nichts weiter tun.

Der prophetische Seher Bob Jones lehrte mich viel über die Unterscheidung der Geister. Ende der Achtziger und in den Neunzigerjahren hatten wir in Kansas City Anteil am Entstehen der heutigen prophetischen Bewegung. Fast täglich sah Bob Engel, die in geistliche Kampfführung mit Dämonen verwickelt waren, und er nahm auch die reale Präsenz des Heiligen Geistes selbst wahr. Von diesem ungewöhnlichen Pionier lernte ich, meine fünf natürlichen Sinne ganz der Salbung des Heiligen Geistes zu überlassen.

In den letzten Jahren hatte ich viele Gelegenheiten, mit Cindy Jacobs von *Generals International* zusammenzuwirken, und konnte beobachten, wie schnell sie vom natürlichen in den übernatürlichen Wahrnehmungsbereich wechselt und dabei Engel wahrnimmt, dämonische Präsenz aufdeckt oder die ehrfurchtgebietende Heiligkeit Gottes manifestiert. Ich glaube, dass dies ihre höchste Gabe ist, und jedes Mal, wenn wir zusammen dienen, tut sie mir neue Möglichkeiten auf!

Neutestamentliche Einblicke in die Geisterunterscheidung

In den neutestamentlichen Berichten über Jesu Dienst und die frühe Gemeinde finden wir verschiedene Kategorien der Unterscheidung.

Wahrnehmung des Heiligen Geistes

Johannes der Täufer erkannte den Heiligen Geist, als dieser wie eine Taube vom Himmel auf Jesus herabkam (vgl. beispielsweise Mt 3,13-17). Johannes ließ sich nicht davon beeinflussen, dass er mit Jesus verwandt war. Jesus war Johannes' Cousin und sie waren fast im gleichen Alter. Sie kannten einander wahrscheinlich ziemlich gut und hatten als Kinder möglicherweise zusammen gespielt. Johannes war sich vielleicht selbst nicht sicher, ob Jesus der Messias war, bis er die Taube sah (vgl. Joh 1,32-34). Etwa drei Jahre später, an Pfingsten, hörten die Gläubigen im Obersaal die Gegenwart des Heiligen Geistes als brausenden Wind und sahen ihn dann als Feuerzungen auf ihrem Kopf (vgl. Apg 2,2-3). Wir wissen nicht, ob sie dies alles mit ihren natürlichen Augen und Ohren wahrnahmen, oder ob es komplett übernatürlich war; jedenfalls waren sie sich einig über das, was sie erlebt hatten.

Engel wahrnehmen

Die Schrift berichtet von einem Engel, der Jesus im Garten Gethsemane erschien und „ihn stärkte" (Lk 22,43). Nach Jesu Auferstehung sah Maria zwei Engel in der Grabkammer, wo Jesu Körper gelegen hatte (vgl. Joh 20,11-13). Ein Engel erschien Paulus, um ihm eine beruhigende Botschaft zu überbringen, als er sich mitten in einem heftigen Sturm auf See befand (vgl. Apg 27,23-24). Engel sehen nicht immer gleich aus und handeln auch nicht zu allen Zeiten gleich; deshalb braucht man die Fähigkeit einer göttlichen Unterscheidung, um zu erkennen, ob es sich bei dem, was du siehst, tatsächlich um einen Engel handelt, dem du vertrauen kannst.

Menschliche Geister wahrnehmen

In Nathanael nahm Jesus aus der Ferne einen ehrlichen Geist wahr (vgl. Joh 1,47-48). Kurz danach erkannte er das Gegenteil eines ehrlichen Geistes in Leuten, die ihm nur aufgrund seiner Wunder glaubten (vgl. Joh 2,23-25). Jahre später identifizierte Petrus sehr gut die falschen Motive Simon des Zauberers:

> *Petrus aber sagte zu ihm: Dein Silber fahre mit dir ins Verderben, wenn du meinst, die Gabe Gottes lasse sich für Geld kaufen. Du hast weder einen Anteil daran noch ein Recht darauf, denn dein Herz ist nicht aufrichtig vor Gott. Wende dich von deiner Bosheit ab und bitte den Herrn, dass dir das Ansinnen deines Herzens vergeben werde! Denn ich sehe dich voll bitterer Galle und in Unrecht verstrickt. Da antwortete Simon: Betet ihr für mich zum Herrn, damit mich nichts von dem trifft, was ihr gesagt habt!* (Apg 8,20-24 REÜ).

Und – wieder auf der positiven Seite – nahm Paulus einen „Geist des Glaubens" in dem lahmen Mann in Lystra wahr:

> *In Lystra saß ein Mann, der keine Kraft in den Füßen hatte, von Geburt an lahm, der noch nie hatte gehen können. Er hörte, wie Paulus redete. Dieser blickte ihm fest ins Auge; und da er sah, dass der Mann den Glauben hatte, geheilt zu werden, sprach er mit lauter Stimme: Steh auf! Stell dich aufrecht auf deine Füße! Da sprang der Mann auf und ging umher* (Apg 14,8-10 REÜ).

In einem von Geburt an Lahmen würdest du nicht unbedingt viel Glauben erwarten. Er war noch nie in seinem Leben gelaufen! Trotzdem hatte er sich die Hoffnung bewahrt, dass etwas Gutes passieren würde, wenn er lange genug wartete. Paulus sah ihn intensiv an und erkannte den Glauben des Mannes. Er forderte ihn einfach auf zu gehen. Dies tat er nicht bei jedem lahmen Bettler, an dem er vorbeikam. Aber Paulus war so gut auf den Heiligen Geist eingestimmt, dass er bei diesem speziellen Bettler innehielt und sich Zeit nahm, um zu erkennen, was der Geist tun wollte.

Böse Geister wahrnehmen

Während seines irdischen Dienstes erkannte Jesus viele böse Geister, die sich auf vielfältige Weise manifestierten. Einmal trieb er einen Geist der Schwachheit aus, der bei einer Frau eine schwere Rückenverkrümmung verursachte. Diese Befreiung von einem bösen Geist bewirkte die augenblickliche Heilung der Frau, obwohl Jesus kein Spektakel aus dem Vorfall machte. Ja, er sprach den unreinen Geist nicht einmal an:

> *Unter den Zuhörern war eine Frau, die seit achtzehn Jahren unter einem bösen Geist zu leiden hatte, der sie mit einer Krankheit plagte. Sie war verkrümmt und völlig unfähig, sich aufzurichten. Jesus bemerkte sie und rief sie zu sich. „Liebe Frau", sagte er, „du bist frei von deinem Leiden!", und er legte ihr die Hände auf. Im selben Augenblick konnte sie sich wieder aufrichten, und sie fing an, Gott zu preisen* (Lk 13,11-13).

Jesus legte der Frau die Hände auf, und ohne dass ein weiteres Wort nötig gewesen wäre, verließ sie der böse Geist, was dadurch bewiesen wurde, dass sie sich sofort wieder aufrichten konnte. Ich nenne das „hineindrücken" – ich bringe den Heiligen Geist einfach so nah an den bösen Geist heran, dass es diesem höchst ungemütlich wird und er verschwindet. Wenn ich einen unreinen Geist ausmache und ihn vertreiben will, erkenne ich oft auch, ob ich überhaupt zu ihm sprechen muss. Indem ich mich „hineindrücke", verlasse ich mich auf die Tatsache, dass der Geist Gottes in mir wohnt, und dass *„der Geist, der in euch lebt, größer ist als der Geist, der die Welt regiert"* (1 Joh 4,4 NLB).

Auch die Apostel erkannten böse Geister. Als Paulus und Silas in Philippi predigten, kam eine Geschäftsfrau namens Lydia zum Glauben an den Herrn. Aber dann folgte ein Sklavenmädchen Paulus und Silas durch die ganze Stadt und störte sie, indem sie dem Publikum durch einen Wahrsagegeist unentwegt verkündete, wer die beiden seien. Diese Unterbrechungen waren beim Predigen nicht gerade hilfreich, denn jedes Mal wenn das Mädchen etwas von sich gab, war es, als würde eine Löschdecke des Unglaubens über den Platz geworfen. Schließlich hatte Paulus genug, und ohne Vorwarnung fertigte er den bösen Geist ab: *„Da wurde Paulus ärgerlich, wandte sich um und sagte zu dem Geist: Ich befehle dir im Namen Jesu Christi: Fahre aus dieser Frau aus! Und im gleichen Augenblick fuhr er aus"* (Apg 16,18 REÜ). Niemand musste Paulus sagen: „Dieses Sklavenmädchen prophezeit durch die Kraft eines unreinen Geistes." Er war ganz einfach fähig, das wahrzunehmen. Nachdem er den bösen Geist durch seinen Befehl ausgetrieben hatte, war die Atmosphäre gereinigt. Nun konnten sie mit ihrer Predigt durchbrechen. Diese Wendung der Ereignisse schien Satan auf den Plan zu rufen. Die Besitzer des Mädchens wiegelten das Volk und die Stadtbeamten gegen Paulus und Silas auf, sodass die beiden festgenommen und ins Gefängnis gesteckt wurden. Aber binnen Kurzem brach im Gefängnis eine Erweckung aus, bei welcher der Gefängniswärter und seine ganze Familie Christus aufnahmen.

Ein ganz anderes neutestamentliches Beispiel der Wahrnehmung von Geistern ereignete sich in der großen Offenbarungsvision des Apostels Johannes, in welcher er drei unreine Geister bemerkte, die wie Frösche aussahen (vgl. Offb 16,13). Frösche wurden von den Israeliten wahrscheinlich seit der Froschplage zur Zeit des Auszugs aus Ägypten als unrein angesehen, und von Gott selbst wurden sie mit der Gesetzgebung ausdrücklich für unrein erklärt (vgl. 3. Mose 11,9-12). Heutzutage können wir manchmal die Präsenz böser Geister wahrnehmen, indem wir eine Vision von einem bestimmten, böse erscheinenden Tier, in Verbindung mit einer Person oder Situation sehen.

Dies ist nur eine Handvoll der vielen bemerkenswerten Anlässe im Neuen Testament, bei denen die Gabe der Geisterunterscheidung ins Spiel kommt. Ich bin sicher, dass diese Gabe häufig unauffällig wirkte, wie sie es auch heute tut, ohne groß erwähnt zu werden. Ohne diese Gabe kann die Gemeinde weder gesund werden (und bleiben) noch wachsen.

Sinn und Zweck der Gabe der Geisterunterscheidung

Eine der wichtigsten Aufgaben der Gabe der Geisterunterscheidung ist ganz offensichtlich die *Befreiung* von Menschen. Das sehen wir zum Beispiel bei der Begegnung Jesu mit dem dämonisierten Gerasener (vgl. Mk 5,1-20). Jesus kam in die Region, erkannte die *„Legion"* von Dämonen in dem Mann, trieb sie aus und ging wieder fort. Er blieb nicht in der Nähe, um zu predigen oder Wunder zu wirken. Die Befreiung des einen Mannes war das alleinige Ziel, weshalb Jesus das Gebiet von Gerasa aufsuchte.

Ein damit zusammenhängender Zweck der Geisterunterscheidung ist, die Diener Satans zu entlarven und bloßzustellen sowie deren Tun und Reden Einhalt zu gebieten. Dies ereignete sich, als Paulus die bösen Motive von Elymas, dem Zauberer, aufdeckte: *„Da blickte ihn Saulus – sein römischer Name ist Paulus – durchdringend an. Vom Heiligen Geist erfüllt, sagte er zu ihm: ‚Du Sohn des Teufels, hinterhältig und durchtrieben bist du, ein Feind von allem, was gut und richtig ist! Wann hörst du endlich auf, dich dem Herrn in den Weg zu stellen, um seine guten Pläne zu durchkreuzen?'"* (Apg 13,9-10). Und später, als Paulus in Philippi den bösen Geist des Sklavenmädchens erkannt und ausgetrieben hatte, konnte nicht nur der Dienst des Evangelisierens in der Region Fuß fassen, sondern die Besitzer des Mädchens waren auch nicht länger in der Lage, deren dämonische Gabe für ihre finanzielle Bereicherung auszubeuten.

Außerdem ist die Gabe der Geisterunterscheidung eine äußerst wichtige Hilfe, um falsche Propheten und teuflische Irrlehre zu entlarven. In Paulus' erstem Brief an Timotheus lesen wir: *„Der Geist Gottes hat allerdings unmissverständlich vorausgesagt, dass am Ende der Zeit manche vom Glauben abfallen werden. Sie werden sich irreführenden Geistern zuwenden und auf Lehren hören, die von dämonischen Mächten eingegeben sind und von scheinheiligen Lügnern propagiert werden, deren Gewissen so abgestumpft ist, als wäre es mit einem glühenden Eisen ausgebrannt worden"* (1 Tim 4,1–2). Johannes schlägt einen nützlichen Test vor, um in dieser Hinsicht den Wahrheitsgehalt herauszufinden; man könnte ihn den „Jesus ist Herr"-Test nennen. Wenn der Geist einer Person von einem antichristlichen Geist eingenommen wurde, kann diese Person Jesus nicht mehr als den Herrn bekennen:

> *Liebe Freunde, glaubt nicht jedem, der behauptet, seine Botschaft sei ihm von Gottes Geist eingegeben, sondern prüft, ob das, was er sagt, wirklich von Gott kommt. Denn in dieser Welt verbreiten jetzt zahlreiche Lügenpropheten ihre falschen Lehren. An Folgendem könnt ihr erkennen, ob jemand sich zu Recht auf Gottes Geist beruft: Wer sich zu Jesus Christus als zu dem bekennt, der ein Mensch von Fleisch und Blut geworden ist, hat den Geist, der von Gott kommt. Wer sich nicht zu Jesus bekennt, hat nicht den Geist, der von Gott kommt. Aus ihm spricht vielmehr der Geist des Antichrists. Ihr habt ja gehört, dass dieser [Lügengeist] in die Welt kommen wird, und inzwischen ist er bereits da ... Wir hingegen stammen von Gott, und wer Gott kennt, hört auf uns, während der, der nicht von Gott stammt, nicht auf uns hört. Daran können wir erkennen, ob wir es mit dem Geist der Wahrheit zu tun haben oder mit dem Geist des Irrtums und der Lüge* (1 Joh 4,1-3.6).

Jeder kann diesen Test anwenden. Ein gefallener Engel oder dämonischer Geist ist einfach nicht in der Lage, die Wahrheit auszusprechen, dass Jesus Christus als Sohn Gottes im Fleisch kam. Ich habe diesen biblischen Test in vielen Situationen angewendet, und er funktioniert in jedem kulturellen Umfeld. Achte darauf, dieses wichtige Beurteilungsinstrument in deinen persönlichen Werkzeugkasten der geistlichen Unterscheidung aufzunehmen.

Wie du sehen kannst, ist der zugrundeliegende Zweck der Geisterunterscheidung, dass jemand mit dem Heiligen Geist mitgehen kann. Durch die Wirkung dieser Gabe kann man besser mit dem Heiligen Geist kooperieren, der sich oft so unauffällig verhält, dass man es kaum wahrnimmt. Die Schriften beschreiben den Geist als Wind: *„Der Wind weht, wo er will. Du hörst zwar sein Rauschen, aber woher er kommt und wohin er geht, weißt du nicht. So ist es bei jedem, der aus dem Geist geboren ist“* (Joh 3,8; vgl. auch Hes 37,9-10).

John Wimber hatte die ungewöhnliche Gabe, das Wirken des Heiligen Geistes in Versammlungen wahrzunehmen. Ich erinnere mich an Veranstaltungen mit ihm, wo er verkündete: „Er rollt über den Boden heran wie das Meer – genau jetzt. Ein Licht beginnt dort drüben zu leuchten, und es bewegt sich über die Leute hinweg in dieser Richtung." Und die Herrlichkeit Gottes breitete sich wie eine heranrollende Welle über die Leute aus.

Leitlinien für das Wirken in der Gabe der Geisterunterscheidung

Der einzige Weg, um deine eigene „Sprache" in Bezug auf die Gabe der Geisterunterscheidung zu lernen, ist, sie zu praktizieren; die Gabe kann entwickelt werden. Du kannst deine Sinne trainieren, und mit der Zeit lernst du durch Erfahrung zu interpretieren, was deine Sinne aufnehmen. Die Schrift sagt: *„Feste Speise aber ist für Erwachsene, deren Sinne durch Gebrauch geübt sind, Gut und Böse zu unterscheiden"* (Hebr 5,14 REÜ). Du kannst auch in das Wort eintauchen, sodass du wichtige Wahrheiten abrufen kannst, sobald du sie brauchst, um die Wahrnehmung deiner Sinne zu bestätigen. Dadurch wirst du auch bestimmte schriftgemäße Anweisungen im Hinterkopf behalten, wie zum Beispiel die Idee, die Geister mit dem „Jesus ist Herr"-Test zu prüfen.

Manchmal versteht man seine Unterscheidung am besten, wenn man prüft, welche Frucht sie im Leben eines anderen hervorbringt. Ist sie gut oder nicht so gut? Jesus sagte:

> *An ihren Früchten werdet ihr sie erkennen. Erntet man etwa Trauben von Dornbüschen oder Feigen von Disteln? So trägt jeder gute Baum gute Früchte; ein schlechter Baum hingegen trägt schlechte Früchte. Ein guter Baum kann keine schlechten Früchte tragen; ebenso wenig kann ein schlechter Baum gute Früchte tragen. Jeder Baum, der keine guten Früchte trägt, wird umgehauen und ins Feuer geworfen. Deshalb [sage ich]: An ihren Früchten werdet ihr sie erkennen* (Mt 7,16-20).

Behalte auch die Frucht deines eigenen Lebens im Auge. Die Gabe der Geisterunterscheidung ist nicht die „Gabe der Verdächtigungen". Deine Einsichten und Wahrnehmungen sollten nie zu Tratsch und übler Nachrede führen, sondern immer zur Erbauung und zum Wachstum des Leibes Christi. Der Heilige Geist will die Glieder des Leibes heilen und wiederherstellen, nicht verletzen. Tu dich niemals mit dem Verkläger der Brüder zusammen, dem Teufel (vgl. Offb 12,10).

Wie du siehst, hat die Gabe der Geisterunterscheidung das Potenzial, explosiv zu sein; deshalb ist es entscheidend, sie mit Weisheit zu praktizieren. Anstatt es auf die harte Tour zu lernen (und dabei möglicherweise Unheil anzurichten), erlange lieber Weisheit, welche über das hinausgeht, was man von deinem Alter erwarten würde, indem du dir Rat holst von anderen, die größere Erfahrung mit dieser Gabe haben. Erwecke außerdem dazu passende Gaben in dir, wie die des Glaubens.

Ich habe bemerkt, dass Offenbarungsgaben wie diese von einem außergewöhnlichen Glauben für vollmächtiges Gebet begleitet sein können. Mach es dir zu Gewohnheit, mit deiner Wahrnehmung oder Offenbarung zuerst wieder betend zum Vater zu kommen, bevor du handelst. Suche seine Führung in der Anwendung von dem, was du empfangen hast. Zumindest kannst du immer in die Fürbitte gehen. Vom Geist gelenkte Fürbitte passt in jedem Fall. Doch wenn du den Eindruck hast, dass er es dir sagt, kannst du einen Befehl geben, mit dem du einen Feind zurückweist, den du erkannt hast.

Gott wird dich dabei stets führen, solange du mit ihm im Gespräch bleibst. Mit dem Apostel Petrus sage ich dir: *„Ich wünsche euch, dass ihr Gott und unseren Herrn Jesus immer besser kennen lernt und dadurch in immer größerem Maß Gnade und Frieden erfahrt. In seiner göttlichen Macht hat Jesus uns alles geschenkt, was zu einem Leben in der Ehrfurcht vor ihm nötig ist. Wir haben es dadurch bekommen, dass wir ihn kennen gelernt haben – ihn, der uns in seiner wunderbaren Güte zum Glauben gerufen hat"* (2 Pt 1,2-3).

Hast du Hunger nach mehr?

Bist du zufrieden mit deinem eigenen Maß der geistlichen Wahrnehmung und Unterscheidung, oder glaubst du, dass der Herr mehr für dich hat? Allein schon durch das Schreiben dieses Kapitels habe ich den Wunsch, dass mehr geistliche Wahrnehmung und Unterscheidung in mir hervorkommen soll. Ich möchte die hinter den Dingen wirkenden geistlichen Kräfte noch viel präziser erkennen, und wenn es sich dabei um Kräfte der Finsternis handelt, möchte ich sie vertreiben und das brillante Licht des Königreichs Gottes immer mehr regieren lassen. Deshalb glaube ich, dass wir um diese Gabe des Heiligen Geistes *bitten* sollten. *„Ihr erhaltet nichts, weil ihr nicht bittet“* (Jak 4,2; vgl. auch Joh 16,24). Wirst du dich in dieser Sache passiv verhalten und sagen, dass die Gabe der Geisterunterscheidung nur für Apostel und Propheten ist? Ich hoffe nicht! Lass mich noch einmal betonen, dass diese Gaben auch keine Spielzeuge für die öffentliche Plattform sind; sondern sie sind Werkzeuge, um Gottes Königreich zu bauen. Er wartet darauf, dass wir all das werden, was wir in Jesus Christus sein können. Auf, los! Stell dich mit mir der Herausforderung!

Lieber Herr, ich bin nicht zufrieden! Ich möchte mehr von der Gegenwart deines Geistes, mehr Kraft und mehr Begabung. In Jesu wunderbarem Namen bitte ich jetzt für eine Zunahme der Gabe der Geisterunterscheidung. Ich möchte fähig sein, das Wirken des Heiligen Geistes unmittelbar zu erkennen, Engel wahrzunehmen, Dämonen zu vertreiben und die inneren Herzensmotivationen von Männern und Frauen zu erkennen. Bitte, lass mich darin wachsen. Ich stelle dir meine fünf natürlichen Sinne zur Verfügung. Gib mir Lehre und praktische Erfahrung. Danke für das Wachstum! In Jesu mächtigem Namen. Amen!

Kapitel 5

Das Wort der Weisheit

Und doch ist unsere Botschaft eine Botschaft voller Weisheit. Verstanden wird diese Weisheit allerdings nur von denen, die der Glaube an Christus zu geistlich reifen Menschen gemacht hat. Denn sie hat nichts zu tun mit der Weisheit dieser Welt und mit der Klugheit ihrer Herrscher, deren Macht schon bald vergeht ... Wir aber haben diesen Geist erhalten – den Geist, der von Gott kommt, nicht den Geist der Welt. Darum können wir auch erkennen, was Gott uns in seiner Gnade alles geschenkt hat. Und wenn wir davon reden, tun wir es mit Worten, die nicht menschliche Klugheit, sondern der Geist Gottes uns lehrt; wir erklären das, was Gott uns durch seinen Geist offenbart hat, mit Worten, die Gottes Geist uns eingibt.

1. Korinther 2,6;12-13

Ich war erst vierzehn, als mir auf einmal das spezielle Gebet um Weisheit sehr wichtig wurde, und das ist bis heute so geblieben. Meine Sonntagsschullehrer hatten mich über Josef und Daniel, über Esther und Nehemia und andere wie sie gelehrt – Menschen der Bibel, die sich durch eine bemerkenswerte Weisheit auszeichneten. Das veranlasste mich dazu, kontinuierlich um drei Dinge zu bitten: um mehr Weisheit, als meinem Alter entspricht, dass Gott für die, welche in Autorität stehen, „Josef-Ratgeber“ erwecken möge und um ein reines Herz. Ich betete also schon, bevor ich diese Dinge überhaupt verstand, um einen Geist der Weisheit, den Geist des Rates und ein Herz voller Reinheit.

Schon seit Jahren bitte ich Gott nun auch darum, neben Josefs auch Salomos zu erwecken – und zwar sowohl Menschen mit Autorität, die Gottes Weisheit für ihren Verantwortungsbereich besitzen, als auch weise Ratgeber für Leute in Autorität. Ich weiß, dass durch weise Einsicht und Rat solche Desaster, wie das vom 11. September 2001[1], verhindert werden können. Feinde können festgenommen und Kriege beendet werden. Gottes Weisheit umfasst alle Dinge, sowohl persönlich als auch global.

Nun, Jahrzehnte später, bete ich immer noch um den Geist der Weisheit. Tatsächlich glaube ich, dass ich ihn heute noch mehr brauche, als zur Zeit meiner Jugend. Ein gutes Maß an Weisheit habe ich schon erlangt, oft durch Erfahrungen der harten Schule und das, was ich „Intensivlektionen"[2] nenne. Und ich habe in meinem Leben schon etliche Erhörungen dieses Gebets erhalten, speziell bei der Navigation durch all die verschiedenen Gemeindebewegungen: evangelikale und charismatische Bewegung, Jesus People, Wort des Glaubens, Jüngerschaft, Dritte Welle, prophetische, apostolische Reformation – und vielleicht noch einige, die ich ausgelassen habe.

Und während ich auf meinem Weg einige schwierige Lektionen bezüglich Weisheit erhielt, lernte ich, auch für andere zu beten, die mit mir auf diesem Weg sind, wie es der Apostel Paulus vorgelebt hat: *„Ich bete darum, dass Gott – der Gott unseres Herrn Jesus Christus, der Vater, dem alle Macht und Herrlichkeit gehört – euch den Geist der Weisheit und der Offenbarung gibt, damit ihr ihn immer besser kennenlernt"* (Eph 1,17).

Ich erinnere mich an eine Begebenheit, als der Heilige Geist mir ein Wort der Weisheit zuflüsterte, das sich mehr wie ein Paragraph der Weisheit anhörte: *Mangelnde Kommunikation verursacht Missverständnisse. Missverständnisse können zu Anschuldigungen führen.*

---

[1] Die Terroranschläge am 11. September 2001 waren vier koordinierte Flugzeugentführungen mit anschließenden Selbstmordattentaten auf wichtige zivile und militärische Gebäude in den Vereinigten Staaten von Amerika. Die Ereignisse dieses Tages werden auch kurz als 11. September, Nine-Eleven oder 9/11 bezeichnet – Wikipedia, 16.03.2018 – Anm. d. Übers.

[2] Wörtl.: „lessons from the woodshed" – Holzschuppenlektionen, amerik. Idiom für intensives Üben – Anm. d. Übers.

Und Anschuldigungen, die nicht aufgearbeitet werden, führen immer zu einer Form der Entfremdung. Das war ein wahres Wort der Weisheit, und in angespannten Situationen habe ich oft auf diese Erkenntnis zurückgegriffen. Das Wort der Weisheit ist absolut nötig und hilfreich, um, wie ich es nenne, „hoffnungsvolle Lösungen" herbeizuführen – ob im Leben von Menschen, Gemeinden, Städten oder Nationen!

Obwohl das Wort der Weisheit eine der am meisten benötigten Gaben ist, ist sie auch die am häufigsten übersehene Gabe im Leib Christi. Mit prophetischer Offenbarung und Sachwissen werden wir förmlich überrannt, aber an der Weisheit, was damit zu tun ist, mangelt es häufig! Wie Derek Prince einmal sagte: „Wissen gibt uns Fakten, und Weisheit zeigt uns, was wir damit anfangen sollen."[3] Ohne die Hilfe des Heiligen Geistes können wir Offenbarungen nicht richtig interpretieren und anwenden.

Definition des Wortes der Weisheit

Ich liebe Sam Storms Definition dieser Gabe. Er schlägt folgende Begriffserklärung vor: „Die Fähigkeit, lebensverändernde Einblicke in Gottes geheimnisvolle Rettungspläne für die Menschheit zu formulieren, sowohl auf globaler Ebene, als auch in der Anwendung auf den Einzelnen."[4] Ich schätze diesen speziellen Blickwinkel, weil er den *gebenden* Aspekt mehr betont als den *empfangenden.* Das Wort der Weisheit ermöglicht Menschen, klar und überzeugend über Gottes weise Ziele zu sprechen und dabei seine liebende Wegweisung zu übermitteln – sowohl ganzen Regierungen (wie es Josef in Ägypten tat) als auch einzelnen Gliedern der Gemeinde.

Muss man schon in fortgeschrittenem Alter sein, bevor man die Gabe der Weisheit praktizieren kann? Nein, überhaupt nicht! Josef und Salomo waren in der Blüte ihres Lebens. Musst du ein theologisches Diplom erlangen oder einen bestimmten Status im Leib Christi erreichen? Nein, die Gabe wird dir übernatürlich geschenkt, so wie der Heilige Geist es entscheidet.

---

[3] Prince, Gifts of the Spirit, 53.

[4] Storms, Beginner's Guide, 46.

Dick Iverson, Gründungspastor der *City Bible Church* in Oregon, die früher *Portland Bible Temple* hieß, sagt: „Es ist nicht *‚ein‘* Wort der Weisheit, es ist *‚das‘* Wort der Weisheit. Es handelt sich nicht einfach nur um ein Wort über ein Thema oder eine aktuelle Situation, sondern um *‚das Wort‘* (Gottes eigenes Wort) dazu.“ Es ist das Wort, welches „den Willen Gottes für diese Situation“ ausdrückt.[5] John Wimber bemerkt, dass es einen Teil der gesamten Weisheit Gottes für eine bestimmte Situation offenbart und dabei nicht auf menschlicher Logik beruht. Er nennt das „transrational“ – über den Verstand hinaus – wobei das Rationale miteingeschlossen ist.[6] Gottes Weisheit ist vollkommen transrational: *„Denn meine Gedanken sind nicht eure Gedanken, und eure Wege sind nicht meine Wege, spricht der HERR“* (Jes 55,8).

Die Gabe des Wortes der Weisheit ist eine unverzichtbare Ergänzung zum Wort der Erkenntnis und der Prophetie. Wenn Propheten beispielsweise eine Zeit des Umbruchs und der Turbulenzen vorhersagen, brauchen wir Gottes weise Wortführer, die uns helfen zu verstehen, was konkret zu tun ist. Die Gemeinde sollte Gottes Lösungen anbieten und nicht nur Problemdiagnosen erstellen (womit die Welt ihre Zeit hauptsächlich verbringt). Wir sollen Leute der Lösungen sein, nicht Leute der Probleme.

Auf der persönlichen Ebene brauchst du Gottes Weisheit, um durch all die Höhen und Tiefen deines alltäglichen Lebens zu gelangen. Genauso brauchst du den Geist der Weisheit, um zu erkennen, was du mit einem prophetischen Wort oder Eindruck anfangen sollst. Sollst du nur darüber in Fürbitte gehen? Oder sollst du es aussprechen? Wenn ja, zu wem? Und wie? Wie lange sollst du es „bebrüten“? Tatsache ist, du kannst niemals zu viel Weisheit haben!

Weisheit, die Konflikte auflöst

Die Schrift ist voll mit praktischen Beispielen zur Gabe der Weisheit. Wir wollen einmal mit einem ganz neuen Blick eines der bekanntesten dieser Beispiele anschauen – Salomos Entscheidung im

[5] Iverson, Holy Spirit Today, 106.
[6] Wimber, Signs and Wonders

Streit über ein Baby (vgl. 1 Kö 3,16-28). Einige Zeit zuvor hatte Salomo Gott um Weisheit und Einsicht gebeten, damit er Israel gut regieren könne, und Gott gewährte es ihm (vgl. 2 Chr 1,8-12). Nun war er mit der realen Herausforderung konfrontiert, einen Schiedsspruch in diesem Streit zu fällen. Zwei Frauen (genauer gesagt Huren), die gemeinsam in einem Haus wohnten, hatten an einem Tag kurz nacheinander jeweils einen Jungen zur Welt gebracht. Die eine von ihnen hatte sich im Schlaf versehentlich auf das Baby gelegt und dabei ihren Sohn erstickt. Als sie mitten in der Nacht die schreckliche Entdeckung machte, stand sie auf und tauschte heimlich ihr totes Baby gegen das lebende der anderen Mutter aus. Sie wollte unbedingt einen lebendigen Sohn haben.

Die zweite Frau brachte den Fall zur Entscheidung vor Salomo. Ich bin sicher, dass die Gemüter vor dem Richterstuhl hochkochten.

> *Und die eine Frau sagte: ... Als ich nun am Morgen aufstand, um meinen Sohn zu stillen, siehe, da war er tot. Am Morgen sah ich ihn mir genau an, und siehe, es war nicht mein Sohn, den ich geboren hatte. Da sagte die andere Frau: Nein, sondern mein Sohn ist der lebende, und dein Sohn ist der tote. Jene aber sagte: Nein, sondern dein Sohn ist der tote, und mein Sohn ist der lebende. So stritten sie vor dem König ... Und der König sprach: Holt mir ein Schwert! Und man brachte das Schwert vor den König. Und der König sprach: Zerschneidet das lebende Kind in zwei Teile und gebt der einen die eine Hälfte und der anderen die andere Hälfte! Da sagte die Frau, deren Sohn der lebende war, zum König, denn ihr Innerstes wurde erregt wegen ihres Sohnes, sie sagte also: Bitte, mein Herr! Gebt ihr das lebende Kind, aber tötet es ja nicht! Jene aber sagte: Weder mir noch dir soll es gehören, zerschneidet es! Da antwortete der König und sprach: Gebt der Ersten das lebende Kindchen und tötet es ja nicht! Sie ist seine Mutter. Und ganz Israel hörte das Urteil, das der König gefällt hatte, und sie fürchteten sich vor dem König. Denn sie sahen, dass die Weisheit Gottes in ihm war, rechtes Gericht zu halten* (1 Kön 3,17.21-22.24-28).

Hörte es sich wie ein Wort der Weisheit an, als Salomo sagte: *„Gebt mir ein Schwert!"*? Vielleicht wusste er noch nicht einmal selbst, was er als Nächstes tun würde, falls Gott ihm noch nicht gesagt hatte, was er mit dem Schwert tun sollte. „Gebt mir ein Schwert!" war nicht gerade eine logische Forderung. Sie war definitiv transrational! Aber als er vorschlug, das Kind in zwei gleiche Teile zu schneiden, brachte er die echte Mutter ans Licht, da ihr das Leben des kleinen Jungen wichtiger war als ihre Besitzansprüche als Mutter. Die hartherzige Antwort der hinterlistigen Mutter bestätigte dann Salomos Entscheidung. Das Wort der Weisheit gab ihm die Möglichkeit, einen unlösbaren Konflikt zu lösen und bewirkte, dass das ganze Volk ihn respektierte. Die Gerechtigkeit setzte sich durch.

Diese konfliktlösende Gabe ist heute genauso wichtig wie damals. Und Gott schenkt seine Weisheit immer noch denen, die ihn suchen.

Weisheit, die Hinterlist aufdeckt

Du kennst wahrscheinlich den Vorfall im Neuen Testament, bei dem die Pharisäer versuchten, Jesus hereinzulegen, indem sie ihn fragten, ob es denn rechtmäßig sei, die verhasste Kopfsteuer an den Kaiser zu zahlen. Sie dachten, diesmal hätten sie ihn, da sie wussten, dass es darauf keine perfekte Antwort geben konnte. Jesus merkte (bzw. unterschied[7]), dass sie ihm eine Falle stellen wollten, und gab ihnen eine sehr kluge Antwort:

> *„Ihr Heuchler", sagte er, „warum stellt ihr mir eine Falle? Zeigt mir die Münze, mit der ihr die Steuer bezahlt!" Sie reichten ihm einen Denar. „Wessen Bild und Name ist darauf?", fragte er. Sie antworteten: „Das Bild und der Name des Kaisers." Da sagte Jesus zu ihnen: „Dann gebt dem Kaiser, was dem Kaiser gehört, und gebt Gott, was Gott gehört!" Über diese Antwort waren sie so verblüfft, dass sie Jesus in Ruhe ließen und weggingen* (Mt 22,18-22).

[7] Die Geistesgaben sind wie die Farben des Regenbogens. Sie gehen ineinander über, so wie das Endresultat es erfordert. Hier gehen die Gabe der Geisterunterscheidung und der Weisheit nahtlos ineinander über. Ich werde dieses Konzept in Kapitel 6 noch näher erläutern.

Jesus begegnete den Pharisäern nicht auf ihrer Ebene; er begegnete ihnen mit Weisheit, von deren Existenz sie nicht wussten. Damit hielt er sie sich erfolgreich vom Leib und ließ sie rätseln, wie er das geschafft hatte.

Weisheit, die Probleme löst

Nachdem Jesus in den Himmel aufgefahren war, verließ sich die brandneue Gemeinde immer wieder auf das Wort der Weisheit. Niemand hatte jemals getan, was sie nun taten. Sie hatten kein Beispiel, dem sie hätten folgen können. So taten sie das Beste, was sie tun konnten – sie vertrauten der Führung des Geistes.

Auf diese Weise wurde zum Beispiel die Rolle der Diakone „erfunden“. Als die Apostel ihre Zeit zwischen ihrer Predigttätigkeit und der Unterhaltung einer „Suppenküche“ für bedürftige Witwen aufteilen mussten, litt die Gemeindeleitung darunter. Und es gab noch weitere Ansprüche, denn die Gläubigen mit nichtjüdischem Hintergrund beanstandeten, ihre Witwen kämen zu kurz. Die Schrift sagt nicht etwa: „Die Apostel begannen, sich nach starken ehrenamtlichen Kräften umzusehen, welche die Gaben des Helfens und Dienens besaßen.“ Stattdessen, unzweifelhaft von einer höheren Weisheit geleitet, wiesen sie die Leute an, nach Männern mit der Gabe der *Weisheit* auszuschauen, welche die Verteilung der Lebensmittel an die Witwen besorgen könnten:

> *Da beriefen die Zwölf eine Versammlung aller Jünger ein und erklärten: „Es wäre nicht gut, wenn wir Apostel uns persönlich um den Dienst der Verteilung der Lebensmittel kümmern müssten und darüber die Verkündigung von Gottes Botschaft vernachlässigen würden. Seht euch daher, liebe Geschwister, in eurer Mitte nach sieben Männern um, die einen guten Ruf haben, mit dem Heiligen Geist erfüllt sind* ***und von Gott Weisheit und Einsicht bekommen haben.*** *Ihnen wollen wir diese Aufgabe übertragen* (Apg 6,2-3).

Ich finde es faszinierend, dass sie speziell hochkarätige Männer mit Weisheit suchten, die sich um praktische Belange kümmern sollten.

Und genau die fanden sie auch: *„Die Gemeinde wählte folgende sieben Männer aus: Stephanus, einen Mann mit einem festen Glauben und erfüllt vom Heiligen Geist, Philippus, Prochorus, Nikanor, Timon, Parmenas und Nikolaus, einen Nichtjuden aus Antiochia, der zum Judentum übergetreten war* (Apg 6,5).

Das Wort der Weisheit empfangen und freisetzen

Wie ich bereits schrieb, reiste ich in jungen Jahren als Assistent mit Mahesh Chavda. Eines Tages fragte ich ihn: „Mahesh, ich sehe in deinem Dienst so viele Wunder geschehen. Was ist dein Schlüssel, um die Stimme des Geistes zu hören?" Dieses Geheimnis wollte ich lernen. Er antwortete mir etwas, das zwar einfach war, aber nicht leicht: „Was du verstehen musst, ist: Je näher du ihm kommst, desto leiser wird seine Stimme."

Mit anderen Worten: Die „Stimme" des Geistes war für ihn nicht mehr als ein göttlicher Eindruck, den er durch geistliche Intuition in seinem Herzen empfing, wie einen leichten inneren „Schubs". Auf diese Weise wurden auch die frühen Apostel geleitet, wie wir an folgendem Ereignis aus Paulus' Leben sehen können:

> *Paulus und seine Begleiter zogen nun durch den Teil Phrygiens, der zur Provinz Galatien gehört. Eigentlich hatten sie vorgehabt, die Botschaft Gottes in der Provinz Asien zu verkünden, aber der Heilige Geist hatte sie daran gehindert. Als sie sich dann Mysien näherten, versuchten sie, nach Bithynien weiterzureisen, aber auch das ließ der Geist Jesu nicht zu* (Apg 16,6-7).
>
> *Und jetzt gehe ich nach Jerusalem, von Gottes Geist dazu gedrängt und an seine Weisung gebunden. Was dort im Einzelnen mit mir geschehen wird, weiß ich nicht* (Apg 20-22).

Schau dir einmal an, wie Paulus und seine Begleiter sich im ersten Abschnitt ausdrücken. Sie wurden an ihrem Vorhaben gehindert und von ihrer Route abgebracht. Es wurde ihnen nicht erlaubt nach Bythinien zu reisen, denn *„das ließ der Geist Jesu nicht zu"*. In der zweiten Schriftstelle war Paulus auf dem Weg nach Jerusalem, wo er Verfolgung erleiden würde, und dabei war er an die Weisung des Geistes „gebunden". Der Geist sagte nicht aus der Mitte einer Donnerwolke heraus: „Du sollst nicht!" Seine führende Hand war nicht offensichtlich, aber sie hatten gelernt, sensibel für seine feinen Berührungen zu sein, wie ein gut trainiertes, gehorsames Pferd auf den leichten Zug und Druck seines Reiters reagiert.

Wir sehen auch, dass sie nicht davor zurückschreckten, Warnungen anzunehmen. Aus diesen Bibelabschnitten lernen wir, dass das Wort der Weisheit für die, welche eng mit dem Geist zusammen unterwegs sind, häufig als Frühwarnsystem fungiert.

Auch ich wurde mehr als einmal auf diese Weise umgeleitet. Jedes Mal, wenn ich über einen bestimmten Aspekt meines Planes beunruhigt wurde, konsultierte ich den Heiligen Geist. Er offenbarte mir immer gerade genug, dass ich meine Pläne in geeigneter Weise ändern konnte. Wenn ich auf dem Weg in eine Falle oder eine kompromittierende Situation war, fühlte ich mich dank des Geistes daran gehindert, meinen Plänen weiter zu folgen. Ich war innerlich beunruhigt, bis ich mein Vorhaben änderte, dann war Frieden.

Häufig kommt Weisheit in einer etwas direkteren Art zu uns – ein Wort oder Vers der Bibel sprechen dabei unmittelbar in unsere Situation; diese Worte werden dann so lebendig, als würde Gott selbst zu uns sprechen (was auch der Fall ist). Das nennt man ein „lebendig gemachtes" Wort vom Herrn. So war es zum Beispiel, als Petrus die frühe Gemeinde anwies, den Platz von Judas neu zu besetzen. Er zitierte eine Reihe von Psalmen, die auf die aktuelle Lage der Gemeinde zutrafen (vgl. Apg 1,15-26). Später, als Petrus einige Heiden zum Glauben geführt hatte, worüber die – immer noch streng jüdischen – Glieder der Gemeinde bestürzt waren, zitierte Jakobus den Propheten Amos, um ihn zu verteidigen. Lukas berichtet, dass er damit auf Basis dieses Schriftwortes eine weise Entscheidung traf:

> *Als die beiden geendet hatten, ergriff Jakobus das Wort. „Liebe Geschwister", sagte er, „hört mir zu! Simeon hat gezeigt, dass Gott selbst sich der Nichtjuden angenommen und damit begonnen hat, unter ihnen ein Volk zu sammeln, das ihm gehört. Das stimmt mit den Worten der Propheten überein; es heißt nämlich in der Schrift: ‚Der Tag kommt, sagt der Herr, an dem ich mich meinem*

> *Volk wieder zuwenden und die verfallene Hütte Davids wieder aufbauen werde; ich werde sie aus ihren Trümmern von neuem erbauen und werde sie wieder errichten. Dann werden auch die übrigen Menschen nach mir fragen, die Menschen aller Völker, die doch alle mein Eigentum sind. Das sagt der Herr, der damit ausführt, was er von jeher angekündigt hat.'" „Deshalb steht für mich die Entscheidung fest", fuhr Jakobus fort. „Wir dürfen es den Nichtjuden, die zu Gott umkehren, nicht unnötig schwer machen"* (Apg 15,13-19, Amos 9,11-12 zitierend).

Natürlich sind innere Impulse und die Führung durch die Schrift nicht die einzige Weise, wie Gott seinem Volk seinen Willen mitteilt. Manchmal sendet er einen Engel, wie er es für Paulus tat, als dieser sich auf einem sturmgebeutelten Schiff befand, das zu sinken drohte. Dieses Ereignis haben wir uns bereits im vorigen Kapitel näher angesehen. Paulus teilte der Schiffsmannschaft mit:

> *Ihr Männer! Man hätte auf mich hören und nicht mehr weiterfahren sollen, nachdem wir einmal auf Kreta angelegt hatten; dann wären wir gar nicht erst in diese Gefahr geraten, und all der Schaden wäre uns erspart geblieben. Aber nachdem jetzt alles so gekommen ist, fordere ich euch auf: Lasst den Mut nicht sinken! Denn nicht ein Einziger von euch wird umkommen; nur das Schiff ist verloren. Letzte Nacht trat nämlich ein Engel des Gottes, dem ich gehöre und dem ich diene, zu mir und sagte: „Paulus, du brauchst dich nicht zu fürchten! Gott hat bestimmt, dass du vor dem Kaiser erscheinen sollst, und deinetwegen wird er allen, die mit dir auf dem Schiff sind, das Leben schenken"* (Apg 27,21-24).

Auf ähnliche Weise sendet Gott manchmal ein Wort der Weisheit durch eine Vision oder einen Traum (welcher eine Vision während des Schlafs ist). So beruhigte der Geist Paulus, als er in Korinth wirkte: *„In einer nächtlichen Vision sagte der Herr zu Paulus: ‚Du brauchst dich nicht zu fürchten! Verkünde das Evangelium, und lass dich durch nichts zum Schweigen bringen! Ich selbst bin bei dir, und niemand, der dich angreift, kann dir etwas anhaben. Denn mir gehört ein großes Volk in dieser Stadt.'"* (Apg 18,9-10).

Denke auch an ein anderes Beispiel der Schrift, als der Geist Petrus anwies, ins Haus des gläubigen römischen Hauptmanns Kornelius zu gehen. Es geschah durch eine Vision, während Petrus sich in Trance befand (vgl. Apg 10, 1-23).

Weisheit ist nicht das Gleiche wie Vorhersage, obwohl Gott ohne Zweifel weiß, was geschehen wird. Wenn er uns seine Weisheit für eine Situation sendet, hilft er uns, unsere Schritte in die richtige Richtung zu lenken. Er möchte, dass wir mit ihm zusammenarbeiten, damit sein Königreich auf der Erde ausgebreitet wird. Diese Zusammenarbeit umfasst alles, worin Menschen involviert sein können, von persönlichen Entscheidungen für die Gesundheit bis zu internationalen militärischen Allianzen. Das ist der Grund, warum das Wort der Weisheit manchmal nur gemeinschaftlich ausgeführt werden kann, wie zum Beispiel, wenn Leiter etwas besprechen und zusammenarbeiten, um eine gemeinsame Entscheidung zu treffen. Sie beraten sich gemeinsam, und das ist gut, denn *„der Sieg ist da, wo Ratgeber in großer Zahl vorhanden sind"* (Spr 24,6 MENG, vgl. auch Spr 11,14). Dies hält eigensinnige Leute davon ab, die falsche Richtung einzuschlagen und andere Leute mit hineinzuziehen. Wir finden diese Methode, die Weisheit zu suchen, in den Berichten über die frühe Gemeinde: *„Daraufhin trafen sich die Apostel und die Ältesten, um über diese Sache zu beraten* (Apg 15,6, vgl. auch Apg 6,1-7; 15,1-31; 21,15-25).

Wir sehen also, dass Weisheit oft zukünftige Ereignisse und Entwicklungen betrifft, diese aber weniger vorhersagt, als dass sie für die bevorstehenden Umstände Einsichten, Offenbarungen, Anordnungen und Anweisungen liefert, die sich aus Gottes Wissen ergeben.

Der Weg, die Wahrheit und das Leben

Jesus ist *„der Weg und die Wahrheit und das Leben* (Joh 14,6 LUT). Sein Leben zeigt den Weg der Weisheit auf. Der Geist dieses Gott-Menschen lebt nun in jedem Christen; Jesus wurde für uns zur Weisheit Gottes gemacht (vgl. 1 Kor 1,30) und wir haben *„Christi Sinn"* (1 Kor 2,16 LUT).

Noch einmal: Diese innere Freisetzung von Weisheit kann die Probleme sowohl von Einzelpersonen, als auch von Gemeinden oder ganzen Nationen lösen. Egal wie komplex eine Situation ist, der Geist der Weisheit kann sie entwirren. Wahre Weisheit zeigt den Weg. Sie überzeugt, öffnet Herzen und Türen, bewirkt Einmütigkeit, Fortschritt, Gerechtigkeit und was auch immer in herausfordernden Zeiten benötigt wird.

Um von Gottes unermesslichem Vorrat an Weisheit zu profitieren, musst du lediglich in der Ruhe warten. Bete an, vertraue, nimm seine Gegenwart in dich auf. Lass dich vom Geist der Offenbarung und der Weisheit durchdringen. Tauche in die Weisheit des geschriebenen Wortes ein. Und nutze jede Gelegenheit, bei der du zu Füßen derer sitzen kannst, die bereits mehr Weisheit erlangt haben als du selbst.

Wenn wir um Weisheit von oben bitten, sollten wir erwarten, sie auch zu empfangen (vgl. Jak 1,5-8). Dieser Geist der Weisheit ist laut Jesaja 11,1-4 durch Christus für uns alle verfügbar. Wer die stetige Gabe des Wortes der Weisheit hat, ist außerdem in der Lage, einen fortwährenden, übernatürlichen Fluss göttlicher Erkenntnis zu entwickeln, was dem Leib Christi und der Welt als Ganzes großen Segen bringt. In diesem Sinne bete ich gerade jetzt in meinem eigenen Andachtsleben, eine ähnliche Sache zu verstehen, die ich „göttliche Intelligenz“ nenne. Daniel wandelte darin, und ich bin davon überzeugt, dass Gott durch seinen Geist der Weisheit dieses Maß an göttlicher Einsicht im Leben vieler Menschen hervorbringen will. Pioniere wie Ed Silvoso, Lance Wallnau und viele andere sind heute dabei, ganz neue Anwendungen dieser Gabe zu entdecken, wie zum Beispiel gesellschaftliche Transformation. Für den ganzen Rest unseres Lebens können wir aus Gottes unerschöpflichem Vorrat – der weder unter Verschluss noch außer Reichweite ist – Weisheit von oben erbitten und empfangen und für diejenigen freisetzen, welche sie brauchen.

Du kannst Paulus’ Gebet für die Epheser auch für dich anwenden und für alle anderen, für die du betest:

> *Ich bete darum, dass Gott – der Gott unseres Herrn Jesus Christus, der Vater, dem alle Macht und Herrlichkeit gehört – euch den Geist der Weisheit und der Offenbarung gibt, damit ihr ihn immer besser kennen lernt. Er öffne euch die Augen des Herzens, damit ihr erkennt, was für eine Hoffnung Gott euch gegeben hat,*

als er euch berief, was für ein reiches und wunderbares Erbe er für die bereithält, die zu seinem heiligen Volk gehören, und mit was für einer überwältigend großen Kraft er unter uns, den Glaubenden, am Werk ist (Eph 1,17-19).

Heiliger Vater, ich bete kühn darum, dass der Geist der Weisheit und Offenbarung in meinem Leben wirkt. Ich brauche eine Zunahme dieser Gabe, damit ich durch ein einfaches Wort komplexe Probleme lösen kann. Gewähre mir deine göttliche Intelligenz. Gib mir den Sinn Jesu Christi; um seinetwillen heiße ich die Freisetzung deiner Weisheit in meinem Leben und Dienst willkommen. Amen.

Kapitel 6

Das Wort der Erkenntnis

Es geht mir darum, dass ihr gestärkt und ermutigt werdet und dass ihr in Liebe zusammenhaltet. Dann werdet ihr eine tiefe und umfassende Erkenntnis erlangen, ein immer größeres Verständnis für das Geheimnis Gottes. Christus selbst ist dieses Geheimnis; in ihm sind alle Schätze der Weisheit und der Erkenntnis verborgen

Kolosser 2,2-3

Stell dir vor, du trittst nach einem kräftigen Regenschauer aus deiner Haustür in den Sonnenschein. Wow – schau dir den prachtvollen Regenbogen gegen den dunklen Himmel an! Es ist der größte und herrlichste, den du je gesehen hast. Du ziehst dein Smartphone aus der Tasche und nimmst ein kurzes Video auf, um es mit deiner Familie und deinen Freunden zu teilen. Später schaust du ihn dir auf dem Bildschirm an. Du hast noch nie zuvor einen Regenbogen so genau betrachtet. Jetzt siehst du, dass es keine klaren Grenzen zwischen den einzelnen Farben gibt. Du siehst Rot-Orange-Gelb-Grün-Blau-Indigo-Violett, das ganze schöne Spektrum, aber in den Übergängen fließen die Farben ineinander; neue Farben entstehen und changieren im Ton, wenn du verschiedene Stellen auf dem Display heranzoomst.

Du dachtest, du machst nur ein Video von einem Regenbogen, aber du hast mehr als das getan; du hast eine wunderschöne Analogie der Geistesgaben aufgenommen, die sich genauso überblenden, wie die Farben des Regenbogens. Sehr oft kannst du gar nicht genau feststellen, wo eine Gabe endet und die andere beginnt. Das hat auch etwas Gutes! Diese Überschneidung ist genau das, was wir brauchen. Beispielsweise kann jemand mit der Gabe der Geisterunterscheidung einen unreinen Geist identifizieren, aber du oder jemand anderes – muss dann die Gabe des Glaubens haben, um diesen auszutreiben. Die Gabe der Weisheit, über die du gerade im letzten Kapitel gelesen hast, überlappt sich häufig mit der Offenbarungsgabe der Erkenntnis, sodass es schwierig sein kann, eine Trennlinie zwischen den beiden wahrzunehmen.

Gottes Geist versorgt sein Volk mit Gaben, so wie es gerade gebraucht wird, obwohl die meisten von uns den Reichtum an Ressourcen, der uns zur Verfügung steht, nicht wirklich erkennen. Seine Kraft ist nicht durch menschliche Definitionen limitiert, inklusive unserer Interpretationen seines geschriebenen Wortes. Seine Bandbreite ist so viel größer und schöner, als je eine „Spektralanalyse" enthüllen könnte.

Und doch bewahrt sich jede Gabe in Gottes Regenbogen ihren eigenen, unverwechselbaren Farbton. Nun wollen wir die Gabe des Wortes der Erkenntnis genauer untersuchen.

Definition der Gabe des Wortes der Erkenntnis

Niemals könnte irgendein menschliches Wesen alles wissen – auch nicht die schlaueste Person der Welt. Aber Gott kann es! Er ist allwissend und kennt alle Dinge, sogar die tiefsten Geheimnisse. Und durch das Wort der Erkenntnis teilt er etwas von seinem Wissen mit seinen Söhnen und Töchtern. Man könnte also sagen, dass ein Wort der Erkenntnis mit *„Information"* zu tun hat (im Gegensatz zu einem Wort der Weisheit, das mit *„Anweisung"* zu tun hat)[1].

Die Gemeinde hat diese Gabe jedenfalls auf mindestens zwei verschiedene Weisen verstanden, wie es im folgenden Zitat durch den apostolischen Lehrer Peter Wagner illustriert wird:

> Die Gabe der Erkenntnis ist die spezielle Fähigkeit, welche Gott bestimmten Gliedern des Leibes Christi gibt, um Informationen und Ideen zu entdecken, zu sammeln, zu analysieren und zu klären,

[1] Siehe Storms, Beginner's Guide, 49

> die einschlägig für das Wachstum und das Wohlbefinden des Leibes sind …
> Anmerkung: Pfingstler und Charismatiker nutzen oft den Begriff „Wort der Erkenntnis“, wobei es sich um Information handelt, die Gott durch Offenbarung für eine spezielle Situation gibt (inklusive Details über das Leben einer Person). Meine Interpretation des charismatischen „Wortes der Erkenntnis“ ist, dass dies in Wirklichkeit ein Unterbereich der Gabe der Prophetie ist, nicht der Gabe der Erkenntnis. Dahingegen ist ein Gelehrter jemand, der die Gabe der Erkenntnis besitzt.[2]

Die obigen Ausführungen passen zur Regenbogenanalogie. Aber ganz abgesehen davon, welche Art der Erkenntnis wir meinen: Die Tatsache, dass das Wort der Erkenntnis eine geistliche Gabe ist, signalisiert, dass diese Erkenntnis nur übernatürlich erlangt werden kann. Sie „kommt nicht durch natürliches Denken, Bildung oder Training, sondern direkt durch den Heiligen Geist“.[3] Die Willenskraft einer Person wird zum Beispiel niemals in der Lage sein, ein Wort der Erkenntnis zu ergreifen und zu sprechen; jedes Wort wird allein durch Gottes souveränen Entschluss ausgeteilt.

In diesem Kapitel ziehe ich es vor, dem Ansatz zu folgen, der in pfingstlichen und charismatischen Kreisen sowie der „Dritten Welle“ üblich ist. Nach dieser Betrachtungsweise wird das Wort der Erkenntnis in einer Versammlung genutzt, in der die Geistesgaben aktiv sind. Mit seiner Hilfe wird eine Person „herausgerufen“, welcher der Heilige Geist dienen möchte. Die Offenbarung von Details über sie, die der Sprecher nicht wissen kann, wie zum Beispiel den Namen, physische Umstände oder versteckte Nöte, liefert den überzeugenden Beweis, dass Gott diese Person über ihre begrenzten Erwartungen hinaus segnen will. Ein solches Wort ist „eine von Gott inspirierte und von einem Einzelnen ausgesprochene Äußerung. Es ist ein Einblick in die Dinge, die uns Gott gerne gibt. Es teilt die Wahrheit mit, welche der Geist in Bezug auf ein bestimmtes Ereignis, eine Person oder eine Sache bekanntzugeben wünscht“.[4] Es ist „die

---

[2] Wagner, Discover Your Spiritual Gifts, 110. Eigene Anmerkung in Klammern.
[3] Prince, Gifts of the Spirit, 73.
[4] Wimber, Signs and Wonders.

übernatürliche Offenbarung von Fakten über eine Person oder Situation, die man nicht durch den natürlichen Verstand wissen kann. Vielmehr ist es ein von Gott frei gegebenes Wissensfragment, welches die Wahrheit enthüllt, die der Heilige Geist in Bezug auf eine bestimmte Person oder Situation bekanntgeben möchte".[5]

Eine Atmosphäre des Glaubens schaffen

Die Gabe des Wortes der Erkenntnis hat viel damit zu tun, wie das Übernatürliche in einer Gemeindesituation gepflegt wird. Sie überlappt sich mit den Gaben der Heilungen und Wunderwirkungen und hilft damit, eine Atmosphäre des Glaubens zu schaffen. Ein Wort der Erkenntnis muss nicht notwendigerweise heilen, aber es setzt bei den Menschen die Zuversicht frei, dass Gott die Details ihrer Situation kennt und sie liebt. Dadurch entsteht Glaube und die Atmosphäre wird mit Erwartung aufgeladen; die Leute merken, dass beinahe alles geschehen kann.

Es ist nicht so, dass jedes Wort der Erkenntnis in einer Heilung oder einem Wunder mündet. Manche Leute reagieren nicht darauf. Vielleicht wird einfach noch mehr Information gebraucht oder Angst erschwert den Glauben. Oder wir sehen die Heilung oder das Wunder gar nicht, weil die Person heimlich reagiert, ohne es irgendjemandem zu erzählen – so wie in dem nachfolgenden Fall.

Einmal diente ich in Bangkok in Thailand. Dort sah ich die bemerkenswerte Erfüllung einer Prophetie, nachdem ich ein Wort der Erkenntnis für eine Frau im Publikum erhalten hatte. Aber der nächste Tag wurde völlig anders. Nachfolgend liest du, wie ich die Geschichte in meinem Buch *Adventures in the Prophetic*[6] erzählt habe:

> Die ganze Atmosphäre des Ortes war mit Erwartung geladen. Die Leute hatten die Prophetie mitbekommen, und nun dachten sie, ich könne jeden mit Namen, Geburtsdatum und Sozialversicherungsnummer herausrufen … Aber diesmal hatte ich nicht viel, worauf ich aufbauen konnte.

[5] Pytches, Spiritual Gifts, 99.

[6] Prophetische Abenteuer

Lediglich eine Sache ging mir durch den Kopf. Schließlich sprach ich es aus: „Es gibt einen siebzehn Jahre alten Jungen; er ist der Sohn von jemandem hier. Er ist rückfällig geworden und auf Drogen. Er wird sich heute Abend dem Herrn hingeben."

Nichts geschah. Jeder schaute mich an, aber keiner antwortete. (Ich kehrte zu meiner Predigt zurück, aber dieses Wort war hartnäckig und ließ mich noch zweimal unterbrechen, in der Hoffnung, dass jemand reagieren würde) …

Nach dem Ende der Versammlung hatte ich vor, den Versammlungsraum zu verlassen und in meinem Hotel ins Bett zu gehen, da ich auch am nächsten Tag lehren sollte. Aber irgendwie konnte ich nicht gehen. Dieses Wort kreiste *immer noch* in meinem müden Kopf herum – und kreiste und kreiste. Schließlich war fast jeder gegangen. Ein junger Hausmeistergehilfe kam in den Zuschauerraum und stellte die Stühle weg. Ich begann mich mit ihm zu unterhalten, da er Englisch sprach.

Es stellte sich heraus, dass er siebzehn war. Und auf Drogen. Und er war rückfällig geworden. Und er hatte tatsächlich an diesem Abend sein Leben Jesus hingegeben. Er war dagewesen, hatte hinten im Zuschauerraum „herumgehangen" und zugehört. Und er hatte realisiert, dass dieses Wort ihm galt. Allerdings hatte er es nicht öffentlich gesagt.[7]

Die Ziele des Wortes der Erkenntnis

Überführung bewirken

Im obigen Fall drang das Wort der Erkenntnis in das Herz des jungen Hausmeistergehilfen in Thailand ein. Er wurde dadurch überführt und bekehrte sich daraufhin. Als Jesus die Samariterin am Brunnen traf, konfrontierte er sie auf ähnliche Weise mit einem Wort der Erkenntnis, das sie – und viele ihrer Nachbarn – an den Punkt der Überführung brachte. Obwohl er schon wusste, dass sie keinen Ehemann hatte, sagte er zu ihr: *„‚Geh und ruf deinen Mann.*

---

[7] James W. Goll, et al., Adventures in the Prophetic (Shippensburg, PA: Destiny Image, 2010), 16-18.

Dann kommt beide hierher!' 'Ich bin nicht verheiratet', wandte die Frau ein" (Joh 4,16-17 HFA). Dann gab ihr Jesus ein detailliertes Wort der Erkenntnis: *„'Das stimmt', erwiderte Jesus, 'verheiratet bist du nicht. Fünf Männer hast du gehabt, und der, mit dem du jetzt zusammenlebst, ist nicht dein Mann. Da hast du die Wahrheit gesagt'"* (Joh 4,17-18 HFA).

Kurz darauf geschah dies: *„Viele Leute aus Sychar glaubten allein deshalb an Jesus, weil die Frau überall erzählt hatte: 'Dieser Mann weiß alles, was ich getan habe.' Als sie nun zu Jesus kamen, baten sie ihn, länger bei ihnen zu bleiben, und er blieb noch zwei Tage"* (Joh 4,39-40 HFA). In Wirklichkeit hatte Jesus ihr nicht „alles" gesagt, was sie getan hatte, oder? Aber dies zeigt die übernatürliche Kraft einer solchen Offenbarung, denn durch die Enthüllung nur eines kleinen Wahrheitssplitters über ihr Leben, überzeugte und überführte das Wort die Frau von ihrem sündigen Lebensstil. Sie wusste nun, dass sie es mit dem lebendigen Gott zu tun hatte, der alle Dinge weiß, und sie wollte sich ihm hingeben. (Der ganze Bericht ist in Joh 4,4-40 zu finden.)

Menschen auf ein zukünftiges Ereignis vorbereiten

Neben der Überführung ist ein anderes Ziel des Wortes der Erkenntnis, jemand auf ein künftiges Geschehnis vorzubereiten. Wenn unsere Vertrautheit mit dem Herrn zunimmt, scheint dies immer öfter zu geschehen. Gegen Ende seines Lebens sagte Paulus zum Beispiel: *„Und jetzt gehe ich nach Jerusalem, von Gottes Geist dazu gedrängt und an seine Weisung gebunden. Was dort im Einzelnen mit mir geschehen wird, weiß ich nicht. Ich weiß nur, dass der Heilige Geist mich in jeder Stadt, durch die ich komme, ausdrücklich darauf hinweist, dass Gefangenschaft und Leiden auf mich warten"* (Apg 20,22-23).

Paulus war über diese wiederholte Warnung des Geistes nicht besorgt. Sogar als er eine Bestätigung und weitere Warnungen durch den Propheten Agabus erhielt, setzte er resolut seinen Weg nach Jerusalem fort (vgl. Apg 21,10-15). Das Wort der Erkenntnis bereitete sein Herz vor und gab ihm Mut. Manchmal befreit uns ein Wort der Erkenntnis aus einer schwierigen Situation, und manchmal bringt es Glauben hervor. Und zu wieder anderen Zeiten bereitet es uns darauf vor, dass das, was auf uns zukommt, etwas kosten wird. Das ist die Gnade Gottes.

Das Wort der Erkenntnis empfangen und freisetzen

Meistens zeigt sich das Wort der Erkenntnis durch einen leisen Eindruck oder ein dezentes Empfinden. Man könnte es als „inneres Hören“ oder als „Bauchgefühl“ bezeichnen. Du „weißt einfach, dass du weißt“, aber nicht, wie du es weißt. Abhängig von der Anweisung des Geistes, teilst du dieses Empfinden anderen mit (oder nicht).

Dieses innere Wissen kann sehr gut von einem „lebendig“ gewordenen Abschnitt der Schrift bestätigt werden, wie es auch bei anderen Impulsen vom Geist ist. Und manchmal, insbesondere wenn es bei dem Wort der Erkenntnis um Heilung geht, empfängst du möglicherweise „Signale der Empathie“ in deinem Körper – physisch oder emotional – wie einen merklichen Schmerz, den du vorher nicht hattest, oder ein beklemmendes Gefühl.

Ein Wort der Erkenntnis zu erhalten, ist dem Empfang eines prophetischen Wortes sehr ähnlich. Es kann durch eine Vision oder einen Traum kommen, es kann auch als hörbare Stimme auftreten oder durch den Besuch eines Engels.

Eine der häufigsten Ausdrucksformen dieser Gabe würde ich den „Geist des Rates“ nennen. Du bekommst dann eine Eingebung, wenn du zum Beispiel einen Brief schreibst, Seelsorge betreibst oder für jemanden betest. Zuerst wird das Wort empfangen und dann, nach Aufforderung durch den Geist, mitgeteilt. Es bietet dem Empfänger göttliche Hilfe. In solchen Fällen sieht man, wie eng es mit dem Wort der Weisheit verbunden ist.

Conrad aus Allahabad

Einmal war ich als Teilnehmer des *London Prayer Summit*[8] in London und sprach über das Thema „Torhüter seiner Gegenwart“. Als ich auf dem Podium sprach, glitt mein Blick zur einen Seite hinüber und ich fühlte mich wie magnetisch von einem Mann mit brauner Haut sowie dunklen Haaren und Augen angezogen, der in einem

[8] Londoner Gebets-Gipfeltreffen

etwas entfernten Bereich saß, dort jedoch ziemlich weit vorne. Mir flogen bizarre Wörter und Silben durch den Sinn. Sie erschienen mir wie sinnloser Nonsens – so nach Art von Fred Feuersteins „Jappa-dappa-duuuuu!“ – aber sie blieben beharrlich.

Bald sortierten sich die Silben und formierten sich zu „Al-la-ha-bad“. Jedes Mal, wenn ich in die Richtung dieses Mannes schaute, sah ich die Silben vor meinen inneren Augen. Ich versuchte mit aller Kraft, meine Botschaft fortzusetzen, wurde aber immer wieder abgelenkt. Diese magnetische Kraft zog meine Aufmerksamkeit auf sich, und dann gingen mir wieder jene Silben durch den Kopf. Ich dachte, es sei vielleicht eine Botschaft in Zungen.

Schließlich wurde ich es leid, mich dagegen zu wehren. Ich ging hinüber und stellte mich vor ihn hin. Ich öffnete einfach nur den Mund und sagte: „Con Rod von Allahabad … Du kommst von dem Fluss Ganges in Indien und hast dein ganzes Geld dafür aufgewendet, um hierherzukommen und den Geist des Gebets zu empfangen, denn du möchtest ihn zu einem Pilgerort mitnehmen, zu dem die Hindus jährlich für ihre zeremonielle Waschung im Fluss kommen.“ Ich betete und er „fiel im Geist zu Boden“.

Dann ging ich zurück und brachte meine Botschaft zu Ende. Als ich ging, lag der Mann immer noch neben seinem Stuhl. Später kam heraus, dass er für glatte sechs Stunden „im Geist geruht“ hatte.

Als ich am nächsten Morgen in der Lobby des Hotels war, kam der Mann zu mir und fragte: „Woher wussten Sie meinen Namen?“

„Ich wusste ihn doch gar nicht“, antwortete ich.

„Doch!“, widersprach er.

„Nein!“

So ging es hin und her. Schließlich sagte er: „Doch, Sie wussten meinen Namen, denn Sie sprachen ihn gestern in der Versammlung aus. Ich heiße Conrad.“ In seinem sauberen britisch-indischen Akzent hörte es sich an wie „Con Rod“ – ganz anders, als ich es in meinem mittelwestlichen amerikanischen Akzent aussprechen würde. Und er kam aus Allahabad in Indien. Auch der Rest der Informationen war richtig gewesen. Auf wundersame Weise hatte Gott ihm durch das Wort der Erkenntnis ganz präzise bestätigt, wozu er gekommen war.

Daniel aus Schenectady und die zwölf Elisabeths

Ein andermal diente ich in Long Island. Der Geist gab mir den Namen „Daniel" und auch „Schenectady". Ich hatte keine Ahnung, wo Schenectady (im Bundesstaat New York) liegt, und ich war mir nicht einmal sicher, wie man das ausspricht. Der Geist teilte mir mit: *Ja, heute Abend ist hier ein Daniel aus Schenectady, und außerdem sind zwölf Frauen mit dem Namen Elisabeth hier." „Okay",* sagte ich im Stillen und sprach dann ins Mikrofon: „Wo ist Daniel?"

Daniel ist nun wirklich ein sehr verbreiteter Name. In so einer großen Menge könnte es zehn Daniels geben. Aber es stand nur einer auf. „Sir, Sie sind von Schenectady im Staat New York" (ich sagte es tatsächlich richtig). Die Gegenwart Gottes kam auf ihn, und der Geist begann in seinem Körper und in seinem Herzen zu wirken.

Dann machte ich weiter mit den Elisabeths. „Hier sind heute Abend zwölf Frauen, die Elisabeth heißen, und (der Geist gab es mir in diesem Moment ein) Gott möchte jede von Ihnen vom gleichen Leiden heilen." Zwölf Frauen namens Elisabeth kamen nach vorne, die alle die gleiche Krankheit hatten – und sie alle empfingen eine besondere Berührung vom Herrn. Das einfache, aber spezielle Wort der Erkenntnis führte direkt zum Heilungsglauben.

In der Gabe des Wortes der Erkenntnis wirken

Wenn ein Wort der Erkenntnis exakt ist, ist es eine wundervolle Sache. Aber wenn du etwas sprichst, das nicht wirklich ein Wort der Erkenntnis ist, kann das zumindest peinlich sein, wenn nicht sogar geradezu schädlich für die Leute. Wenn du spürst, dass Gott dir diese Gabe zugedacht hat, ist es wichtig, dass du dir die folgenden wichtigen Ratschläge zu Herzen nimmst.

Wie bei der Prophetie, ist der beste Weg, um zu wachsen und glaubwürdige Ergebnisse nachzuweisen, dass du deine Worte jemand zur Prüfung unterbreitest, der in der Autorität über dir steht. Diese Person kann dir helfen, die Worte zu bestätigen, zu widerrufen oder zu verfeinern. Als angehender Prophet praktizierte ich dies eine längere Zeit, und es war für meine Lernentwicklung äußerst wichtig. Wann immer ich ein Wort, eine Vision oder einen Traum hatte, schrieb ich meine Erfahrung nieder, bevor ich sie irgendwo mitteilte. Ich markierte bestimmte Ausschnitte und machte Anmerkungen dazu, wie „Dies ist einfach nur ein Eindruck", oder „Hierbei war die Gegenwart Gottes äußerst intensiv", und dann legte ich den schriftlichen Bericht jemandem zur Überprüfung vor. Viele dieser Worte wurden niemals an jemanden weitergegeben, weil ich manchmal einfach „danebenlag". Und gelegentlich kam mir auch jemand zuvor (Gott tut das). Das alles war eine exzellente Übung und schliff meine Fähigkeit zu interpretieren, was ich empfing. Ich bekam ein Gefühl dafür, wann und wie ich meine Worte am besten weitergeben sollte, und betrachtete das als einen wichtigen Teil meiner praktischen Ausbildung.

Denke daran, dass ein Wort der Erkenntnis für sich allein noch nicht unbedingt vollständig ist. Du brauchst Weisheit (direkt von Gott oder durch den Rat eines anderen), um zu wissen, was zu tun ist. Es ist höchst wichtig, die anderen Mitglieder des Leibes um dich herum zu respektieren. Es ist nötig, dass wir alle miteinander unterwegs sind und unsere Geschichte gemeinsam schreiben. Keiner sollte sich als Star produzieren.

Sprich nicht zu viel. Ein übertriebener Wortschwall ist so gut wie immer auf Unsicherheit zurückzuführen. Mach es zur Priorität, deine Sicherheit in Gottes Liebe zu finden, nicht in menschlicher Bewunderung. Habe jedoch auch keine Angst, etwas auszusprechen. Geh im Glauben, denn das ist die einzige Art, die Praxis zu lernen. Sei mit voller Ausdauer dabei, in deinen Gaben zu wachsen. *„Setze alles daran"*, wie Petrus sagt:

> *Darum setzt alles daran, dass zu eurem Glauben Charakterfestigkeit hinzukommt und zur Charakterfestigkeit geistliche Erkenntnis, zur Erkenntnis Selbstbeherrschung, zur Selbstbeherrschung Standhaftigkeit, zur Standhaftigkeit Ehrfurcht vor Gott, zur Ehrfurcht vor Gott Liebe zu den Glaubensgeschwistern und darüber hinaus Liebe zu allen Menschen. Denn wenn das alles bei euch vorhanden ist und ständig zunimmt, wird euer Glaube nicht untätig und nicht unfruchtbar bleiben, und ihr werdet Jesus Christus, unseren Herrn, immer besser kennen lernen* (2 Pt 1,5-8).

Dass du deine Gaben benutzt, ist Teil deines Wachstums in der Heiligung. Und wenn du in der Heiligung wächst, wirst du Gottes Gaben besser einsetzen können. Lerne aus deinen Fehlern und reife in allem, was mit Jesus Christus zu tun hat. Was auch immer du tust, gib niemals auf! Übung *wird* dich in die Reife führen.

Selbst wenn ein Wort der Erkenntnis niemals an die betroffene Person weitergegeben wird, kann es eine Hilfe zur Fürbitte sein. Wie in allen Dingen, bedarf es der Demut. Dein Fokus und dein Wunsch beim Aussprechen eines Wortes der Erkenntnis oder einer Prophetie, sollte nie deine eigene Ehre sein. *Die Ehre liegt darin, dass Gott dir vertraut.*

Verschiedene Gläubige haben auch stets unterschiedliche Einflussbereiche und Auswirkungen. Vielleicht ist dein spezieller Wirkungskreis eine bestimmte Gemeinde, dein Lieblingscafé, dein Arbeitsplatz oder deine Familie. Vertraue einfach dem Herrn und jedem Wort, das er dir gibt, egal, wo dies stattfindet. Und Gott wird deinen Glauben mit wahren geistlichen Reichtümern belohnen.

Im Herbst 2014, am Versöhnungstag, gab mir der Heilige Geist einen Traum. In diesem Traum hörte ich: „Die Saaten der Seher und Propheten vergangener Generationen bringen nun Frucht und kommen zur Reife. Deshalb setze ich noch einmal das detaillierte Wort der Erkenntnis frei, um eine Atmosphäre der Furcht Gottes, des Staunens und der Wunder zu schaffen." Im Zusammenhang mit diesem Wort des Herrn, hatte ich noch zwei Träume in dieser Nacht, welche Shawn Bolz, einen Leiter der „nächsten Generation" in Kalifornien, betrafen. Ich kannte Shawn bereits, da er mit erst zwanzig Jahren in Kansas City mein Schüler war. Seitdem waren zwanzig Jahre vergangen! In diesen beiden Träumen sah ich den Scheinwerfer des Heiligen Geistes auf ihn gerichtet. Er wurde als Wegbereiter für diese Generation ausgesondert und wirkte zunehmend detailliert im Wort der Erkenntnis. In dem Traum legte ich ihm die Hände auf und bestätigte dies; offensichtlich hatte ich Anteil an seiner Einsetzung. Nun, der Traum wurde wahr! Im folgenden Januar, auf der jährlichen prophetischen Konferenz von *Harvest International* in Pasadena (Kalifornien), nahm ich an Shawns Einsetzung in diesen Bereich teil. Heute bewegt er sich beständig darin und offenbart dabei präzise Details aus dem Leben von Leuten, wie zum Beispiel Geburtsdaten, Namen, Adressen und vieles mehr, um ihnen damit zu dienen.

Die Gabe des Wortes der Erkenntnis ist nicht nur wenigen speziellen Leuten vorbehalten. Du und ich, wir können regelmäßig erwarten, dass Worte der Erkenntnis unser tägliches Leben durchdringen. Wie gnädig ist der Geist, uns kleine Einblicke in sein allumfassendes Wissen zu schenken. Mögen wir lernen, solche Worte der Erkenntnis auszumachen, um sie angemessen zu verwenden – und dem Geber der Gaben dafür zu danken. Möge das Wort der Erkenntnis in unserer Mitte zunehmen!

Gnädiger Vater, in dieser schwierigen Zeit, in der wir leben, haben wir die Ehre, deine Söhne und Töchter genannt zu werden. Wir brauchen deine Hilfe. Deswegen bitte ich um eine Zunahme des Wortes der Erkenntnis, begleitet von deiner Weisheit, so wie du es für diese Tage und das Zeitalter verheißen hast. Auch ich mache mich bereit, das Wort der Erkenntnis zu empfangen und freizusetzen – zur Ermutigung und Heilung, für übernatürliche Ereignisse, Zeichen und Wunder. Das alles soll dich verherrlichen! Ich erwarte, von dir zu empfangen – genau jetzt. In Jesu Namen, amen.

TEIL 3

Die Kraftgaben – Gaben, die etwas tun

Teil 3 behandelt die Gaben, die etwas „tun" bzw. die wir als übernatürliche Kraftgaben bezeichnen können. In Kapitel 7 beginnen wir mit der Gabe des Glaubens. Ich betone, dass es sich dabei nicht um *unseren* Glauben handelt – es ist vielmehr die Übertragung von einer Portion des Glaubens *Gottes*. Deswegen bringt sie so viel Zuversicht und Autorität mit sich. Die Geistesgabe des Glaubens ist wie Glaube mit einem Raketenantrieb. Es ist ein übernatürlicher Vertrauensschub, der es einer Person ermöglicht, Gottes Willen zu beten und zu verkünden und dabei gleichzeitig die Erfüllung zu sehen.

Die Gabe des Glaubens befähigt einen Gläubigen Worte, die Veränderung bewirken, direkt zu einer Person, einer Sache oder einer Situation zu sprechen – oder aber diese Worte zugunsten einer Person, Sache oder Situation an Gott selbst zu richten. Dieser „Glaubensschub" bringt die dazugehörige Umsetzungsstrategie gleich mit sich.

In Kapitel 8 enthülle ich die Gaben der Heilungen. Der Bedarf an Heilung ist so gewaltig, und es gibt viele Wege, um sie in Angriff zu nehmen. Menschen brauchen nicht nur physische Heilung für alle möglichen Leiden und Behinderungen, sondern auch psychische, emotionale und geistliche Heilung.

Manchmal geschehen Heilungen schrittweise, manchmal sofort. In diesem Kapitel zeige ich auf, wie Heilung funktioniert, und auf welchen Wegen sie die bedürftigen Personen erreicht. Außerdem möchte ich betonen, wie wichtig es dabei ist, mit Gottes Zeitplan in Einklang zu sein. Und schließlich möchte ich diejenigen, welche ernsthaft daran interessiert sind, die Heilungsgaben zu empfangen und freizusetzen, ermutigen, von den heutigen „Glaubenshelden" zu lernen.

In Kapitel 9 untersuchen wir die Wunderwirkungen. Heilungen können manchmal spektakulär sein, doch noch eindrücklicher sind Wunder, übernatürliche Ereignisse. Ein Grund dafür ist, dass Wunder die Naturgesetze außer Kraft setzen. Heilung kann in einigen Fällen ganz natürlich geschehen und göttliche Heilung beschleunigt sie nur. Aber Wunder gehen immer über das Natürliche hinaus. Wie ich durch das ganze Buch hinweg betone, sind diese außerordentlichen Gaben durch den Geist gegeben und niemals das Ergebnis menschlicher Bemühungen. Dick Iverson drückt es passend aus: Die Gabe ist „die von Gott gegebene Fähigkeit, mit ihm zusammenzuwirken, wenn er Wunder vollbringt".

Am Ende dieses Kapitels unterstreiche ich, dass Gottes Ziel der Wunderwirkungen – und aller Gaben – der Bau seines Königreichs ist. Hierzu rüstet er seine Leute zu, und er verherrlicht sich durch Wunderwirkungen, damit mehr Leute zum Glauben an ihn kommen und ihm folgen.

KAPITEL 7

Die Gabe des Glaubens

Später, als die Jünger mit Jesus allein waren, fragten sie ihn: „Warum konnten denn wir den Dämon nicht austreiben?“ – „Wegen eures Kleinglaubens“, antwortete er. „Ich sage euch: Selbst wenn euer Glaube nur so groß ist wie ein Senfkorn, könnt ihr zu diesem Berg sagen: ‚Rücke von hier nach dort!‘, und er wird dorthin rücken. Nichts wird euch unmöglich sein.

Matthäus 17,19-20

Wir benötigen die Gabe des Glaubens, um heute und jeden Tag sowohl in der Gemeinde, als auch in unserem persönlichen Leben voll funktionsfähig zu sein. Glaube *ist.* Er bezieht sich immer auf die Gegenwart – nicht auf die Vergangenheit oder die Zukunft. Um dieses kostbare Gut, das wir die Gabe des Glaubens nennen, zu empfangen und freizusetzen, müssen wir in der Gegenwart, im „Jetzt“-Moment der Zeit leben.

„Legt die komplette Waffenrüstung Gottes an“ (Eph 6,11 NLB), schrieb Paulus an die Glieder der Gemeinde in Ephesus. Seine Anweisung wendet sich an jedes einzelne Glied des Leibes Christi. Das bedeutet, dass jeder Einzelne von uns täglich jeden Teil der geistlichen Waffenrüstung tragen muss (vgl. Eph 6,14-18). Als wichtigen Teil der vollen Rüstung, tragen gut ausgestattete Christen einen „Schild des Glaubens“ (Vers 16). Ohne ihn werden wir auf dem Schlachtfeld zu Opfern. Aber mit ihm können wir die feurigen Pfeile

des Bösen auslöschen und mithelfen, unsere Kameraden zu schützen. Dazu müssen wir diesen Schild allerdings auch aufnehmen und benutzen. Wir müssen unser persönliches Maß des Glaubens voll ausschöpfen – treu und voller Glauben. Auch hierzu ermahnt uns wiederum Judas: *„Ihr hingegen, liebe Freunde, sollt euer Leben auf der Grundlage des allerheiligsten Glaubens aufbauen ... "* (Jud 20 NLB).

Der Ausgangspunkt ist dieser Basisglaube, den jeder Gläubige täglich ergreifen muss. Wir nennen es unser persönliches „Maß des Glaubens" (vgl. Röm 12,3; 14,1-2; Eph 4,12-13). Wenn wir unser Maß des Glaubens treu ausüben, wächst es und bringt reichlich Frucht. Es mag recht klein anfangen, aber es kann große Dinge erreichen. Jesus sagte: *„Selbst wenn euer Glaube nur so groß ist wie ein Senfkorn, könnt ihr zu diesem Berg sagen: ‚Rücke von hier nach dort!', und er wird dorthin rücken. Nichts wird euch unmöglich sein"* (Mt 17, 20).

Allerdings werden deine „Glaubensmuskeln" nicht aufgebaut, wenn du deinen Schild nicht benutzt. Wenn du nur einen Zuschauerglauben hast – und es liebst, anderen bei der Ausübung ihres Glaubens zuzuschauen – wirst du zum Sofa-Christen. Du wurdest mit dem gleichen Satz Muskeln geboren wie alle anderen, aber wenn du sie nicht benutzt, wirst du schwächlich bleiben anstatt stark zu werden. Die Schlagkraft deiner Waffen auf dem geistlichen Schlachtfeld hängt davon ab, wie geübt dein Glaube ist.

Wenn du wahrhaftig „glaubens-voll" bist, wirst du mit zwei Arten von Glauben gefüllt sein: den Glauben an Gottes Fähigkeit, erstaunliche Dinge zu tun, und Treue, d. h. Zuverlässigkeit. Die zweite Art ist eine Charaktereigenschaft, das Kennzeichen einer Person der „Bundestreue", deren Wort gilt. *„Die Frucht aber des Geistes ist ... Treue ... "* (Gal 5,22 LUT).

Beide Arten des Basisglaubens sollten mit der Zeit kontinuierlich wachsen. Doch das kann nur durch konsequente Anwendung geschehen. Der Glaube eines jeden von uns wirkt – und wächst – durch Liebe. *„Denn in Christus Jesus kommt es nicht darauf an, beschnitten oder unbeschnitten zu sein, sondern darauf, den Glauben zu haben, der in der Liebe wirksam ist"* (Gal 5,6). Ist es nicht toll, wie alle Früchte und Eigenschaften Gottes und seiner Gaben zusammenwirken? Ich liebe ihn und seine Wege einfach!

Definition der Gabe des Glaubens

Es kann manchmal schwierig sein, die geistliche Gabe des Glaubens von dem gewöhnlichen Maß des Glaubens zu unterscheiden, das jeder Gläubige besitzt (und ohne den wir noch nicht einmal hätten gerettet werden können). Kenneth Hagin, der Vater der *Wort-des-Glaubens*-Bewegung, sagte einmal, diese Gabe sei ein „Spezialglaube". Er unterscheidet sich von dem, durch welchen wir gerettet werden, und auch von der Glaubenstreue, die eine Frucht des Geistes ist. Er schrieb: „Die Gabe des Glaubens ist eine Gabe des Geistes an den Gläubigen, damit er Wunder *empfangen* kann ... Personen, die in diesem Spezialglauben, der Gabe des Geistes, wirken, können Gott auf eine Weise glauben, dass *Gott* ihr Wort als sein eigenes anerkennt und auf übernatürliche Weise das erwünschte Ergebnis hervorbringt."[1] Und Dick Iverson erklärt die Gabe so:

> Die Gabe des Glaubens ist die gottgegebene Fähigkeit, in einer bestimmten Situation zu glauben, dass er das Unmögliche tut. Es handelt sich dabei nicht so sehr um das generelle Vertrauen auf Gottes Versorgung, sondern geht einen Schritt darüber hinaus, wo man *einfach weiß,* dass eine bestimmte Sache Gottes Willen entspricht und auch geschehen wird.[2]

Diese Gabe ist wie Glaube mit Raketenantrieb. Sie ist ein übernatürlicher Vertrauensschub, der es einer Person möglich macht, Gottes Willen zu beten oder zu verkünden und dabei entweder übernatürlichen Segen, oder auch Fluch und Zerstörung zu bewirken.[3] (Wir ziehen es vor, dabei lieber nur an den Segen und die kreativen Wunder zu denken, sollten uns aber daran erinnern, dass die Glaubenskraft Berge ins Meer schleudern und Feigenbäume innerhalb von Stunden verdorren lassen kann; vgl. Mk 11,12-14.20-24.)

Die geistliche Gabe des Glaubens ist nicht *dein* Glaube, sondern dir wird ein Teil von *Gottes* Glauben verliehen. Deshalb bringt er diese starke Zuversicht und Autorität mit sich, wie wir in diesem Bibelabschnitt sehen:

---

[1] Hagin, Holy Spirit and His Gifts, 118, Hervorhebungen im Original.

[2] Iverson, Holy Spirit Today, 131, Hervorhebung im Original.

[3] Pytches, Spiritual Gifts, 109

Jesus erwiderte: „Habt Glauben an Gott! Ich sage euch: Wenn jemand zu diesem Berg hier sagt: ‚Heb dich empor und stürz dich ins Meer!' und wenn er dabei in seinem Herzen nicht zweifelt, sondern glaubt, dass das, was er sagt, geschieht, wird es eintreffen (Mk 11,22-23).

Ich möchte noch einen Punkt hinzufügen: Wir haben einen gewaltigen Schlüssel, um uns in dieser wunderbaren Dimension der Gabe des Glaubens zu bewegen: Vergebung. Sie ist lebenswichtig für den Erfolg von jeder Art des Glaubens, auch die uns verliehene Geistesgabe. Wir wissen das deswegen, weil Jesus direkt nach seiner Lehre über den Glauben, der Berge versetzt, sagte: *„Und wenn ihr beten wollt und etwas gegen jemand habt, dann vergebt ihm, damit euer Vater im Himmel euch eure Verfehlungen auch vergibt"* (Mk 11,25). Der Fluss des Glaubens wird durch Hartherzigkeit unterbrochen, aber Vergebung kann die Glaubensblockaden beseitigen. Wenn wir von Herzen vergeben, öffnet das die Tür sowohl für das Empfangen als auch das Freisetzen der Gaben des Geistes. Du siehst also, dass die Bedeutung der Vergebung nicht überbetont werden kann!

Die Gabe des Glaubens in Aktion

Petrus übte die Gabe des Glaubens aus, als er und Johannes auf den gelähmten Bettler an der Tempeltür trafen, welche „die Schöne" genannt wurde:

Eines Tages geschah Folgendes: Gegen drei Uhr, zur Zeit des Nachmittagsgebets, gingen Petrus und Johannes zum Tempel hinauf. Um dieselbe Zeit brachte man einen Mann, der von Geburt an gelähmt war, zu dem Tor des Tempels, das die »Schöne Pforte« genannt wurde. Wie jeden Tag ließ der Gelähmte sich dort hinsetzen, um von den Tempelbesuchern eine Gabe zu erbitten. Als er nun Petrus und Johannes sah, die eben durch das Tor gehen wollten, bat er sie, ihm etwas zu geben. Die beiden blickten ihn aufmerksam an, und Petrus sagte: „Sieh uns an!" Der Mann sah erwartungsvoll zu ihnen auf; er hoffte, etwas von ihnen zu

> *bekommen. Da sagte Petrus zu ihm: „Silber habe ich nicht, und Gold habe ich nicht; doch was ich habe, das gebe ich dir: Im Namen von Jesus Christus aus Nazaret – steh auf und geh umher!“ Mit diesen Worten fasste er ihn bei der rechten Hand und half ihm, sich aufzurichten. Im selben Augenblick kam Kraft in die Füße des Gelähmten, und seine Gelenke wurden fest. Er sprang auf, und tatsächlich: Seine Beine trugen ihn; er konnte gehen! Der Mann folgte Petrus und Johannes in den inneren Tempelvorhof, und immerfort lief er hin und her, hüpfte vor Freude und pries Gott. Die ganze Menschenmenge, die sich dort aufhielt, wurde auf ihn aufmerksam. Als die Leute begriffen, dass der, der da hin- und hersprang und Gott lobte, niemand anders war als der Bettler, der sonst immer an der Schönen Pforte des Tempels gesessen hatte, waren sie außer sich vor Staunen über das, was mit ihm geschehen war* (Apg 3,1-10).

Sobald Petrus den gelähmten Bettler sah, wusste er, dass der Mann geheilt werden würde. Er proklamierte diese Heilung mit unerschrockenem und unerschütterlichem Glauben und nahm ihn dann bei der Hand, um ihn auf die Füße zu heben. Zuerst musste er den Mann dazu bringen, sich nicht mehr aufs Betteln um Geld zu konzentrieren. *„Sieh uns an!“*, befahl er ihm. Petrus sah ihn fest an und durch ihre Augen kam es zu einer Begegnung von Herz zu Herz. Die Erwartung des Mannes stieg, vielleicht nur auf ein großzügiges Almosen, aber Petrus’ Glaube schenkte ihm stattdessen ein Wunder. Dieser Mann, der nie zuvor auf seinen eigenen Füßen gestanden hatte, konnte auf einmal nicht nur stehen, sondern sogar gehen und vor Freude hüpfen. Sicherlich musste er nun einen neuen Weg finden, seinen Lebensunterhalt zu verdienen, anstatt zu betteln, aber darüber wird er sich keine Sorgen gemacht haben. Petrus’ Gabe des Glaubens hatte ihm den Weg in ein ganz neues Leben geöffnet.

Jesus – der alle geistlichen Gaben besitzt, da sie von ihm ausgehen – übte während seines irdischen Lebens kontinuierlich die Gabe des Glaubens aus. Bevor er Lazarus vom Tod erweckte (vgl. Joh 11), zögerte er seinen Besuch von Martha und Maria beim Grab ihres Bruders hinaus, aber das demonstrierte in Wirklichkeit seinen Glauben. Jesus hatte einen felsenfesten Glauben. Er wusste, dass diese scheinbare Niederlage sich in einen uneingeschränkten Sieg verwandeln würde.

Er wurde von der Trauer der Familie zu Tränen gerührt, da Lazarus einer seiner besten Freunde war. Und möglicherweise hätte er in noch tiefere Traurigkeit abgleiten können, aber er richtete sich innerlich auf und verschwendete keine Zeit. Auch hätte die Atmosphäre des Unglaubens am Grab ihm seinen Glauben rauben können, wie ein Erdungskabel den Strom eines Blitzes ableitet. Aber er ließ das nicht zu. Stattdessen ermahnte er Martha zu glauben, indem er sagte: *„Habe ich dir nicht gesagt: Wenn du glaubst, wirst du die Herrlichkeit Gottes sehen?“* (Joh 11,40). Und dann rief er Lazarus kühn aus dem Grab – lebend.

Praktische Anwendung der Gabe des Glaubens

Diese Dimension des Glaubens lässt keinen Raum für Zweifel. Sie erfasst den Willen Gottes für eine Situation, ungeachtet jedes Widerstandes. Wenn die Gabe des Glaubens gleich einer Welle heranbrandet, kann sich ihr nichts mehr in den Weg stellen. Sie versetzt Berge!

Heutzutage haben viele von uns gelernt, in dieser erstaunlichen Dimension des Glaubens zu wandeln. Nur Gott kann seine Kraft in einer solchen Vielfalt von Gaben und Wirkungen durch die vielen Glieder des Leibes entfalten. Mein eigener Glaube wird meist dann am lebendigsten, wenn eine Krisenintervention durch Fürbitte erforderlich ist; und als Folge solcher Gebete, gepaart mit hervorsprudelndem Glauben, habe ich erlebt, dass sich vor meinen Augen die Geschichte verändert hat.

Mein Freund James Malony wirkt in der Gabe des Glaubens für Wunder so regelmäßig wie wohl kein anderer heutzutage. Wenn er für Leute betet, in deren Körper chirurgische Metallteile implantiert sind, werden sie geheilt – und das Metall, das nicht mehr gebraucht wird, um den gebrochenen Knochen zusammenzuhalten, verschwindet einfach nach und nach!

Das bedeutet allerdings nicht, dass eine Person mit dieser Gabe in jedem Umstand das gleiche Maß des Glaubens besitzt. So wie auch die anderen Geistesgaben, scheint sich die Gabe des Glaubens zu „spezialisieren“. Der Glaubensschwerpunkt einer Person kann in der

Fürbitte während einer Krise zum Zug kommen, wie das bei mir der Fall ist. Der Wirkungskreis eines anderen mag der Glaube für Finanzen oder Wunder sein. Ich habe Leute mit der Gabe des Glaubens gesehen, die ganz spezifisch auf Unwetterereignisse, Heilungen, Evangelisation oder die Befreiung von bösen Geistern gemünzt ist, während ihre Gabe außerhalb dieser Bereiche nicht funktionierte. Bisweilen scheint die Wirksamkeit dieser Gabe vom aktuellen Bedarf abzuhängen, oder davon, welche Funktion die Person im Leib Christi hat. In diesen Fällen wirkt die Gabe des Glaubens unabhängig davon, ob jemand speziell damit begabt ist; es handelt sich um einen Glauben für spezielle Wunder oder Taten, die Gott in bestimmten Umständen ausführen will.

Bei manchen Leuten kommt der Einfluss der Gabe des Glaubens in einzelnen Diensten zur Geltung, die eher unter dem Namen anderer geistlicher Gaben bekannt sind; in diesem Fall spielt die Gabe des Glaubens eine ganz spezielle unterstützende Rolle. Einen flüchtigen Blick auf eine solche Vernetzung von Gaben erhalten wir in der folgenden Schriftpassage:

> *Im Verhältnis zueinander aber sind wir Glieder doch so, dass wir Gnadengaben besitzen, die nach der uns verliehenen Gnade verschieden sind. Wer also die Gabe prophetischer Rede besitzt,* ***bleibe in Übereinstimmung mit dem Maß des Glaubens;*** *wem die Gabe des Gemeindedienstes zuteil geworden ist, der betätige sie durch Dienstleistungen; wer Lehrgabe besitzt, verwende sie als Lehrer; hat jemand die Gabe des Ermahnens, so betätige er sich im Ermahnen; wer Mildtätigkeit übt, tue es in Einfalt; wer zu den Vorstehern gehört, zeige rechten Eifer; wer Barmherzigkeit übt, tue es mit Freudigkeit!* (Röm 12,5-8 MNG).

„... in Übereinstimmung mit dem Maß des Glaubens ...“ – diese Gaben ergänzen sich gegenseitig, sie konkurrieren niemals miteinander. Tatsächlich ist es sogar so, dass eine Gabe durch die andere aktiviert und freigesetzt wird. Innerhalb der (dreieinigen) Gottheit gibt es eine göttliche Kooperation, die eine „wettkampffreie Zone“ schafft, und wir müssen lernen, diese Kooperation im Leib Christi abzubilden!

Was auch immer der Fokus ist, die Gabe des Glaubens befähigt einen Gläubigen, Worte, die Veränderung bewirken, direkt zu einer

Person, einer Sache oder einer Situation zu sprechen – oder aber diese Worte zugunsten einer Person, Sache oder Situation an Gott selbst zu richten. Dieser „Glaubensschub" bringt die dazugehörige Umsetzungsstrategie gleich mit sich. Aus der Gabe des Glaubens heraus verkündete Elia in Gottes Namen, dass kein Regen in Israel fallen würde. Dann, nach einer langen Zeit der schweren Dürre, gab er die Rückkehr des Regens bekannt (vgl. 1 Kö 17,1; 18,1.41-45; vgl. auch Jak 5,17-18). Im Auftrag Gottes sprach Josua zu Sonne und Mond und befahl ihnen stillzustehen, um den Israeliten den Sieg in einer entscheidenden Schlacht gegen ihre Feinde zu garantieren (vgl. Jos 10,12-14). Jesus sprach zu Wind und Wellen, um einen schweren Sturm zu stillen (vgl. zum Beispiel Lk 8,23-25).

Es mag sich arrogant anhören, wenn jemand solche Befehle ausspricht, aber wenn Gott durch die Gabe des Glaubens hinter den Worten steht, ist es vielmehr so, dass derjenige, der die Worte ausspricht, sich demütig unter diese stellt. Er ist sich dessen voll bewusst, dass seine Worte allein keine Kraft haben und sich verrückt anhören, wenn Gott sie nicht mit den entsprechenden Ergebnissen bestätigt. Folglich muss also die Bevollmächtigung durch den Heiligen Geist die treibende Kraft hinter den Worten sein, die wir aussprechen.

Was ich durch einen Mann mit der Gabe des Glaubens empfing

Vielleicht kennst du meine Lebensgeschichte und wie ich durch acht oder neun Jahre (und drei Rückfälle) mit einem Non-Hodgkin-Lymphom[4] ging, einer Art Krebs. Es schien sich zu verstecken, um dann doch wieder heranzuschleichen, aber zweimal habe ich es besiegt. Dann kam es ein drittes Mal. Ich tat alles, was ich konnte, wendete jede Methode und ganzheitliche Heilungsbehandlung an, die ich kannte. Ich wollte leben und nicht sterben!

Ich hatte bereits eine Intensivbehandlung am besten integrativen Krebsheilungszentrum in den Vereinigten Staaten hinter mir. Als

[4] Das Non-Hodgkin-Lymphom (NHL) ist eine häufige Krebserkrankung des lymphatischen Systems, die von der Bildung fehlerhafter weißer Blutkörperchen herrührt, www.roche.com, Quelle www.linguee.de, 21.03.2018 – Anm. d. Übers.

Folge davon war mein Immunsystem erheblich geschwächt und die Zahl meiner weißen Blutkörperchen extrem niedrig. Ich musste eine Atemmaske tragen und stand halb unter Quarantäne. Dann hörte ich davon, dass der neunzig Jahre alte Oral Roberts, der legendäre Glaubensheilungsevangelist, einmal im Monat kleine Gruppen von Leitern zu sich in sein Haus in Orange County (Kalifornien) einlud. Ich erhielt eine dieser kostbaren Einladungen im September 2009, gerade als ich sie nötig brauchte. Ich dachte: *Wenn ich es schaffe, in ein Flugzeug zu steigen und dorthinzukommen, wäre ich vielleicht der letzte in Oral Roberts' Leben, der von ihm die Hände aufgelegt bekommt und die Zusage erhält, von Krebs geheilt zu sein.*

Ich holte mir also ein Flugticket und im Nu war ich im Wohnzimmer dieses Glaubenspatriarchen, der die Heilungserweckungsbewegung des zwanzigsten Jahrhunderts miterlebt hatte. Auch Bill Johnson und andere Leiter aus der ganzen Nation waren da. Am Ende der Zusammenkunft kam meine Gelegenheit für Gebet. Ich saß auf einem Hocker gegenüber von Orals Stuhl. Er legte seine erfahrenen Hände für etwa fünfzehn Sekunden auf mich und sprach: „Ich befehle jeder Krebszelle im Körper dieses Mannes auszutrocknen und niemals wiederzukommen!" Es fühlte sich an, als würde mich ein Blitz treffen, und ein Glaubensschub wurde in mir aktiviert.

Nun kann ich vermelden, dass der Krebs seitdem nie mehr zurückkam, und ich glaube, dass er es auch nie wieder tun wird. Und ich kann jetzt die Tatsache bezeugen, dass die Gabe des Glaubens funktioniert! Im Dezember jenes Jahres erhielt Oral Roberts seine himmlische Belohnung. Ich werde für diese Gelegenheit, einen Dienst von ihm empfangen zu haben, ewig dankbar sein!

Ein „General" des Glaubens

Durch das Hören von Geschichten über die großen „Generäle" des Glaubens, die uns vorausgegangen sind, können wir ermutigt werden, unseren eigenen Glauben auszuüben. Einer dieser Generäle ist Smith Wigglesworth. Er wurde 1859 im britischen Yorkshire geboren und ging 1947 in die Herrlichkeit ein. Wigglesworth wurde als Apostel des Glaubens bekannt, aber er begann als ungebildeter Klempner. Er konnte nicht einmal lesen, bevor er 1892 seine Frau

Polly heiratete, die in der Heilsarmee predigte. Und er lernte es durch das Lesen der Bibel.

Die vorherrschende Gabe in seinem Dienst und Leben, war die des Glaubens. Eines Tages kam er nach Hause und entdeckte, dass seine geliebte Frau schon seit einigen Stunden tot war. Was tat er? Er reagierte mit purem Glauben, stellte ihren toten Körper gegen eine Wand und sprach ein Wort des Glaubens zu ihrem toten Leib. Er befahl Polly, ins Leben zurückzukommen, und sie tat es! Sie lebte danach noch einige Jahre![5]

Viele Leute geben an, durch seinen Dienst von Krebs geheilt worden zu sein. Und in Zeitschriften der Pfingstbewegung erschienen Zeugnisse von Wunderwirkungen, welche durch Wigglesworths ungewöhnlich starken Glauben hervorgerufen wurden. Zugegebenermaßen wirkte er manchmal auf so unorthodoxe Weise, dass er einige Kontroversen auslöste wie zum Beispiel, dass er auf den kranken Teil des Körpers schlug, wenn er dafür betete. Aber niemand konnte ihm die Ergebnisse streitig machen. Jahr für Jahr geschahen die Wunder. Sein Dienst führte ihn durch ganz Europa, nach Südost-Asien, in die Vereinigten Staaten und nach Afrika. Einige seiner inspirierenden Predigten und Geschichten sind für uns in dem Buch *Ever Increasing Faith*[6] bewahrt. Gott hat es schon einmal getan, und er ist mehr als bereit, es in unserer Zeit wieder zu tun!

Begehrenswerter als Gold

Wenn Gott bestimmte Fakten bezüglich seines Willens für eine Situation offenbart und du einfach weißt, dass es geschehen wird, dann ist das die Gabe des Glaubens. Sie ist sehr erstrebenswert. Solcher Glaube ist unerschütterlich. Wird eine derartige Erkenntnis mündlich verkündet, werden die Worte nicht unerfüllt zurückkehren (vgl. Jes 55,1). *„Sie sind begehrenswerter als Gold“*:

[5] Lester Sumrall, The Gifts and Ministries of the Holy Spirit [updated edition] (New Kensington, PA: Whitaker House, 1982), 96–97.
[6] Übersetzt: Immer wachsender Glaube

Das Gebot des HERRN ist lauter, es erleuchtet die Augen. Die Furcht des HERRN ist rein, sie bleibt in Ewigkeit; die Bestimmungen des HERRN sind Wahrheit, sie sind allesamt gerecht. Sie sind begehrenswerter als Gold und viel Feingold, süßer als Honig und Honigseim (Psalm 19,9-11 SLT).

Gott teilt die Gabe des Glaubens großzügig aus, und er möchte, dass wir sie als solche erkennen, wenn wir sie erleben, damit wir sie schätzen und gut und weise einsetzen. Lasst uns Wert darauflegen, das ganze Maß des Glaubens zu nutzen, das uns anvertraut wurde, und voller Freude zu sein, wenn unsere Umstände oder unser Einflussbereich mehr davon erforderlich machen. Strecken wir uns also nach Gott aus, und lassen wir ihn immer mehr seinen Glauben in uns hineinlegen.

Lieber Herr, ich danke dir für das Maß an Glauben, das jeder von uns empfangen hat, und auch für die Möglichkeit in der Frucht des Geistes zu wachsen, die man Glaubenstreue nennt.

Und dennoch möchte ich mehr, Herr! Setze die Gabe des Glaubens in meinem Leben frei, damit sie zur Ehre des heiligen Namens Jesu Christi Wunder auf der Erde vollbringt. Römer 10,17 sagt: *„So gründet der Glaube in der Botschaft, die Botschaft aber im Wort Christi."*

Deshalb gelobe ich feierlich, die Worte Gottes in meinem Herzen zu verwahren als Basis, um im Glauben zu wachsen. Ich will in Jesu wunderbarem Namen zu Bergen sprechen und erleben, dass sie sich bewegen!

Mehr Liebe, mehr Kraft, mehr von dir in meinem Leben. Amen![7]

---

[7]Nach dem Lied „More Love, More Power" von Jude Del Hierro.

KAPITEL 8

Die Gaben der Heilungen

Auf seinen Reisen, die ihn durch das ganze Land führten, kam Petrus auch zu den Christen in Lydda. Dort begegnete er einem Mann namens Äneas, der gelähmt und seit acht Jahren ans Bett gefesselt war. Petrus sagte zu ihm: „Äneas, Jesus Christus heilt dich. Steh auf und mach dein Bett!" Im selben Augenblick konnte Äneas aufstehen. Alle Bewohner von Lydda und von der Scharon-Ebene sahen den Geheilten. Da wandten sie sich dem Herrn zu und glaubten an ihn

Apostelgeschichte 9,32-35

Bevor ich dieses Kapitel in Angriff nehme, möchte ich herausstellen, dass wir uns nicht etwa „die Gabe der Heilung" anschauen, sondern mehr als eine Gabe untersuchen werden. Interessanterweise schreibt Paulus in seiner Liste der geistlichen Gaben in 1. Korinther 12 von „Gaben" der „Heilungen". Wenn du dir den griechischen Originaltext anschaust, stehen beide Worte im Plural, und zwar ohne bestimmten Artikel, wie zum Beispiel in der Elberfelder Übersetzung deutlich wird:

Es gibt aber Verschiedenheiten von Gnadengaben, aber es ist derselbe Geist ... Denn dem einen wird durch den Geist das Wort der Weisheit gegeben ... einem anderen aber ***Gnadengaben der Heilungen*** *in dem einen Geist ... Und die einen hat Gott in der*

> *Gemeinde eingesetzt erstens als Apostel, zweitens andere als Propheten, drittens als Lehrer, sodann Wunderkräfte, sodann* ***Gnadengaben der Heilungen****, Hilfeleistungen, Leitungen, Arten von Sprachen ... Haben alle* ***Gnadengaben der Heilungen?*** (1 Kor 12,4; 8-9; 28; 30 ELB[1])

Mit „Gaben der Heilungen" kann man perfekt ausdrücken, dass geistliche Heilung viele verschiedenen Anwendungen umfasst. So vielfältig, wie die Bedürfnisse nach Heilung sind, so viele verschiedene Wege sind nötig, um sie anzugehen. Menschen brauchen Heilung nicht nur für alle Arten von physischen Krankheiten und Behinderungen, sondern auch für psychische, emotionale und geistliche Leiden. Heilung geschieht manchmal schrittweise, manchmal sofort. Sie kann durch ein persönliches Gebet oder durch eine glaubensvolle Proklamation geschehen, und manchmal passiert sie auch einfach aufgrund der geistlichen Atmosphäre in einer Gruppe.

Ich kehre noch einmal zu meinem Freund Sam Storms zurück, da er eine starke Wechselwirkung zwischen den Gaben der Heilungen und der Gabe des Glaubens sieht. Letztere ist in Paulus' Liste in 1. Korinther 12 direkt vor den Gaben der Heilungen aufgeführt. In seinem Buch *The Beginner's Guide to Spiritual Gifts*[2] schreibt er:

> Offensichtlich sieht Paulus es nicht so, dass eine Person nur mit einer wirksamen Heilungsgabe für alle Zeit und alle Leiden ausgestattet wäre. Seine Ausdrucksweise deutet entweder auf viele verschiedene Gaben und Kräfte der Heilung hin, welche für die jeweils damit verbundene Krankheit geeignet und wirksam sind, oder darauf, dass jedes Auftreten von Heilung eine eigenständige Gabe darstellt.[3]

Leute, deren Gabenrepertoire Heilung umfasst, haben unterschiedliche Persönlichkeiten, Positionen und Umstände. Sie geben deshalb Gottes Heilung auf viele verschiedene Weisen weiter und entwickeln etliche funktionsfähige Modelle für den Gebrauch der Heilungsgaben. Heilung ist niemals eine „Passt-für-alles-Gabe". Hier

[1] Hervorhebungen durch den Autor.
[2] Übersetzt: Leitfaden zu den geistlichen Gaben für Anfänger
[3] Storms, Beginners Guide, 69.

folgt ein schneller Überblick über die Heilungsmodellen aus meiner eigenen Erfahrung im Dienst.

Beeinflusst von Kenneth Hagin und Benny Hinn (die mehr als einmal für mich beteten, damit mir Gottes Kraft verliehen würde), lernte ich als Erstes, Heilung direkt und ohne Umschweife zu verkünden und nutzte dabei im Wesentlichen die Wort-des-Glaubens-Methode.

Als Nächstes lernte ich den Heilungsansatz der sogenannten „Dritten Welle" kennen, den John Wimber entwickelt hatte, der aus fünf Stufen (der Befragung und Interaktion) bestand. Dem auf den Fersen folgte die Ausgießung des Heiligen Geistes im „Toronto-Segen", wo ein Schwerpunkt auf dem sogenannten „Soaking"[4] lag – warten, anbeten und ruhen im Heiligen Geist als Kanal für Heilung. Dann kam das „Sozo"-Heilungsmodell (*sozo* ist das griechische Wort für „Rettung"), das sich in einigen Kreisen mit dem sogenannten Freiheitsgebet überschneidet.

Daneben lernte ich auch die von John und Paula Sandford entwickelte *Elijah-House*-Methode schätzen, welche psychische und emotionale Komponenten der körperlichen Heilung berücksichtigt. Cal Pierce, der die Heilungsräume (die ursprünglich von John G. Lake gegründet worden waren) wieder neu in den Blick rückte, wurde ein enger Freund von mir.[5] Aber die wahrscheinlich umfassendste mir bekannte Herangehensweise wurde von Chester und Betsy Kylstra von *Restoring The Foundations*[6] entwickelt.

Wie du siehst, hat es eine Menge Fortschritte bezüglich der Heilungsgaben im Leib Christi gegeben. Und auch in meinem eigenen Leben habe ich viel dazugelernt, indem ich mir das alles anschaute. Ich besuchte zahllose Heilungskonferenzen und diente über die Jahre hinweg an der Seite begabter Leiter. Ich habe die Gründung einer Reihe von Heilungsschulen sowie übernatürliche Wirkungen in dynamischen Gemeinden und Dienstzentren miterlebt, einhergehend mit Heilungshäusern, Heilungsräumen und mehr. Aufgrund meiner

---

[4] Das „soaking" ist mittlerweile auch in deutschen Gemeinden ein Begriff. Es meint, die Gegenwart des Geistes Gottes zu genießen und völlig in sich aufzusaugen, sodass man ganz durchtränkt wird. – Anm. d. Übers.

[5] Vgl. Cal Pierce, *Eine Vision für Heilungsräume,* GloryWorld-Medien 2011.

[6] Übersetzt: Erneuerung der Fundamente

eigenen gesundheitlichen Herausforderungen habe ich gelernt, Heilung und Gesundheit durch bestimmte liturgische Praktiken, wie zum Beispiel die regelmäßige Einnahme des Abendmahls, zu maximieren. Außerdem profitierte ich von der kombinierten Weisheit aus Ernährungs- und Lebensstilempfehlungen und dem Einhalten der Sabbatruhe.

Es ist nicht schwer zu sehen, dass Gottes Volk Heilung von allen möglichen Leiden und Behinderungen benötigt, für die man unterschiedliche Vorgehensweisen braucht. Deshalb ist Paulus' Pluralbenutzung „Gaben der Heilungen" goldrichtig. Es ist immer derselbe Geist Jesu, der die Heilung ausführt. Doch durch menschliche Vermittler präsentiert er sich – für verschiedene Leute zu verschiedenen Zeiten und in verschiedenen Situationen – in unterschiedlichen „Verpackungen".

Definition der Gaben der Heilungen

Wie schon erwähnt, findet Heilung – sogar übernatürliche Heilung – nicht immer augenblicklich statt. Bisweilen mag sie sogar eher natürlich als übernatürlich erscheinen. Es gibt viele Formen, wie sie praktisch wirkt, und diese können durchaus mehr als eine Gnadenwirkung Gottes beinhalten. Aber in jedem Fall bringen die Gaben der Heilung dem menschlichen Körper Linderung bei Leiden, Behinderungen und Krankheit[7]; und sie wirken unter Gottes Leitung[8].

Leute, die ihre Heilungsgaben zugunsten anderer anwenden, sind selten in medizinischen Berufen ausgebildet (obwohl das auch sein kann). Wie Kenneth Hagin hervorhob: „Die übernatürliche Heilung geschieht nicht anhand einer Diagnose oder durch eine verordnete Behandlung. Göttliche Heilung manifestiert sich durch Handauflegung, das Salben mit Öl oder manchmal einfach durch das Aussprechen des Wortes Gottes, nur um ein paar Beispiele aus der Schrift zu nennen, wie man Heilung weitergeben kann."[9] Leute mit Heilungsgaben können möglicherweise sofort deutliche Ergebnisse sehen,

[7] Prince, Gifts of the Spirit, 128

[8] Ebd., 129

[9] Hagin, Holy Spirit and His Gifts, 133.

manchmal finden sie es aber schwierig, überhaupt eine Verbesserung zu erkennen. Die Gaben der Heilung können den Heilungsprozess beschleunigen (was aber vielleicht auch ohne übernatürlichen Schub möglich gewesen wäre). Die breite Vielfalt von Heilungsgaben ist jedenfalls schon deshalb nötig, damit den diversen Arten von Erkrankungen begegnet werden kann, an denen Menschen leiden.[10]

Aus all den Geistesgaben sticht diese eine besonders hervor. Jeder braucht irgendwann in seinem Leben göttliche Heilung, und es ist gut zu wissen, dass man keiner strikten Formel folgen muss, um sie zu erlangen. Göttliche Heilung ist eine ganz reale Möglichkeit und nicht nur irgendeine Art von Quacksalberei oder Scharlatanerie.

Wie die Gaben der Heilungen wirken

Als Erstes haben die Glieder des Leibes Christi die Anwendung ihrer Heilungsgaben aus der Lehre und den Beispielen des Neuen Testaments gelernt, und als Zweites natürlich durch ihre gesammelten Erfahrungen.

Die Berichte der Schrift zeigen uns ebenso viele Präzedenzfälle für schrittweise Heilungen, die sich über eine gewisse Zeit hinweg entwickeln, wie für augenblickliche Wunder. Als Jesus zum Beispiel für einen blinden Mann betete (nachdem er ihm auf die Augen gespuckt hatte! – das sollte aber keiner ohne konkrete göttliche Anweisung tun!) kam dessen Sehfähigkeit erst nach dem zweiten Gebet zurück (vgl. Mk 8,22-25). Jesus spuckte und betete das erste Mal und fragte ihn: *„Siehst du etwas?“* (Mk 8,23). Doch der Mann konnte nur undeutlich sehen. So spuckte Jesus noch einmal auf seine Augen und betete, wonach sein Sehen perfekt war.

„Langsame“ Heilungen sind natürlich nicht weniger real als sofortige, aber wir finden die spontanen aufregender, wie die beiden folgenden Beispiele: Jesus sagte zu einem Leprakranken: *„‚Sei rein!‘ Im selben Augenblick war der Mann von seinem Aussatz geheilt“* (Mt 8,3). Und Simons Schwiegermutter lag in einem Moment noch mit Fieber im Bett, und im nächsten, nachdem sie von Jesus geheilt worden war, bediente sie schon ihre Gäste im Haus (vgl. Mk 1,30-31).

---

[10] Wimber, „Signs and Wonders.“

Sofortige Heilung kann sogar dann geschehen, wenn die betende oder eine Heilung proklamierende Person gar nicht physisch bei dem Kranken anwesend ist. In einem bemerkenswerten Fall hatte ein königlicher Beamter einen todkranken Sohn und bat Jesus zu kommen und den Jungen zu heilen. Jesus war in der Lage, aus der Ferne ein Wort der Heilung zu sprechen, das genauso effektiv war, als ob er den Kranken berührt hätte:

> *Aber der Beamte des Königs flehte ihn an: „Herr, bitte komm, bevor mein Kind stirbt!" Da sagte Jesus zu ihm: „Geh nach Hause, dein Sohn lebt und ist gesund!" Der Mann glaubte dem, was Jesus zu ihm sagte; auf sein Wort hin machte er sich auf den Weg hinunter nach Kafarnaum. Er war noch nicht dort angelangt, da kamen ihm seine Diener mit der Nachricht entgegen, dass sein Sohn lebte und gesund war. Er fragte sie, seit wann es ihm besser gehe. „Gestern Mittag um ein Uhr hatte er mit einem Mal kein Fieber mehr", antworteten sie* (Joh 4,49-52).

Dieser Bericht zeigt uns die Urkraft, die auf einem Wort der Heilung liegt, wenn Jesus es initiiert. Erinnere dich auch an die Geschichte über den römischen Hauptmann und seinen Knecht, die in Lukas 7,2-10 erzählt wird. Es spielt keine Rolle, ob jemand die Heilung für sich selbst erbittet, den Heilungsbedürftigen zum Gebet bringt (wie das häufig mit Kindern oder Schwerbehinderten geschieht) oder als Vermittler kommt und ein Heilungswort für jemand anderen empfangen möchte, so wie der römische Hauptmann.

Oft genug kommt die kranke Person noch nicht einmal selbst darauf, um Heilung zu bitten, oder sie muss sanft von der Idee überzeugt werden. Ruf dir den Mann am Teich Betesda in Erinnerung:

> *Danach war ein Fest der Juden, und Jesus zog hinauf nach Jerusalem. Es ist aber in Jerusalem beim Schaftor ein Teich, der heißt auf Hebräisch Betesda. Dort sind fünf Hallen; in denen lagen viele Kranke, Blinde, Lahme, Ausgezehrte. Es war aber dort ein Mensch, der war seit achtunddreißig Jahren krank. Als Jesus ihn liegen sah und vernahm, dass er schon so lange krank war, spricht er zu ihm: Willst du gesund werden? Der Kranke antwortete ihm: Herr, ich habe keinen Menschen, der mich in den Teich*

bringt, wenn das Wasser sich bewegt; wenn ich aber hinkomme, so steigt ein anderer vor mir hinein. Jesus spricht zu ihm: Steh auf, nimm dein Bett und geh hin! Und sogleich wurde der Mensch gesund und nahm sein Bett und ging hin (Joh 5,1-9).

Wenn es um Heilung geht, sollten wir sicherstellen, mit Gottes Timing übereinzustimmen. Denke daran, wie Jesus es hinauszögerte, zu Lazarus zu gehen, um ihn vom Tod zu erwecken. Offensichtlich war es nicht genug, Lazarus von seiner lebensbedrohlichen Krankheit zu heilen. Stattdessen wartete Jesus, bis es „zu spät" war, sodass er eine sehr viel spektakulärere Heilung bewerkstelligen konnte – eine Totenerweckung.

Einmal hatte ich ein sehr starkes Gespür für das Timing eines Heilungsgebets. Einer meiner Freunde war im Krankenhaus und ich wurde gerufen, weil er sehr krank war. Bevor ich jedoch in mein Auto sprang, spürte ich, dass der Heiligen Geist mich zurückhielt. Dass es sich bei dem Kranken um einen lieben Freund handelte, machte das Warten umso schwieriger. Aber das Einzige, wozu ich mich frei fühlte, war zu Hause dem Herrn zu dienen (d. h. zu beten, ihn anzubeten und auf die richtige Zeit zu warten). Nach eineinhalb Tagen schien es okay zu sein, zum Krankenhaus zu fahren. Ich wusste nur, dass sich mein Freund in einem schlimmeren Zustand als je befand, aber ich war davon unbeirrt, da in meinem Herzen der Glaube mittlerweile explodiert war. Als ich das Krankenzimmer meines Freundes betrat, lag er im Koma und überall waren Schläuche. Ich fing an, auf seine Brust zu pochen. Plötzlich zeigten die Anzeigen der Messgeräte Aktivität an und er begann sich zu erholen und aufzuleben. Bald danach wurde er aus dem Krankenhaus entlassen, total geheilt. Seine Frau bezeichnete es als Wunder. Alles, was ich weiß, ist, dass ich gehört und gehorcht hatte, und Gott hatte es ausgeführt!

Hände auflegen

Viele, viele Heilungen geschehen dadurch, dass jemand einem Kranken die Hände auflegt. Sowohl Jesus als auch die Glieder der frühen Gemeinde praktizierten das andauernd. Hier eine Auswahl an Schriftstellen dazu:

> *Als die Sonne unterging, brachten alle Leute ihre Kranken zu Jesus – Menschen mit den verschiedensten Leiden. Er legte jedem Einzelnen von ihnen die Hände auf und heilte sie* (Lk 4,40).
>
> *Der Vater des Publius hatte damals gerade die Ruhr und lag mit hohem Fieber im Bett. Paulus ging zu ihm ins Zimmer, betete mit ihm und legte ihm die Hände auf; da wurde der Kranke gesund. Jetzt kamen auch die anderen Inselbewohner, die an einer Krankheit litten, und alle wurden geheilt* (Apg 28,8-9).
>
> *Folgende Zeichen werden die begleiten, die glauben ... Kranke, denen sie die Hände auflegen, werden gesund werden* (Mk 16,17-18).

Das Beten für Kranke mit Handauflegung ist nicht nur für diejenigen mit Gaben der Heilungen gedacht. Es ist das Vorrecht aller „glaubenden Gläubigen", dem Wort Gottes zu vertrauen und für die Kranken zu beten. Manchmal wird zusätzlich mit Öl gesalbt, was häufig durch einen Leiter in der Gemeinde geschieht. Hier das Musterbeispiel aus der Schrift:

> *Ist jemand von euch krank? Dann bitte er die Ältesten der Gemeinde zu sich, damit sie für ihn beten und ihn im Namen des Herrn mit Öl salben. Ihr Gebet, im Glauben gesprochen, wird dem Kranken Rettung bringen; der Herr wird ihn seine Hilfe erfahren lassen. Und wenn er Sünden begangen hat, wird ihm vergeben werden* (Jak 5,14-15).
>
> *Sie (die zwölf Jünger) trieben viele Dämonen aus und salbten viele Kranke mit Öl und heilten sie* (Mk 6,13).

Mitunter kann auch etwas anderes als Hände auf die Kranken gelegt werden (obwohl diese Heilungsmethode auch missbraucht wurde), wie zum Beispiel das Kleidungsstück einer gesalbten Person. Oder es reicht sogar, wenn der Schatten von jemandem mit einer Heilungsgabe auf den Kranken fällt. Das schafft einen Berührungspunkt für den Bedürftigen. Die folgende Begebenheit fand statt, als Jesus bereits eine Zeit lang öffentlich gepredigt und Wunder getan hatte und ihm sein Ruf bereits vorauseilte:

> *Kaum waren sie aus dem Boot gestiegen, als die Leute Jesus erkannten. So schnell sie konnten, machten sie sich auf den Weg, um die Kranken aus der ganzen Gegend zu holen. Sowie sie erfuhren, an welchem Ort sich Jesus gerade aufhielt, brachten sie sie auf Tragbahren dorthin. In allen Dörfern, Städten und Gehöften, in die er kam, legte man die Kranken auf die Plätze und Straßen und bat ihn, er möge sie doch wenigstens den Saum seines Gewandes berühren lassen. Und alle, die ihn berührten, wurden geheilt* (Mk 6,54-56).

Später geschah etwas Ähnliches bei Petrus und den anderen Aposteln:

> *Durch die Apostel geschahen unter dem Volk zahlreiche Wunder und viele außergewöhnliche Dinge. Alle, die an Jesus glaubten, trafen sich regelmäßig und einmütig in der Salomohalle ... Und überall, wo Petrus hinkam, trug man die Kranken auf die Straße und legte sie dort auf Betten und Matten in der Hoffnung, dass wenigstens sein Schatten auf den einen oder anderen von ihnen falle. Auch aus den Ortschaften rings um Jerusalem strömten die Menschen zusammen. Sie brachten Kranke und von bösen Geistern Geplagte zu den Aposteln, und alle wurden geheilt* (Apg 5,12-16).

In Ephesus tat Paulus *„ganz erstaunliche Wunder“*, einige davon waren sogar besonders erstaunlich, da sie mit Hilfe von Teilen seiner Kleidung geschahen, ohne dass Paulus dabei gewesen wäre. (Diese Wunder müssen entweder durch direkte Offenbarung geschehen sein, oder weil es Paulus sonst nicht möglich gewesen wäre, all den Kranken der Region die Hände aufzulegen.)

> *Dazu kam, dass Gott durch Paulus ganz außergewöhnliche Dinge geschehen ließ. Die Leute nahmen sogar Tücher, mit denen Paulus sich den Schweiß abgewischt, oder Schürzen, [die er bei seiner handwerklichen Arbeit getragen hatte,] und legten sie auf die Kranken mit dem Ergebnis, dass die Krankheiten verschwanden und dass [bei den Besessenen] die bösen Geister ausfuhren* (Apg 19,11-12).

Ich wünschte, ich könnte mir ein Video darüber ansehen, wie diese Krankenheilungen und Dämonenaustreibungen durch ein kleines, quadratisches und altes Stück Stoff geschahen! Ich war aber tatsächlich schon in vielen Versammlungen, die vor Glauben nur so strotzten, und wo die Leute Taschentücher oder Kleidungsstücke brachten, damit über ihnen gebetet wurde, und die sie danach wieder zu ihren Lieben mit nach Hause nahmen. Bemerkenswerterweise setzte dies eine Atmosphäre des Glaubens, der Hoffnung und der Liebe frei, in welcher authentische Heilung geschehen konnte. Und selbst, wenn Menschen nicht geheilt wurden, erfuhren sie häufig den besonderen Trost der Liebe Gottes.

Kürzlich beobachtete ich die kombinierte Salbung eines „Vaters im Glauben" und seines geistlichen Sohnes, als sie gemeinsam dienten – ein Generationen-Duo. Bobby Connor, ein früherer Baptistenpastor aus Texas wurde von Jerame Nelson, seinem geistlichen Sohn, begleitet, und sie wirkten gemeinsam in Worten der Erkenntnis und Gaben der Heilungen. Zwei zusammen können so viel besser sein als einer allein! Die vielen Formen, wie Gott seine Gaben freisetzt, bringen mich immer wieder zum Staunen!

Kommunion – das Abendmahl des Herrn

Neben dem direkten Gebet und dem Händeauflegen stütze ich mich persönlich stark auf das Abendmahl (auch Kommunion oder Eucharistie genannt). Tatsächlich reise ich sogar mit einem tragbaren Abendmahlsset, sodass ich den Worten Jesu gehorchen kann: *„Sooft ihr aus diesem Kelch trinkt, denkt an mich und an das, was ich für euch getan habe"* (1 Kor 11,25 HFA). Dieser Vers besagt nicht „so selten ihr davon trinkt" oder „wenn ihr gelegentlich davon trinkt". Paulus schrieb: *„Sooft ihr aus diesem Kelch trinkt"* im Zusammenhang mit folgenden bekannten Worten:

> *Denn Folgendes habe ich vom Herrn empfangen und euch überliefert: In der Nacht, in der unser Herr Jesus verraten wurde, nahm er ein Brot, dankte Gott dafür, brach es in Stücke und sprach: „Das ist mein Leib, der für euch hingegeben wird. Feiert dieses Mahl immer wieder und denkt daran, was ich für euch getan habe, sooft ihr dieses Brot esst!" Ebenso nahm er nach dem*

Essen den Kelch mit Wein, reichte ihn seinen Jüngern und sprach: „Dieser Kelch ist der neue Bund zwischen Gott und euch, der durch mein Blut besiegelt wird. Sooft ihr aus diesem Kelch trinkt, denkt an mich und an das, was ich für euch getan habe!" (1 Kor 11,23-25 HFA).

Gott hat unser körperliches Wohlbefinden an unser geistliches Verhältnis zu diesem „Fleisch und Blut"-Aspekt seines Sohnes geknüpft. Wir müssen zu ihm kommen, uns seine Gegenwart wünschen und ihm gehorchen. Eine gesunde Beziehung zu ihm und zu anderen hilft uns, die Gesundheit unseres Körpers zu bestimmen:

Jeder soll sich also prüfen und erst dann von dem Brot essen und aus dem Kelch trinken. Denn wer davon nimmt, ohne zu bedenken, dass es hier um den Leib von Christus geht, der liefert sich selbst dem Gericht Gottes aus. Deshalb sind so viele von euch schwach und krank, und nicht wenige sind schon gestorben (1 Kor 11,28-30 HFA).

Wenn du das Abendmahl des Herrn einnimmst, proklamierst du, was der Herr durch seinen Tod und seine Auferstehung getan hat. Du empfängst die Reinigung durch Vergebung, und du vergibst anderen. Du verleihst deiner Freude Ausdruck, dass Jesu Blut über die Macht des Bösen triumphiert hat. Du empfängst und gibst Gnade, verkündest das Leben über dir selbst und stellst dich erneut unter die Herrschaft Jesu. Was kann die Gesundheit denn besser fördern, als das? Das Abendmahl des Herrn ist ein Mahl, das Heilung bringt.

Beharrlichkeit zahlt sich aus

Einige Heilungen erfordern viel vorbereitendes Gebet, um Dinge zu klären, welche eine Heilung verhindern. Ein Beispiel dafür geschah, als ich einmal mit Mahesh Chavda in Haiti diente. Jeden Abend kamen Scharen von Menschen, und nach jeder Versammlung ließen wir sie für das Gebet sich in Reihen aufstellen. Obwohl die Nacht rabenschwarz war, strahlte das Licht des Herrn hell.

Am ersten Abend brachte ein junges Mädchen ihre betagte Großmutter mit, die bereits von Geburt an blind war, damit wir für ihre Heilung beteten. In dieser Nacht sprach Mahesh klugerweise eine Einladung zur Errettung aus. Die Großmutter gab ihr Leben dem Herrn, aber sie war immer noch blind, als sie nach Hause ging. Am nächsten Abend kamen sie wieder, und noch einmal brachte die Enkelin ihre Großmutter in die Gebetsreihe. Die Großmutter bat darum, mit dem Heiligen Geist erfüllt zu werden, und es geschah. Aber blind war sie trotzdem geblieben. Am dritten Abend setzten wir den Schwerpunkt auf Befreiung, und die beiden kamen wiederum nach vorne. Die Großmutter fiel unter der Kraft Gottes zu Boden und wurde auf herrliche Weise befreit. Aber als sie aufstand, konnte sie immer noch nicht sehen, und die Enkelin musste sie noch einmal an der Hand nehmen und durch die dunkle Nacht nach Hause geleiten.

Ich war erstaunt über die Beharrlichkeit und Liebe des kleinen Mädchens. Am vierten Abend predigten wir über das Brechen von Flüchen, und auch dafür kam die Großmutter für Gebet nach vorne. Die Flüche wurden gebrochen, aber ihre Blindheit blieb. Schließlich, am fünften Abend, predigte Mahesh über Heilung. Und da waren sie wieder! Das Mädchen hatte seine Großmutter fünf Nächte hintereinander nach vorne gebracht, egal welcher Art die Einladung war, und hatte niemals aufgegeben. Die alte Frau wurde in dieser Nacht geheilt, aber wir bekamen das zunächst gar nicht mit. Bevor wir uns versehen konnten, sahen wir sie mit dem Mikrofon in der Hand auf der Bühne (die aus der Ladefläche eines Tiefladers bestand) und hörten wie sie in ihrem haitischen Kreol sagte: „Praise the Lord!“, denn sie war nun nicht mehr blind; sie konnte sehen!

Wochen später, wieder in den Staaten, war Mahesh mit dem Auto unterwegs und dachte über die Heilung der Großmutter nach. „Herr“, fragte er, „warum wurde sie nicht vor dem fünften Mal geheilt?“ Sofort hatte er eine Vision von einem Kraken, der auf ihrem Kopf saß und seine Tentakelarme um sie herumschlang. Jedes Mal, wenn er für sie gebetet hatte, war einer der Arme abgestreift worden. Beim fünften Mal wurden die restlichen Arme entfernt und sie erhielt ihre Sehfähigkeit. Interessant, nicht wahr? Offensichtlich mussten Schichten von Hindernissen entfernt werden, um zur Wurzel der Probleme zu gelangen, sodass sie geheilt werden konnte.

Was können wir daraus lernen? Manchmal können blinde Augen sofort, im Moment des Gebets, geheilt werden. Ein andermal braucht es eine Weile, so wie es auch bei Jesus war, als er dem blinden Mann diente, der zuerst die Menschen umhergehen sah, als sähe er Bäume, bevor er wieder ganz sehen konnte (vgl. Mk 8,24). Auf jeden Fall zahlt sich Beharrlichkeit aus! Es ist so wertvoll zu lernen, wie man die Gaben der Heilungen anwendet.

Wenn es dir ernst damit ist, dass du die Heilungsgaben empfangen und freisetzen willst, dann lerne von einem der modernen Glaubenshelden, wie zum Beispiel Randy Clark, Bill Johnson, Joan Hunter, Mahesh Chavda, James Malony und anderen. Zieh es dir rein! Und dann tu etwas mit dem, was du empfangen hast! Nimm deine Hände aus den Taschen und lege sie auf jemanden, der Heilung braucht, um Jesu willen! Werde ein Teil der Heilungsarmee für die Zeit, in der wir leben. Wende dein Gesicht weg von den Nöten, die um deine Aufmerksamkeit schreien, hin zu unserem Heiler und großartigen Arzt. Lass uns die Heilungsgaben für jede Krankheit, die wir kennen, und auch für solche, die wir nicht kennen, ins Leben rufen – alles zur Ehre Gottes!

Jesus, ich erhebe dich. Ich weiß, dass du immer derselbe bist, gestern, heute und in alle Ewigkeit. Und ich proklamiere, dass Heilung das *„Brot der Kinder“*[11] ist, wie du es in Matthäus 15,26 sagst. Deshalb heiße ich die Gaben der Heilungen in meinem Leben, im Leben der Leute um mich herum sowie in den Diensten in meiner Region willkommen. Komm, Heiliger Geist, ich will mehr! Zu Gottes Ehre, amen!

---

[11] Vgl. Elaine Bonn, *Heilung ist das Brot der Kinder,* GloryWorld-Medien 2012

KAPITEL 9

Das Wirken von Wundern

Ich würde es niemals wagen, von dem zu reden, was ich getan habe, wenn nicht Christus durch mich gewirkt hätte, damit Menschen aus den nichtjüdischen Völkern das Evangelium annehmen. Er hat durch das gewirkt, was ich sagte und tat, und hat es durch machtvolle Wunder und außergewöhnliche Dinge und durch die Kraft des Geistes Gottes bestätigt.

Römer 15,18-19

Während seines Dienstes kehrte Jesus einmal in seine Heimatstadt Nazareth zurück, doch hatte der Sohn Gottes in dieser glaubenstötenden Atmosphäre Schwierigkeiten, Wunder zu tun: „*Er konnte dort auch keine Wunder tun; nur einigen Kranken legte er die Hände auf und heilte sie*" (Mk 6,5). Seine früheren Nachbarn erwarteten nicht, dass der unverheiratete Sohn des örtlichen Zimmermanns ein Wunderwirker ist, und viele hielten ihn für ein bisschen verrückt. Deswegen konnte Jesus in Nazareth auch kein einziges Wunder tun, auch wenn er ein paar wenige kranke Leute heilte. Offenbar waren Heilungen angesichts von Widerstand leichter zu vollbringen als Wunder.

Wunder gehen über Heilungen hinaus und umfassen andere übernatürliche Phänomene, inklusive ungewöhnlicher meteorologischer Geschehnisse. Heilungen können manchmal spektakulär sein, aber Wunder sind noch beeindruckender. Ein Grund dafür ist, dass sie die Naturgesetze außer Kraft zu setzen scheinen. Heilungen können in einigen Fällen auf natürliche Weise geschehen und göttliche Heilung beschleunigt sie nur. Aber Wunder? Sie übersteigen immer das Natürliche. Du kannst zum Beispiel alle möglichen Arten von Wasser und Gefäßen nehmen, aber niemals wird pures Wasser durch einen natürlichen Prozess zu gutem Wein. Dazu braucht man ein Wunder, so wie Jesus es tat:

> *In der Nähe standen sechs steinerne Wasserkrüge, wie sie die Juden für die vorgeschriebenen Waschungen benutzen. Die Krüge fassten jeder zwischen achtzig und hundertzwanzig Liter. Jesus befahl den Dienern: „Füllt die Krüge mit Wasser!" Sie füllten sie bis zum Rand. Dann sagte er zu ihnen: „Tut etwas davon in ein Gefäß und bringt es dem, der für das Festessen verantwortlich ist." Sie brachten dem Mann ein wenig von dem Wasser, und er kostete davon; es war zu Wein geworden. Er konnte sich nicht erklären, woher dieser Wein kam; nur die Diener, die das Wasser gebracht hatten, wussten es. Er rief den Bräutigam und sagte zu ihm: „Jeder andere bietet seinen Gästen zuerst den besseren Wein an, und wenn sie dann reichlich getrunken haben, den weniger guten. Du aber hast den besseren Wein bis zum Schluss zurückbehalten!" Durch das, was Jesus in Kana in Galiläa tat, bewies er zum ersten Mal seine Macht. Er offenbarte mit diesem Wunder seine Herrlichkeit, und seine Jünger glaubten an ihn* (Joh 2,6-11).

In Kana, einem Dorf in der Nähe von Nazareth, tat Jesus sein erstes öffentliches Wunder. Später vollbrachte er natürlich noch mehr Wunder, und ebenso seine Jünger. Meiner Ansicht nach ist es etwas konstruiert zu sagen, dass Wunder die Naturgesetze einfach „übergehen", als hätte der Gott, der die Wunder wirkt, diese Naturgesetze nicht selbst geschaffen. Er kann tun, was er will und wann er will, ungeachtet dessen, was wir als normal und natürlich betrachten.

Wenn Leute ein Wunder sehen, wissen sie, dass etwas Ungewöhnliches geschehen ist. Wie bei dem Speisemeister des Festes in Kana ist ihre erste Reaktion meistens: „Das ist unglaublich!" Doch sehr oft versichert ihnen dieses außergewöhnliche Geschehen, das sie mit ihren eigenen Augen gesehen oder mit ihren Ohren persönlich gehört haben, dass Gott wirklich gut und wohlwollend ist.

Die Definition der Gabe der Wunderwirkungen

„Der Geist ermächtigt den einen, Wunder zu wirken ...“ (1 Kor 12,10 NeÜ). Wie bei den „Gaben der Heilungen“, ist hier im Originalgriechischen ebenfalls zweimal der Plural verwendet, also wörtlich: „Wirkungen von Wundern“. Dies deutet auf eine Reihe von Ausprägungen hin. Näher am Urtext könnten wir diese Gaben auch als „Wirkungen von Kräften“ bezeichnen, denn das Wort, welches wir mit „Wunder“ übersetzten, ist im Griechischen *dynamis* („Kräfte“). Die Wunderwirkungen könnten also als „Auswirkungen“ oder „Erfolge“ der Kräfte des Heiligen Geistes verstanden werden (vgl. 1 Kor 12,10). „Der Gott, der immer und überall gegenwärtig ist, um alle Dinge aufrechtzuerhalten, zu bewahren und in die für sie bestimmte Vollendung zu führen, wirkt jetzt (wenn er ein Wunder tut) in einer überraschenden und unbekannten Weise“, schreibt Sam Storms.[1]

Dick Iverson stellt fest, dass Gott der eigentliche Wunderwirker ist und dass die Gläubigen an seinem Werk teilhaben. Die Gabe ist die „gottgegebene Fähigkeit, mit Gott zu kooperieren, wenn er Wunder tut. Es ist eigentlich ein Zusammenwirken, eine gemeinsame Aktion. Der Mensch ist mit Gott an der Verwirklichung des Unmöglichen beteiligt. Nicht der Mensch tut das Wunder, sondern Gott tut es in Kooperation mit den Menschen.“[2]

Ist eine Gabe des Geistes besser als die andere? Ist eine Gnade mehr geachtet, als der Rest? Ganz sicher sind die Wunderwirkungen eines der Gnadenpakete des Heiligen Geistes, das dringendst benötigt wird, und oft ist es eines der begehrtesten. Aber die beste Gabe ist immer diejenige, die gerade in diesem Moment gebraucht wird.

Der Theologe und Lehrer Wayne Grudem definiert ein Wunder als „eine weniger verbreitete Aktivität Gottes, durch welche er Ehrfurcht und Staunen bei den Leuten hervorruft und von sich selbst zeugt.“[3] Das ist ein Hauptmerkmal eines echten Wunders. Glaubst du, Gott würde wahllos ein Wunder tun, ohne dass Menschen es mitbekommen? Das glaube ich nicht. Wunder sind dazu da, die Aufmerksamkeit der Menschen auf sich zu ziehen und zu zeigen,

---

[1] 1. Storms, Beginner's Guide, 88.

[2] Iverson, Holy Spirit Today, 151.

[3] Wayne Grudem, quoted in Storms, *Beginner's Guide*, 88.

dass Gott real und von Bedeutung ist. Zwar gibt es keine Garantie, dass diese sich dann mit ganzem Herzen Gott zuwenden, aber sie werden dadurch auf jeden Fall gezwungen, über ihn nachzudenken. Das war zum Beispiel der Effekt, den Wunder auf den samaritanischen Zauberer namens Simon hatten, der Philippus hinterherlief: *„Die Wunder, die er miterlebte und in denen sich Gottes große Kraft zeigte, ließen ihn nicht mehr aus dem Staunen herauskommen"* (Apg 8,13).

Gottes Wille plus menschlicher Gehorsam

Wenn du ein Wunder untersuchst, wirst du fast immer entdecken, dass es durch einen einfachen Akt des Gehorsams einer Person ausgelöst wurde. Die übernatürlichen Auswirkungen stehen in keiner Relation zu dem ursprünglichen Glaubensakt. Als Gott das Schilfmeer für die Israeliten teilte, war Moses Aufgabe nicht gerade anstrengend. Gott befahl ihm, seinen Stab zu heben und seine Hand über dem Meer auszustrecken (vgl. 2 Mose 14,16). Später, als Mose und das Volk in Mara ankamen, wo das Wasser zu bitter zum Trinken war, befahl Gott Mose, ein bestimmtes Stück Holz in das Wasserloch zu werfen, und durch ein Wunder wurde das Wasser süß (vgl. 2 Mose 15,23-25). In beiden Fällen musste Mose es einfach nur durchziehen. Weder der Stab noch das Holz bewirkten die Wunder, sondern die Kraft Gottes vollbrachte es. Trotzdem musste Mose genau gehorchen. Hätte er etwas zum Meer gerufen, anstatt seine Hand mit dem Stab darüber auszustrecken, wäre es durchaus möglich gewesen, dass die Ägypter sie eingeholt hätten. Hätte er das Holz nur leise ins Wasser gleiten lassen (oder den Stab als Ersatz hineingestoßen), anstatt das vorgesehene Holz unter großem Spritzen hineinzuwerfen, wäre das Trinkwasser der Israeliten höchstwahrscheinlich bitter geblieben.

Mose verpflichtete sich also, entsprechend den Anweisungen des Herrn zu handeln. Glaube ist nicht zögerlich. Gehorsam ist kein Experiment. Es ist reale Hingabe, und dazu kann eine scheinbar verrückte Aktion vor einer Menge Leute gehören.

Dem Gehorsam geht eine Mitteilung Gottes voraus. Gehorsamer Glaube kommt vom Hören: *„Wie wir gesehen haben, setzt der*

Glaube das Hören der Botschaft von Christus voraus" (Röm 10,17). In den oben genannten Beispielen sagte Gott Mose, was er zu tun hatte. Genauso leitete der Geist den Propheten Hesekiel zu dem Tal der trockenen Knochen und wies ihn dann an, was er zu sagen und zu tun hatte (vgl. Hes 37,1-10). Elia gab im Auftrag des Herrn einer mittellosen Witwe eine unmöglich klingende Anweisung, und ihr kleiner Ölvorrat vermehrte sich derartig, dass noch jedes letzte Gefäß gefüllt wurde, das sie irgendwo im Haus auftreiben konnte (vgl. 2 Kö 4,1-7). Wunder geschehen, indem man einem Wort des Herrn glaubt und danach handelt.

Gott ist das einzige nicht geschaffene Wesen im Universum und hat alles andere geschaffen, was jemals existierte. *„Durch das Wort des Herrn wurden die Himmel erschaffen, das Heer der Sterne durch den Hauch seines Mundes"* (Ps 33,6). Gottes Sohn – das Fleisch gewordene Wort – *„trägt alle Dinge mit seinem kräftigen Wort* (griech. *Rhema*)*"* (Hebr 1,3). Er hält alle Dinge durch das *Rhema* (sein gesprochenes Wort) aufrecht. Wir können sehen, dass durch die von Jesus ausgesprochenen Worte und auch durch die von seinen Nachfolgern in seinem Namen gesprochenen Worte Wunder geschahen (vgl. beispielsweise Joh 5,8-9; 11,43-44; Apg 3, 6-8).

Eines sollte uns allerdings klar sein: Selbst wenn wir alle göttlichen Worte hätten, die wir nur wollten, kann nichts geschehen, wenn nicht ein Akt des Glaubensgehorsams das von Gott gesprochene Wort begleitet. *„Genauso ist es mit dem Glauben: Wenn er keine Taten vorzuweisen hat, ist er tot; er ist tot, weil er ohne Auswirkungen bleibt"* (Jak 2,17). Der einzige Weg, den Berg ins Meer zu werfen, ist der Glaube – Glaube, der feststeht, ohne den leisesten Zweifel: *„Ich sage euch: Wenn jemand zu diesem Berg hier sagt: ‚Heb dich empor und stürz dich ins Meer!' und wenn er dabei in seinem Herzen nicht zweifelt, sondern glaubt, dass das, was er sagt, geschieht, wird es eintreffen"* (Mk 11,23).

Kostenlose Wunder

Sei dir immer im Klaren darüber, dass Wunder Geschenke sind. Du kannst sie nicht verdienen. Du kannst niemals so gut sein, dass du sie verdient hast. Sie werden dir umsonst vom Geist geschenkt. Und wie alle Gaben drücken sie die immense Liebe Gottes in ihrer Tiefe aus. Die geistlichen Gaben werden uns gegeben, damit sie als Taten der Gnade, der Freundlichkeit und Liebe durch uns zu anderen hinfließen. Mit anderen Worten, wir können sie nicht horten und für uns selbst behalten. Diese Gnadenpakete sind dazu da, durch unsere Hände zu gehen, und wir sollen sie so verteilen, wie Gott es uns zeigt. Umsonst haben wir sie empfangen, umsonst geben wir sie auch (vgl. Mt 10,8).

Nach meiner persönlichen Erfahrung scheint es fast so, als würden die Wunder „zufällig" geschehen. Ich denke sicherlich nicht über Wunder nach, wenn plötzlich erstaunliche Dinge geschehen – von meiner Seite aus unbeabsichtigt. Einmal, am Ende einer Versammlung, waren die Leute vorne in der Halle zusammengekommen und ich begann, wie ich es oft tue, wahllos zwischen den hungrigen Seelen umherzuwandern, Hände aufzulegen und den Leuten die Segnungen Gottes zuzusprechen. Als ich mich an diesem Tag so durch die Menge schlängelte, berührte ich sanft eine Dame und sagte „Wunder!" Ich wusste gar nicht, dass diese Frau sich sehr nach einem gewaltigen Wunder sehnte. Sie rannte aus dem Saal, fand die nächstgelegenen Toilette und schied sofort sieben blutende Tumore aus. Sie wurde in einem Moment vollkommen geheilt. Es war ein Wunder! Später verifizierten Berichte ihre unerklärliche Heilung. Preist den Herrn! (Ich wünschte, das würde mir dauernd passieren, aber wahrscheinlich war das mein eines Prozent.)

Ein andermal, in Neuengland, scharten sich die Leute wieder vorne im Altarraum der Kirche. Ich hatte gerade eine Botschaft über Maria von Bethanien beendet, die ich „Verschwendet an Jesus" genannt hatte. Ich hatte diejenigen nach vorne gerufen, die ihr Leben dem Messias Jesus hingeben wollten. Es war keine Einladung zu Heilungen und Wundern, sondern ein Appell, in Anbetung und Hingabe alles dem Einen zu geben, der würdig ist. Wieder schlängelte ich mich durch die Menge, berührte einige, segnete sie und sprach gelegentlich einen kurzen Satz über ihnen aus. Über einer bestimmten Frau sprach ich einfach das Wort „Heilung" aus, spürte dabei aber nicht, ob etwas passierte.

Ein Jahr später war ich wieder in derselben Gemeinde. Die dankbare Dame schenkte mir öffentlich ein altes Gemälde, das Maria von

Bethanien darstellte, und gab dann ihr Zeugnis. Soweit ich es noch weiß, war sie im Jahr davor nach vorne gekommen, um sich selbst als Liebesgabe vor dem Herrn „niederzulegen“, und als ich sanft meine Hände auf sie legte, war das Feuer Gottes in ihren Körper hineingefahren. Sie wurde schlagartig und komplett von Krebs geheilt, wovon ich überhaupt nichts gewusst hatte.

Wie wunderbar und erstaunlich ist die Liebe Gottes – er tut Heilungen und Wunder, wenn sich jemand als Kanal für Gottes Gnade zur Verfügung stellt, selbst wenn dieser sich gar nicht bewusst ist, was er tut. Da muss man einfach begeistert sein! So wie einer meiner besten Freunde gerne sagt: „So etwas kannst du dir nicht ausdenken!“

Das Vermächtnis von John G. Lake

Wenn wir uns von dem, wie Gott die Gabe der Wunderwirkungen in der Vergangenheit benutzt hat – und was er heute noch tun kann, inspirieren lassen wollen, können wir uns das Vermächtnis von John G. Lake anschauen. Lake ragt in der modernen Kirchengeschichte definitiv heraus, was die Kraftgaben des Heiligen Geistes angeht. Er war ein kanadisch-amerikanischer Leiter in der globalen Pfingstbewegung und als Glaubensheiler bekannt. Außerdem war er Missionar und Mitbegründer der „Apostolic Faith Mission“ („Apostolische Glaubensmission“) in Südafrika. Nachdem er sein missionarisches Werk in Südafrika vollendet hatte, kam Lake in den Nordwesten der Vereinigten Staaten, wo er mehr als zwanzig Jahre lang evangelisierte. Durch sein „Divine Healing Institute“ („Institut für göttliche Heilung“) baute er die Heilungsräume in Spokane im Staat Washington sowie überall an der Westküste auf.

Vor einigen Jahren war ich fünf Tage lang zum Gebet in einem Einkehrhaus mit Blick auf die Stadt Spokane. Am Ende dieser Zeit, in der ich mich zum Fürbittegebet zurückgezogen hatte, zeigte mir jemand eine Kopie von einer säkularen Zeitung, datiert vom 7. August 1924, auf deren Titelseite ich die Schlagzeile las: „Geheilt durch Gott – Straßenparade“. Der Artikel, geschrieben von einem Reporter namens Alan Watts, beschrieb tatsächlich eine Parade auf den Innenstadtstraßen von Spokane, mit zweihundertfünfzig Leuten, die für sich beanspruchten, durch John G. Lake von verschiedenen Krankheiten geheilt worden zu sein. Sie hatten die Erlaubnis, dass fünfzig Autos und eine Marschkapelle an der Parade teilnahmen. An den Automobilen waren Schilder angebracht, worauf die Bezeichnungen der Krankheiten standen, von denen die Fahrzeuginsassen kuriert worden waren, wie zum Beispiel Lungenentzündung, Diabetes, Lähmungen, Rheumatismus, Gürtelrose, Ekzeme, Nervenkrankheiten, Plattfüße und mehr. Lake selbst führte die Zeugnisparade an. Es folgte ein „Wundergottesdienst“ in einem Zelt abends um acht, das man in der Ash- und der Chelanstreet aufgebaut hatte.

Als ich über dieses Event las, dachte ich: *Wäre es nicht atemberaubend, irgendwann einmal so eine Heilungsparade zu erleben? Wie wäre es mit einem weltweiten Tag des Gebets für Heilung, gefolgt von simultanen Heilungs- und Wunderversammlungen in den Hauptstädten? Tu es nochmal, Gott!*

Der grandiose Sinn der Wunder

Das erste Buch, das Mahesh Chavda schrieb, hatte den Titel *Nur Liebe kann Wunder wirken.* Dieser Titel greift eine grundlegende Wahrheit auf. Nur Gott, der Liebe ist, kann Wunder tun. Und nur, indem wir in seiner Liebe wachsen, können wir an seinem Wunderwirken teilhaben. Deswegen spielte Mitgefühl so eine große Rolle in Jesu Wundern, wie zum Beispiel hier: *„Und er war innerlich bewegt und streckte seine Hand aus, rührte ihn an und spricht zu ihm: Ich will. Sei gereinigt!“* (Mk 1,41). Mitgefühl ist ein Ausdruck der Liebe. Und bei Leuten, die von Gott gebraucht werden, um Wunder zu tun, erwacht im Herzen dieses Mitgefühl als Reaktion darauf, dass der Geist sie anrührt. Wunder sollen Gutes bewirken. Gott will schützen und bewahren, wiederherstellen und aufbauen. Er möchte, dass Menschen sich für sein Königreich der Liebe öffnen.

Weiter oben habe ich meinen Besuch bei Oral Roberts in seinem Haus in Kalifornien erwähnt, kurz vor dem Ende seines Lebens. Bruder Roberts war wie ein Glaubensgroßvater für uns alle im Raum. Ich hatte die Ehre, dass mein ältester Sohn Justin mich bei dieser bedeutsamen Gelegenheit begleitete, und Justin bekam die Chance, mit Oral zu reden, während er auf einem Sitzkissen zu dessen

Füßen saß. „Ich möchte auf ein höheres Level von Heilungen und Wundern gelangen", sagte er.

Oral schüttelte den Kopf und sagte: „Sohn, du weißt nicht, worum du bittest."

Aber mein Sohn war hartnäckig. Schließlich gab Oral nach. Er hörte mit dem Kopfschütteln auf und sagte: „Lass mich dies sagen: Wenn du Heilungen und Wundern wirken willst, dann musst du lernen, die Kranken zu lieben." Anstatt für eine Kraftübertragung oder eine Gabe des Geistes zu beten, sagte ihm Oral nur das große Geheimnis: „Lerne die Kranken zu lieben." Wenn wir lernen, mit der Liebe Jesu zu lieben, werden wir ihm viel ähnlicher. Wir kommen ihm näher und können seine leisen Anweisungen hören. Wenn dann ein Wunder erforderlich ist, sind wir bereit.

Gottes großes Ziel ist, sein Königreich aufzubauen. Zu diesem Zweck rüstet er die Leute zu, die zu seinem Königreich gehören und er verherrlicht sich durch Wunderwerke, damit mehr Menschen an ihn glauben und ihm folgen werden. Von alters her ist das die Wahrheit. Die Wunder und Plagen in Ägypten hatten nur einen Zweck: die Befreiung und Bewahrung des Volkes Israel. Und auch, als Jesus bei der Hochzeit in Kana das Wasser in Wein verwandelte, war das ein Zeichen: *„Durch das, was Jesus in Kana in Galiläa tat, bewies er zum ersten Mal seine Macht. Er offenbarte mit diesem Wunder seine Herrlichkeit, und seine Jünger glaubten an ihn"* (Joh 2,11). Später heißt es: *„Jesus tat in der Gegenwart seiner Jünger noch viele andere Wunder, durch die er seine Macht bewies, die aber nicht in diesem Buch aufgezeichnet sind. Was hier berichtet ist, wurde aufgeschrieben, damit ihr glaubt, dass Jesus der Messias ist, der Sohn Gottes, und damit ihr durch den Glauben an ihn in seinem Namen das Leben habt"* (Joh 20,30-31).

Wunder sollen das Verkündigen des Evangeliums begleiten und dabei das Kreuz Jesu und die Kraft des Wortes Gottes bestätigen. Das ist der Tenor des Missionsbefehls:

> *Danach sagte Jesus zu seinen Jüngern: „Geht in die ganze Welt und verkündet der ganzen Schöpfung das Evangelium! Wer glaubt und sich taufen lässt, wird gerettet werden. Wer aber nicht glaubt, wird verurteilt werden. Folgende Zeichen werden die begleiten, die glauben: In meinem Namen werden sie Dämonen*

> *austreiben; sie werden in neuen Sprachen sprechen; wenn sie Schlangen anfassen oder ein tödliches Gift trinken, wird ihnen das nicht schaden; Kranke, denen sie die Hände auflegen, werden gesund werden." Nachdem Jesus, der Herr, zu ihnen gesprochen hatte, wurde er in den Himmel aufgenommen und setzte sich an die rechte Seite Gottes. Sie aber gingen überallhin und verkündeten das Evangelium. Der Herr wirkte mit und bekräftigte das Wort durch die Zeichen, die die Verkündigung begleiteten* (Mk 16,15–20).

Jesus hat uns durch die wunderwirkende Kraft des Heiligen Geistes zu seinen Mitarbeitern gemacht. Er will den Spaß nicht für sich behalten; bis heute möchte er, dass seine Jünger Wunder sehen, und dass sie Kanäle für seine wunderwirkende Kraft auf Erden sind. Er sagte: *„Ich versichere euch: Wer an mich glaubt, wird die Dinge, die ich tue, auch tun; ja er wird sogar noch größere Dinge tun. Denn ich gehe zum Vater, und alles, worum ihr dann in meinem Namen bittet, werde ich tun, damit durch den Sohn die Herrlichkeit des Vaters offenbart wird* (Joh 14,12-13). Und: *„Für den, der glaubt, ist alles möglich"* (Mk 9,23).

Herr, dein Reich komme! Was Wunder anbelangt, haben wir noch so gut wie nichts gesehen, verglichen mit der Herrlichkeit, die noch offenbart werden soll. Tu es noch einmal in unserem Leben, Heiliger Geist – heute!

Vater, ich danke dir und verkünde, dass du allezeit gut bist. Weil es deine Natur ist, liebevoll und extravagant zu sein, weiß ich, dass du mir und jedem Gläubigen die Gaben des Heiligen Geistes durch deinen Sohn Christus Jesus frei zugänglich gemacht hast. Ich heiße die Gabe der Wunderwirkungen in jedem Bereich meines Lebens willkommen, und ich sehne mich danach, dass du deine Herrlichkeit in der Gemeinde und in der Gesellschaft sichtbar werden lässt. Ich gehe davon aus, dass etwas Gutes, Mächtiges und Übernatürliches geschehen wird! Amen.

TEIL 4

Die Sprachgaben – Gaben, die etwas aussprechen

Im vierten und letzten Teil des Buches konzentrieren wir uns auf die Gaben, welche Gottes Gedanken artikulieren.

In Kapitel 10 beginnen wir mit den verschiedenen Arten des Sprachen- bzw. Zungenredens. Ich erläutere, dass die Gabe des Sprachengebets für die persönliche Kommunikation mit Gott allen Gläubigen gegeben ist, ungeachtet ihres Bildungsstandes. Ohne je ein Fremdsprachenbuch aufgeschlagen oder in einem fremden Land gelebt zu haben, werden sie vom Heiligen Geist befähigt, in einer anderen Sprache (Zunge) zu sprechen. Obwohl sie nicht verstehen, was sie sagen, sprechen sie ausdrucksstark, fließend und reibungslos. In diesem Kapitel spreche ich auch wichtige Sachverhalte bezüglich der verschiedenen Arten des Zungenredens an, zum Beispiel warum der Heilige Geist es jedem Gläubigen schenkt, der es möchte und warum wir in Sprachen beten sollten. Ich stelle auch spezifische

Richtlinien zum Gebrauch des Sprachengebets in Gruppen vor, um einem Missbrauch dieser Gabe vorzubeugen.

In Kapitel 11 kommen wir zur Gabe der Auslegung der Zungenrede. Der Zweck dieser Gabe ist es, das, was in Zungen gesprochen wurde – im Kontext einer Versammlung von Gläubigen – für die Zuhörer (und für denjenigen, der in Zungen gesprochen hat) in ihrer Sprache verständlich zu machen, damit jeder erbaut und ermutigt werden kann. So wie die Zungenrede selbst hat auch die Gabe für deren Auslegung absolut nichts mit der natürlichen Kenntnis einer Sprache zu tun; das Verstehen kommt direkt vom Heiligen Geist. Wie im vorherigen Kapitel gebe ich auch hier einige grundlegende Richtlinien zur Nutzung dieser Gabe in einer Versammlung von Gläubigen.

In Kapitel 12 beschließen wir unsere Untersuchung der Gaben des Geistes mit der Gabe der Prophetie. Ich beginne dieses Kapitel mit einem Kerngedanken, der speziell für die Zeit, in der wir leben, relevant ist: Menschen, welche die Gabe der Prophetie haben, sagen nicht notwendigerweise zukünftige Ereignisse voraus. Tatsächlich tun sie das die meiste Zeit nicht. Eine Prophetie ist ein kurzes, übernatürliches Wort der Hoffnung und der Ermutigung, oft personengebunden und immer in Übereinstimmung mit der Wahrheit der Schrift. Sie hat drei Hauptziele: aufzubauen, zu ermahnen und Mut zuzusprechen.

In diesem letzten Kapitel gebe ich einen kurzen Einblick in die Gabe der Prophetie, wie sie in der neutestamentlichen Gemeinde funktioniert. Wenn wir uns anschauen, wie diese Gabe in der frühen Gemeinde benutzt wurde, erkennen wir, welchen Zweck sie hat und wie wir sie anwenden und darin wachsen können. Schließlich führe ich einige der verschiedenen Möglichkeiten auf, wie das prophetische Wort freigesetzt oder zum Ausdruck kommen kann, um seine Ziele zu erreichen. Das höchste Ziel der Prophetie ist, Jesus zu bezeugen.

Kapitel 10

Die Gabe der verschiedenen Arten der Zungenrede[1]

Ihr Leute von Judäa und ihr alle, die ihr zur Zeit hier in Jerusalem seid! Ich habe euch etwas zu sagen, was ihr unbedingt wissen müsst. Hört mir zu! Diese Leute hier sind nicht betrunken, wie ihr vermutet. Es ist ja erst neun Uhr morgens. Nein, was hier geschieht, ist nichts anderes als die Erfüllung dessen, was Gott durch den Propheten Joel angekündigt hat. „Am Ende der Zeit", so sagt Gott, „werde ich meinen Geist über alle Menschen ausgießen. Dann werden eure Söhne und eure Töchter prophetisch reden; die Jüngeren unter euch werden Visionen haben und die Älteren prophetische Träume

Apostelgeschichte 2,14-17

Eine gründliche Untersuchung der Kirchengeschichte zeigt uns, dass die geistlichen Gaben niemals ganz aufgehört haben, obwohl sie zu gewissen Zeiten abgeebbt waren. Wie schon erwähnt, wurden sie von Christen verunglimpft, die glaubten, dass die Gaben nach dem Tod der ersten Generation von Aposteln erloschen seien. Das Interesse an den Gaben wiederholte sich in Wellen. Diese Wellen und

[1] Im Englischen einfach „tongues" (Zungen); im Deutschen u. a. auch „Sprechen in anderen Sprachen" oder „Sprachenrede" genannt, in Gebetsform „Sprachengebet" bzw. „Zungengebet" – Anm. d. Übers.

ihre Kräuselungen haben manche Teile der Gemeinde mehr beeinflusst als andere.

Gegenwärtig surfen wir auf einer großen Welle, die um das Jahr 1900 herum entstand. Zu dieser Zeit wurde der Heilige Geist an einem bescheidenen Ort ausgegossen, der Azusa-Street in Südkalifornien. Dies brachte eine ganz neue „Kategorie" von Christen hervor – die Pfingstler (nach der Ausgießung des Heiligen Geistes in Apostelgeschichte 2 am Pfingsttag benannt) und die Charismatiker (bezeichnet nach den *Charismata* oder geistlichen Gaben). Obwohl es immer noch ernsthafte cessassionistische Gläubige gibt, die beteuern, dass die geistlichen Gaben nach der Fertigstellung und Festlegung des Schriftkanons verschwunden seien, wächst die Gemeinde überall dort sehr schnell, wo die Gaben des Geistes präsent sind. Die unverzichtbaren Gaben befeuern das Gemeindewachstum.

Wenn die Leute sehen, wie viele Zweige des Leibes Christi florieren, die alle im Glanz der offenbarten Gegenwart Gottes erblühen, können Fragen nach geistlichen Gaben nicht länger auf akademische Weise beantwortet werden. Viele Gläubige in den Hauptdenominationen betrachten sich selbst als pfingstliche oder charismatische Baptisten, Methodisten, Presbyterianer oder Lutheraner. Und die schnelle Ausbreitung der Pfingstbewegung hält an, besonders in den Entwicklungsländern, was auf die gezielten missionarischen Anstrengungen dieser Denominationen zurückzuführen ist. Rechnet man das globale Netzwerk der Dienste und Gemeinden der im 21. Jahrhundert aufgekommenen Neuen Apostolischen Reformation hinzu, summiert es sich zu einer massiven Explosion! Ich selbst bin Teil eines apostolischen Teams, genannt *Harvest International Ministries*, das in weniger als zwanzig Jahren zu einem internationalen Netzwerk von über 25.000 neuen Gemeinden angewachsen ist. Das ist nur ein kurzer Einblick in das heutige Werk des Heiligen Geistes!

Die Pfingstbewegung, die charismatische Bewegung, die Dritte Welle und die Neue Apostolische Reformation wurden in den letzten hundert Jahren benutzt, um die Gabe des Zungenredens weltweit auf erstaunliche Weise wiederherzustellen. Einige der anderen Gaben, wie Heilungen, Wunderwirkungen oder Prophetie scheinen zu bestimmten Zeiten die Betonung der Sprachenrede etwas in den Schatten gestellt zu haben. Aber eine schriftgemäße, fundierte Lehre über die Taufe des Heiligen Geistes wird dafür sorgen, dass die Gabe der Zungenrede nicht nur einen der hinteren Ränge einnimmt. Sie gehört zum ganzen Gabenpaket dazu. Auch wenn bisweilen die eine oder andere Gabe stärker hervorgehoben wird, ändert das nichts an der Tatsache, dass wirklich jede der geistlichen Gaben heute berechtigt und wirksam ist.

„Zungenrede" – was ist das?

Ich kann mir vorstellen, dass viele der Leser dieses Buches die Gabe der Sprachen- oder Zungenrede bereits kennen, wahrscheinlich sogar aus eigener Erfahrung, da sie für jeden Gläubigen in Christus Jesus gedacht ist. So wie jeder Gläubige mit dem Heiligen Geist erfüllt werden sollte, hat auch jeder die Option, in Sprachen zu beten oder zu sprechen. Manche behaupten, das Sprechen in Sprachen sei der erste und einzige echte Beweis dafür, im Heiligen Geist getauft zu sein. So weit gehe ich nicht; ich würde aber sagen, dass es ein möglicher Beweis ist – und ein sehr guter dazu!

Die Gabe, in Zungen zu sprechen, ist definitiv übernatürlich. Sie wird den Menschen ungeachtet ihres Bildungsstandes geschenkt. Manche üben sie aus, ohne jemals lesen oder schreiben gelernt zu haben. Ohne je ein Fremdsprachenbuch aufgeschlagen oder in einem fremden Land gelebt zu haben, werden sie vom Heiligen Geist befähigt, in einer anderen Sprache (Zunge) zu sprechen – und sie können daraufhin selbst bestimmen, ob und wann sie es tun wollen. Obwohl sie nicht verstehen, was sie sagen, sprechen sie ausdrucksstark, fließend und reibungslos. Ihre besondere Sprache kann möglicherweise als bekannte Fremdsprache identifiziert werden – eine der „Menschenzungen" (vgl. 1 Kor 13,1) – und gelegentlich kann sie von einem Muttersprachler verstanden werden. Oder es kann auch eine himmlische Sprache sein – eine der „Engelszungen" (vgl. 1 Kor 13,1). Jedenfalls ist die von Gott gegebene Sprache niemals eine, die der Sprecher auch nur im Ansatz auf natürliche Weise gelernt hat. Wie Kenneth Hagin schrieb: „In Zungen zu sprechen, hat nicht das Geringste mit einer sprachlichen Begabung zu tun … Es ist ein Sprechwunder des Heiligen Geistes."[2]

Die meisten von uns behalten sich das Zungenreden für die persönliche Gebetszeit vor, aber manche tun es auf Drängen des Geistes hin auch in Anbetungsversammlungen oder sehr vereinzelt in einer öffentlichen, säkularen Situation. Hin und wieder inspiriert der Geist jemanden, zeitweise in einer völlig anderen Sprache als gewöhnlich zu sprechen, um mit einem anderen Beteiligten zu kommunizieren. Einmal sprach ich Griechisch, und es wurde von anderen verstanden; seitdem habe ich das, soweit ich weiß, nie wieder getan. Ich bin auch dafür bekannt, dass ich manchmal Russisch oder Koreanisch spreche und sogar K'iche', eine Sprache, welche die indigenen Einwohner des guatemaltekischen Hochlands sprechen (das erzähle ich im nächsten Kapitel).

Das Neue Testament nimmt sowohl auf die öffentlich genutzte, als auch auf die privat gebrauchte Gabe Bezug (was allerdings nicht bedeutet, dass es sich um zwei verschiedene Gaben handelt; jeder, der öffentlich spricht, verwendet die Gabe auch privat[3]). Neben dem Gebrauch in der persönlichen Andacht, wird die Zungenrede auch beim geistinspirierten Fürbittegebet genutzt. So wird meistens der folgende Bibelabschnitt interpretiert:

> *Der Heilige Geist hilft uns in unserer Schwäche. Denn wir wissen ja nicht einmal, worum oder wie wir beten sollen. Doch der Heilige Geist betet für uns mit einem Seufzen, das sich nicht in Worte fassen lässt. Und der Vater, der alle Herzen kennt, weiß, was der Geist sagt, denn der Geist bittet für die, die zu Gott gehören, wie es dem Willen Gottes entspricht* (Röm 8,26-27 NLB).

Das *„Seufzen"* kann sich auf das Sprachengebet beziehen oder aber auch auf etwas darüber hinaus, weil eine Person, welche auf diese Weise betet, vielleicht zu überwältigt ist, um Worte zu finden. *„Seufzen, das sich nicht in Worte fassen lässt"* kann wie Geburtswehen sein oder dem Weinen Jesu am Grab seines Freundes Lazarus gleichen (vgl. Joh 11,23-36). Auf jeden Fall ist das Sprachengebet immer

[2] Hagin, Holy Spirit and His Gifts, 149.
[3] Storms, Beginner's Guide, 162.

eine brauchbare Option, wenn wir nicht wissen, was wir beten sollen. Es ist das vollkommene Gebet, egal, ob es um Anbetung oder Fürbitte geht, denn der Heilige Geist betet durch dich!

Wenn eine Person in Zungen spricht, benutzt sie dazu ihre normalen Stimmorgane, aber das Bewusstsein spielt dabei keine Rolle. Nur wenn die Person öffentlich spricht, sollte idealerweise eine Auslegung in der Muttersprache der Zuhörer folgen (wie in Kapitel 11 beschrieben).

So wie die anderen geistlichen Gaben ist auch diese kein Zeichen der Bevorzugung durch Gott, und schon gar nicht ein Zeichen von überragendem Arbeitseifer, besonderer Hingabe oder Reife. Sie ist ganz einfach eine Manifestation der Gnade Gottes, welche den Gläubigen zum Wohl der Gemeinde gegeben wird.[4] Bei geisterfüllten Gläubigen ist das Zungenreden ein Folge der überfließenden Erfüllung mit dem Heiligen Geist (vgl. beispielsweise Mk 16,17; Joh 7,38-39; Apg 1,8; 19,6).

Die Fähigkeit, in Zungen zu sprechen, repräsentiert die Erfüllung einer Prophezeiung des Propheten Jesaja (vgl. Jes 28,11-12), die auch durch Paulus in 1. Korinther 14,21 zitiert wird: *„Im Gesetz steht geschrieben: ‚Ich will in andern Zungen und mit andern Lippen reden zu diesem Volk, aber auch so werden sie nicht auf mich hören, spricht der Herr'"* (LUT). Obwohl das Zungenreden zuerst den Aposteln und anderen Gläubigen gegeben wurde, die sich am Pfingsttag im Gebet versammelt hatten, erfüllte diese Gruppenerfahrung allein Jesajas Prophezeiung nicht, sondern es gibt eine fortwährende Erfüllung dieses Wortes. Die Gabe des Zungenredens zeugte nicht nur am Pfingsttag, sondern auch bei anderen Gelegenheiten davon, dass Menschen den Heiligen Geist empfangen hatten. Und auch heute noch liefert die Gabe kontinuierlich den Beweis für den Empfang des Geistes.

Die folgenden Schriftstellen zeigen, wie sich die Gabe des Zungenredens zu Beginn der frühen Kirche entwickelte, als sich der Schauplatz des Handelns von Israel (Jerusalem) nordwestlich nach Cäsarea (zum Haus des römischen Hauptmanns Cornelius) und dann quer über das Mittelmeer nach Ephesus (in der heutigen Türkei) verlagerte:

---

[4] Storms, Beginner's Guide, 156.

Und sie wurden alle mit Heiligem Geist erfüllt und fingen an in anderen Sprachen zu reden, wie der Geist ihnen gab auszusprechen. Es wohnten aber in Jerusalem Juden, gottesfürchtige Männer, von jeder Nation unter dem Himmel. Als aber dieses Geräusch entstand, kam die Menge zusammen und wurde bestürzt, weil jeder Einzelne sie in seiner eigenen Mundart reden hörte (Apg 2,4-6 ELB).

Die Gläubigen jüdischer Herkunft, die Petrus nach Cäsarea begleitet hatten, waren außer sich vor Verwunderung, dass die Gabe Gottes, der Heilige Geist, auch über Nichtjuden ausgegossen wurde. Sie hörten nämlich, wie die Versammelten in geistgewirkten Sprachen redeten und Gott für seine Größe priesen. Schließlich wandte sich Petrus an seine Begleiter und sagte: „Wer hätte jetzt noch das Recht, diesen Leuten die Taufe zu verweigern – jetzt, wo sie genau wie wir den Heiligen Geist empfangen haben?“ Und er ordnete an, sie im Namen von Jesus Christus zu taufen (Apg 10,45-48).

Während Apollos in Korinth war, zog Paulus durch das kleinasiatische Hochland und dann zur Küste hinunter nach Ephesus. Dort traf er auf eine Gruppe von Jüngern, die seine Aufmerksamkeit auf sich zogen. „Habt ihr den Heiligen Geist empfangen, als ihr zum Glauben gekommen seid?“, fragte er sie. „Den Heiligen Geist empfangen?“, entgegneten sie. „Wir haben nicht einmal gehört, dass der Heilige Geist schon gekommen ist!“ – „Was für eine Taufe ist denn an euch vollzogen worden?“, wollte Paulus wissen. „Die Taufe des Johannes“, erwiderten sie. Da sagte Paulus: „Johannes rief das israelitische Volk zur Umkehr auf und taufte die, die seinem Aufruf folgten. Aber er verband damit die Aufforderung, an den zu glauben, der nach ihm kommen würde, nämlich an Jesus.“ Als sie das hörten, ließen sie sich auf den Namen von Jesus, dem Herrn, taufen. Und als Paulus ihnen dann die Hände auflegte, kam der Heilige Geist auf sie herab, und sie redeten in geistgewirkten Sprachen und machten prophetische Aussagen (Apg 19,1-6).

Ziele des Sprechens in Zungen

Warum, glaubst du, schenkt der Heilige Geist die Gabe des Zungenredens jedem Gläubigen, der sie möchte? Mir fallen da eine ganze Reihe von Gründen ein, die wir alle in der Schrift finden.

Zunächst einmal stellt das Beten und Sprechen in Zungen eine persönliche Kommunikation mit Gott dar – eine Kommunikation, die garantiert jederzeit mit dem Plan Gottes übereinstimmt, ungeachtet der Grenzen unseres menschlichen Verstandes. Die Kommunikation mit Gott baut stets unseren Geist auf. Paulus erklärte: *„Denn wer in Zungen redet, der redet nicht zu Menschen, sondern zu Gott ... Wer in Zungen redet, der erbaut sich selbst"* (1 Kor 14,2.4 LUT).

Das war auch für den Apostel Judas der Grund, das Sprachengebet zu empfehlen, das er „Beten im Geist" nennt: *„Ihr aber, Geliebte, erbaut euch auf eurem heiligsten Glauben, betet im Heiligen Geist"* (Jud 20 ELB). Und Paulus rät: „... betet zu jeder Zeit im Geist ..." (Eph 6,18 ELB). Das Zungenreden kann also kontinuierlich für die persönliche Beziehung mit Gott genutzt werden. Es ist eine wichtige Gabe für die Glieder des Leibes Christi – und ähnlich der Prophetie dient sie zur Erbauung, zur Ermahnung und zur Ermutigung, besonders dann, wenn sie ausgelegt wird (vgl. 1 Kor 14,3-5).

Das Sprachengebet ist zwar nicht der einzige Weg, um im Heiligen Geist zu beten, aber es ist einer der wichtigsten. Solche Gebete schließen natürlich die Anbetung ein, und sie beinhalten häufig die Fürbitte für eine Person, eine Gruppe oder eine Situation. In der Regel benötigt ein solches Gebet keine Übersetzung in eine allgemeinverständliche Sprache, obwohl ich schon erlebt habe, dass ich wiederholt den gleichen Satz in Zungen gesprochen habe, bis ich den Geist nach der Übersetzung fragte, um zu wissen, wofür ich bete.

Fürbittegebet in Zungen trifft immer ins Schwarze. Vor nicht allzu langer Zeit erlebte ich ein dramatisches Beispiel dieser Realität in Korea. Ich hatte gerade eine Botschaft unter dem Titel „Die Gabe der Zungenrede wiederentdecken" vor einigen tausend koreanischen Gemeindeleitern gehalten, als jemand zu mir auf die Bühne kam und sagte: „Wir haben gerade erfahren, dass (ein sehr prominenter Leiter) ins Koma gefallen ist." Ich bat alle fünftausend anwesenden Leiter aufzustehen und einen Gebetssturm in Sprachen zu starten.

Ich verlor vollkommen das Zeitgefühl, aber jemand, der dabei war, sagte mir, dass wir etwa eine halbe Stunde nonstop in einer Art geistlichen Kampfführung verbrachten. Dann gab es einen Umbruch in der Atmosphäre und jeder begann den Herrn in Zungen zu erheben und zu preisen. Wir konnten die Veränderung wahrnehmen und wussten, dass wir gemeinsam in die Gabe des Glaubens durchgebrochen waren. Die ganze Versammlung verfiel in eine wilde Anbetung Gottes. Kurz nachdem dies abgeklungen war, erfuhren wir, dass der einflussreiche Leiter während dieser Zeit aus dem Koma erwacht war.

Ich bin davon überzeugt, dass der Herr das Sprachengebet häufig nutzt, um die Mächte der Finsternis in die Schranken zu weisen, da sie diese übernatürlichen Zurechtweisungen verstehen, selbst wenn die Sprecher es nicht tun. In solchen Fällen wird der Sieg sicherlich häufig durch eine Kombination aus Sprachengebet sowie den Gaben des Glaubens und der Unterscheidung der Geister gewonnen.

In Zungen zu beten ist auch ein kraftvoller Weg, um Gott siegreichen Lobpreis zum Ausdruck zu bringen, wobei wir Worte benutzen, die weit besser sind als die, mit denen wir selbst aufwarten könnten. Wenn wir die Gabe nutzen, um Gott hoch zu preisen, wird sie auf übernatürliche Weise das geistliche Klima verändern und es für die Kraft Gottes öffnen, die alle Dinge möglich macht. Das geschah, als Petrus bei Cornelius zu Hause predigte. Während Petrus' Botschaft fiel der Heilige Geist auf die nichtjüdischen Zuhörer, und diese begannen spontan in Zungen zu sprechen und Gott anzubeten (vgl. Apg 10,44-46).

Manchmal nutzt Gott die Gabe der Zungenrede als Zeichen seiner herrlichen Gegenwart in einer Versammlung. Das kann ein besonders kraftvolles Zeichen für Ungläubige sein. Dadurch hat sich die Gabe auf dem Missionsfeld als sehr effektiv herausgestellt, um Leute zu überzeugen, die noch nicht an Gott glauben. *„Das Reden in Sprachen, die von Gott eingegeben sind, ist demnach nicht ein Zeichen für die Gläubigen, sondern für die Ungläubigen“* (1 Kor 14,22). Als Zeichen offenbart diese Gabe den Ungläubigen die Realität, dass Gott lebt und persönlich in das Leben seines Volkes eingebunden ist.

Äußerungen in unbekannten Sprachen zeigen außerdem auf, dass die Auferweckung Jesu Christi tatsächlich stattgefunden hat – er ist auferstanden und verherrlicht. Am Pfingsttag sagte Petrus nämlich zu den überwältigten Ungläubigen: *„Er ist in den Himmel emporgehoben worden, um den Ehrenplatz an Gottes rechter Seite einzunehmen, und hat von seinem Vater die versprochene Gabe erhalten, den Heiligen Geist. Diesen Geist hat er nun über uns ausgegossen, und das ist es, was ihr hier seht und hört"* (Apg 2,33). Die Gabe des Zungenredens war an Pfingsten für die Beobachter ein starkes Zeichen, da sie wussten, das keiner dieser ungebildeten Galiläer so viele fremde Sprachen gelernt haben konnte (vgl. Apg 2,7-11). Solche übernatürlichen Geschehnisse, wie dieses erste Auftreten der Zungenrede in einer großen Gruppe, kann eine erstaunlich erfolgreiche Evangelisation initiieren (vgl. Apg 2,41.47).

Du siehst also, dass das Sprechen in Zungen nicht nur als Erstmanifestation bei der Erfüllung mit dem Heiligen Geist zu betrachten ist (also ein Überfließen dessen, was eingefüllt wurde), sondern es ist mehr als das. Diese Gabe ist ein Mittel, um kontinuierlich mit dem Geist erfüllt zu *bleiben*. Wie ich in Kapitel 2 bereits festgestellt habe, sind wir alle „undicht". Wir sind noch nicht vollkommen. Wir tragen den Staub der Erde mit uns herum und haben Wunden und Risse. Außerdem geben wir das, womit wir gefüllt sind, an andere Menschen weiter und müssen deshalb wieder nachgefüllt werden. Nimm es mir ab, das Sprechen und Beten in Zungen ist zwar nicht der einzige Weg, um neu mit dem Geist gefüllt zu werden, wenn dein Brunnen austrocknet, aber du kannst leicht darauf zugreifen, um „die Pumpe wieder anzuwerfen". Was für eine wunderbare Vielzweckgabe!

Warum sollte ich in Zungen sprechen?

Das Empfangen der Gabe der Zungenrede ist ein Bekenntnis zu Jesu Herrschaft in unserem Leben, da sie eine totale Hingabe selbst unseres „widerspenstigsten" Gliedes, der Zunge erfordert (vgl. Jak 3,3-12). Seit Pfingsten ist das Sprechen in Zungen ein Beweis der Umkehr und ein Zeichen für den Empfang des Heiligen Geistes:

> *Die Zuhörer waren von dem, was Petrus sagte, bis ins Innerste getroffen. „Was sollen wir jetzt tun, liebe Brüder?", fragten sie ihn und die anderen Apostel. „Kehrt um", erwiderte Petrus, „und jeder von euch lasse sich auf den Namen von Jesus Christus taufen! Dann wird Gott euch eure Sünden vergeben, und ihr werdet seine Gabe, den Heiligen Geist, bekommen"* (Apg 2,37-38; vgl. auch Apg 10,46-47).

Um in Zungen zu Gott zu sprechen, muss man schon demütig und kindlich werden sowie die Selbstbestimmung und die eigene Unabhängigkeit aufgeben (vgl. beispielsweise 1 Kor 1,18-31; Mt 18,2-5). Die Gabe der Zungenrede ist eine dauerhafte Hilfe, um den Stolz in die Schranken zu weisen.

Wenn wir uns in eine empfangsbereite, kindliche und abhängige Position begeben, ermöglicht das Zungenreden, dass Gott auf übernatürliche Weise zu uns spricht, wenn wir mit ihm sprechen, und dies bewirkt eine allumfassende Erbauung. Einer der strategisch günstigsten Wege, um unseren Glauben aufzubauen, ist das Beten im Heiligen Geist. Ich tue das ständig und richte mich dabei nach Paulus, der schrieb: *„Ich danke Gott, dass ich mehr als ihr alle in Zungen rede"* (1 Kor 14,18 REÜ).

Warum solltest du also in Zungen sprechen? Erlaube mir die Gegenfrage: Warum solltest du *nicht* in Zungen sprechen, nachdem ich dir oben all die guten Gründe genannt habe? Sie ist eine der besten Gaben Gottes, und die Tatsache, dass er damit so freizügig ist, beweist ihre Wichtigkeit. Manchmal denken die Leute, die Zungenrede sei eine recht banale geistliche Gabe und deswegen weniger wichtig. Das stimmt jedoch nicht, da sie der Wegbereiter für weitere geistliche Gaben ist. Je mehr du in Zungen betest, desto mehr weißt du, was der Geist Gottes gerade tut und wie er dich daran beteiligen möchte.

In Kapitel 2 habe ich bereits erwähnt, dass der Herr mich einmal aufforderte, zwei Stunden am Stück in Sprachen zu beten, um den Geist der Offenbarung zu empfangen. Zuerst fand ich es schwierig, eine so lange Zeit dranzubleiben. Dann half mir der Herr zu erkennen, dass es mir leichter fallen würde, eine längere Periode in Zungen zu singen und anzubeten, denn ich war Sänger, bevor ich mit dem Predigen begann. Ich merkte, dass ich es auf diese Weise wirklich stundenlang tun konnte. Als Folge davon erhielt ich immer mehr Offenbarungen und war durch meinen Dienst nun in der Lage, viele Menschen reich zu segnen. Für mich ist es überhaupt keine Arbeit, in Sprachen zu loben und zu beten – es ist vielmehr der reine Genuss!

Aufgrund meiner Reisen, dem Schreiben und weiteren Aufgaben, wie die Ausrüstung von anderen Gläubigen, damit sie ihre geistlichen Gaben nutzen können, bin ich heute nicht mehr in der Lage, die Gabe so regelmäßig in dieser Weise zu praktizieren. Aber ich schätze sie immer noch sehr hoch, und wenn Gott mir zu verstehen gibt, dass stundenlanges Gebet und Lobpreis in Sprachen an der Zeit ist, dann springe ich mitten hinein. Das zu tun ist für mich eine Ehre, und es ist ein effektives Werkzeug des Heiligen Geistes!

Richtlinien für das Sprechen in Zungen

Im ersten Korintherbrief gab uns Paulus sehr explizite Richtlinien für das Reden in Sprachen, sowohl für den privaten Gebrauch, als auch für die Verwendung in öffentlichen Gemeindeveranstaltungen, und sein Rat gilt nicht nur für die Korinther. Er bemerkte, dass nicht jeder, der das Zungenreden in der privaten Kommunikation mit Gott ausübt, es auch öffentlich als Dienstgabe in der Gemeinde tut (vgl. 1 Kor 12,29-30). Er wies auch darauf hin, dass es fehl am Platz ist, in einer öffentlichen Versammlung laut in Zungen zu sprechen, ohne von Gott speziell dazu veranlasst zu sein und ohne die Interpretation zu liefern:

> *Ich danke Gott, dass ich mehr in Sprachen rede als ihr alle. Aber in einer Gemeindeversammlung spreche ich lieber fünf verständliche Worte, die anderen helfen, als zehntausend Worte in einer anderen Sprache ... Nicht mehr als zwei oder drei sollen in einer anderen Sprache reden. Sie sollen das nacheinander tun, und einer muss bereit sein auszulegen, was sie sagen. Wenn niemand anwesend ist, der die anderen Sprachen auslegen kann, sollen sie in der Versammlung der Gemeinde schweigen und in Sprachen zu Gott sprechen, wenn sie allein sind* (1 Kor 14,18-19.27-28 NLB).

Mit anderen Worten ist es natürlich okay, wenn du in der Gemeinde für dich selbst in Sprachen betest; das ist überhaupt nicht verboten. Tatsächlich wird man sogar dazu ermutigt! Aber zügelloses Zungenreden kann deplatziert sein, wenn es in der falschen Situation ausgeübt wird. Öffentliche Äußerungen in Zungen sollten in Übereinstimmung mit der Frucht des Geistes geschehen (vgl. Gal 5,22-23) und sollten in eine von den meisten verstandene Sprache übersetzt werden. Eine Fürbitteversammlung ist allerdings ein durchaus angebrachter Ort, um gemeinsam und sogar laut im Geist zu beten. Wie ich bereits in der Geschichte von Korea mitteilte, bringt es Ergebnisse hervor, und wir sollten Gott niemals beschränken!

Ich erwähnte schon zuvor, dass es auch passende Zeiten für gemeinsames *Singen* in Zungen oder im Geist gibt. Eine Gruppe geht dabei, vom Geist harmonisiert, während des Lobpreises von ihrer normalen Sprache in den Sprachengesang über. Manchmal schließt dies sogar die Auslegung mit ein, wenn eine Person im Geist und eine andere die Übersetzung singt. Aber wenn eine ganze Gruppe von Leuten im Geist singt, bleiben die meisten „Songtexte" unübersetzt, was eine erstaunliche Atmosphäre reiner Anbetung schafft. Ich war zahlreiche Male in Versammlungen, bei denen diese Art gemeinsamer Anbetung dazu führte, dass die Herrlichkeit Gottes auf sein Volk herabkam. Ein bisschen Himmel kam auf die Erde – und es gibt nichts Vergleichbares! Verbinde dich also heute mit mir und singe im Geist!

Richtlinien für das Sprechen in Zungen hängen also immer von der Situation ab. Wir sollten dabei die jeweiligen Regeln der Gemeinschaft respektieren, in der wir uns gerade befinden. *„Verbietet das Reden in anderen Sprachen nicht"*, schrieb Paulus. *„Doch achtet darauf, dass alles angemessen und geordnet geschieht"* (1 Kor 14,39-40 NLB). *„Angemessen und geordnet"* bedeutet, dass man sich an die verschiedenen Situationen und Orte anpasst. In vielen pfingstlichen und charismatischen Gemeinden bricht die Anbetung in Sprachen explosionsartig im Raum aus, sobald die Leute das Wirken des Heiligen Geistes wahrnehmen, und niemand wird sich daran stören. Es ist niemals falsch, sich an Paulus' Anweisung zu halten: *„Folgt also dem Weg der Liebe und bemüht euch um die Geistesgaben"* (1 Kor 14,1 NeÜ). Dem Weg der Liebe zu folgen, heißt, sich eng an den Geist Jesu Christi zu halten, der uns hilft, durch die Stürme zu navigieren und uns mit den richtigen Worten ausrüstet, die wir für jede einzelne Phase der Reise benötigen.

Herr, ich bin hungrig und durstig nach mehr von dir! Gib mir eine frische Taufe im Heiligen Geist und erwecke in mir die Gabe des Betens, Lobpreisens und Sprechens in Zungen. Ich möchte alles, was du für mich hast. Ich will mich selbst in meinem heiligsten Glauben erbauen. Bitte setze alle Gaben des Heiligen Geistes in meinem Leben und auch in dem Leben meiner Familienmitglieder frei. Sende den Geist nun noch kraftvoller in meine Gemeinde, meine Stadt und meine Region, um Jesu Christi willen. Amen.

KAPITEL 11

Die Gabe der Auslegung der Zungenrede

Wer also in Zungen redet, der bete, dass er's auch auslegen könne.
1. Korinther 14,13 LUT

Manifestationen der anderen sieben Hauptgaben des Geistes traten auch im Alten Testament auf, aber die Gabe der Zungenrede und deren Auslegung scheinen nicht erwähnt zu werden, außer dass sie prophezeit werden. Wie ich bereits im vorherigen Kapitel bemerkte, stellte Paulus die Verbindung zu Jesaja 28,11-12 her, als er diese Stelle in seiner Anweisung über die Zungenrede an die Gemeinde von Korinth zitierte (vgl. 1 Kor 14,21). Die Gabe der Auslegung der Zungenrede gehört deshalb neben der Zungenrede selbst seit Pfingsten eindeutig zur Christenheit.

Diese Gabe steht in besonderer Beziehung zur Taufe im Heiligen Geist, die erstmals an Pfingsten geschah. Damals wurden viele der Zungen, die von den Jüngern gleichzeitig laut gesprochen wurden, von den Zuhörern, die sich auf der Straße versammelt hatten, sofort verstanden. Zu der Zeit war Jerusalem gerade mit Besuchern vieler Nationen überfüllt, und Lukas berichtet uns in der Apostelgeschichte, dass sie alle das verkündete Evangelium in ihrer eigenen Sprache hörten. Als ob das noch nicht wunders genug wäre, predigte Petrus nun in der von den meisten verstandenen Sprache und verschaffte ihnen auf diese Weise ein besseres Verständnis und eine vollständige Auslegung der Zungenbotschaft.

Die Definition der Auslegung der Zungenrede

Derek Prince schrieb: „Die Auslegung muss nicht unbedingt eine Wort-für-Wort-Übersetzung sein, sondern vielmehr eine Wiedergabe des sinngemäßen Inhalts der Zungenbotschaft“[1]. John Wimber und andere nannten dies eine „dynamische Entsprechung“[2][3]. Der Zweck der Gabe ist es, das, was in Zungen gesprochen wurde, für die Zuhörer (und für denjenigen, der in Zungen gesprochen hat) in ihrer Sprache verständlich zu machen, damit jeder erbaut oder aufgebaut werden kann. [4] Natürlich hängt die Anwendung dieser Gabe nicht allein vom Heiligen Geist ab, sondern ebenso von der Person, welche unmittelbar vor der Auslegung in Zungen gesprochen hat. [5] So wie die Sprachengabe selbst, hat auch deren Auslegung „absolut nichts mit einer natürlichen Sprachbegabung zu tun“; das Verständnis kommt direkt vom Heiligen Geist. [6]

Ich stimme mit Sam Storms darin überein, dass die Gabe der Auslegung von Sprachen möglicherweise die am meisten übersehene Hauptgabe des Heiligen Geistes ist.[7] Wir haben noch gar nicht richtig begonnen, die Kraft dieser Gabe zu nutzen, doch das sollten wir tun! Und wenn sie uns nur hilft zu verstehen, was wir im Geist beten und singen! Doch der Wert der Gabe geht noch weit darüber hinaus. Paulus schrieb: *„Ich will auf beide Weisen beten – auf die, bei der nur mein Geist zu Gott spricht, aber auch auf die, bei der mein Verstand tätig ist. Ich will auf die Weise singen, bei der nur mein Geist Gott lobt, aber auch auf die, bei der mein Verstand tätig ist“* (1 Kor 14,15). Davon brauchen wir heute mehr, und zwar sowohl in gemeinsamen Treffen, als auch in unserer privaten Andacht.

---

[1] Prince, Gifts of the Spirit, 168.

[2] Oder ein „dynamisches Äquivalent“ – Anm. d. Übers.

[3] Wimber, „Signs and Wonders“; Pytches, Spiritual Gifts, 73.

[4] Hagin, Holy Spirit and His Gifts, 157.

[5] Ebd.

[6] Iverson, Holy Spirit Today, 175.

[7] Storms, Beginner’s Guide, 193.

Es geht um mehr als das, was wir üblicherweise in unseren Versammlungen tun, wenn Zungenrede und Auslegung geschieht. Wenn jemand eine Botschaft in Zungen spricht, und dann jemand, sagen wir im Abstand von 15 Sekunden, die Auslegung gibt, ist das schon Berechtigung genug. Doch ist dies nur *eine* mögliche Anwendung dieser Gabe. Legen wir uns darauf fest, begrenzen wir den Heiligen Geist in seiner Freiheit zu wirken.

Der inzwischen verstorbene Oral Roberts nahm oft Leute auf Führungen durch die Oral Roberts Universität mit und sagte dann: „Sehen Sie das alles hier? All das wurde durch das Beten in Zungen gebaut." Er bekam die Vision für jedes einzelne Gebäude, indem er in Sprachen betete und es anschließend selbst auslegte. Er empfahl sogar, dies zu lernen, indem man fünf Minuten in Sprachen betet, dann einhält und in der Muttersprache weiterredet. Dies sei dann, lehrte er, entweder eine Auslegung des in Zungen gesprochenen Geheimnisses oder ein prophetisches Gebet, jedoch beides nützlich für die Qualität des Gebets.

Während diese Gabe heutzutage oft außer Acht gelassen wird, vernachlässigte Paulus sie keineswegs, so wie er auch die Zungenrede selbst nicht missachtete. Tatsächlich führt er diese Gaben häufig auf und erörtert sie viel öfter als einige andere. Vor allen Dingen ermahnte er jeden, die Gaben des Geistes stets in der Liebe Gottes zu verwenden (vgl. 1 Kor 13). Er wollte, dass Liebe in allem, was wir tun, unser höchstes Ziel ist. Und wie ist das bei dir?

Leitlinien für die Auslegung der Zungenrede

Die Gabe der Auslegung der Zungenrede zeigt sich bei verschiedenen Gläubigen auf unterschiedliche Weise. Sie hat *„Verschiedenheiten von Wirkungen"*, wie die Elberfelder Bibel Paulus' Worte aus 1. Korinther 12,6 übersetzt: *„Und es gibt Verschiedenheiten von Wirkungen, aber es ist derselbe Gott, der alles in allen wirkt."* Bei einigen Leuten kommt die Auslegung zunächst mit einem Einleitungssatz und sie müssen im Vertrauen darauf beginnen, bevor sie den Rest empfangen. Andere dagegen hören Worte und ganze Sätze in ihren Gedanken oder sehen Worte wie auf einer Schriftrolle oder einem Bildschirm vor ihren inneren Augen. Und wieder andere empfangen Visionen, die sie in ihren eigenen Worten zum Ausdruck bringen. Oder ein genereller Gedanke fällt in ihr Denken, den sie „in ihre eigenen Worte kleiden“, so wie der Geist sie leitet. Jede dieser Anwendungen beruht zu einem erheblichen Teil auf Glauben. Wenn du angespannt darauf wartest, dass dir die komplette Botschaft zufällt, wirst du noch dasitzen, wenn es zu spät ist, denn auf diese Weise funktioniert das nicht.[8]

Eine Botschaft der Ermahnung, welche durch Zungenrede empfangen wird, entspricht einer Prophetie und sollte nach denselben Regeln geprüft werden. (Kenneth Hagin pflegte folgenden Vergleich heranzuziehen: Wenn Prophetie 10 Cent entsprechen, dann entspricht die Zungenrede und ihre Auslegung oft 2 x 5 Cent.) Allerdings ist diese Entsprechung der Prophetie, die man auch als „Zungenrede der Ermahnung“ oder als „Botschaft in Zungen“ bezeichnen könnte, nicht das Gleiche wie die „geheimnisvolle Zungenrede“, die man bei der persönlichen Andacht benutzt. Paulus beschrieb diesen Unterschied folgendermaßen:

> *Denn wer in Zungen redet, der redet nicht zu Menschen, sondern zu Gott; denn niemand versteht ihn: im Geist redet er Geheimnisse. Wer aber prophetisch redet, der redet zu Menschen zur Erbauung und zur Ermahnung und zur Tröstung. Wer in Zungen redet, der erbaut sich selbst; wer aber prophetisch redet, der erbaut die Gemeinde* (1 Kor 14,2-4 REÜ).

Paulus’ Richtlinien für die Benutzung der Zungen und ihre Auslegung in Versammlungen gelten nur für die „ermahnende Zungenrede“ bzw. „Botschaft in Zungen“, nicht aber für die persönliche Verwendung der Gabe, in welcher der Inhalt oft ein Geheimnis bleibt (vgl. 1 Kor 14,26-32[9]).

---

[8] Siehe Prince, Gifts of the Spirit, 171–173.

[9] *„Wenn man in Zungen reden will, so sollen es nur zwei tun, höchstens drei, und zwar einer nach dem anderen; dann soll einer übersetzen. Wenn aber niemand übersetzen kann, soll der Zungenredner in der Gemeinde schweigen. Er soll es bei sich selber tun und vor Gott. Auch zwei oder drei Propheten sollen zu Wort kommen; die anderen sollen urteilen. Wenn aber noch einem andern Anwesenden eine Offenbarung zuteil wird, soll der erste schweigen; einer nach dem andern könnt ihr alle prophetisch reden. So lernen alle etwas und alle*

Übrigens muss eine Zungenrede und deren Auslegung nicht unbedingt von zwei verschiedenen Personen kommen. Wenn nötig, kann die Person, welche die Botschaft in Zungen gegeben hat, um eine Auslegung beten und dann fortfahren, indem sie diese laut ausspricht, egal ob in einer öffentlichen Versammlung oder für sich privat. In einigen Diensten wird man zu dieser Praxis nicht ermutigt, aber ich glaube, wir sollten jeder Gabe und Wirkung des Heiligen Geistes Raum geben und sie lieber ergreifen, als sie zu meiden. Du solltest Gott nicht in eine Schublade sperren! Wenn du es doch tust, wird er wohl die Schublade sprengen!

Ich kann verstehen, wenn diese Gaben in Versammlungen, die eher evangelistisch ausgerichtet sind und von Ungläubigen besucht werden, etwas stärker außen vor gelassen werden. Aber aus meiner Sicht sollte dies bei Versammlungen, die hauptsächlich für Gläubige sind, nicht so sein. Ich denke, die abschließenden Richtlinien sollten von Leitern der jeweiligen Versammlung kommen. Lies einmal folgende Anweisung des Apostels Paulus und behalte dabei den Unterschied zwischen der unausgelegten, anbetenden Zungenrede und der ermahnenden Zungenbotschaft mit Auslegung im Hinterkopf:

> *So ist Zungenreden ein Zeichen nicht für die Glaubenden, sondern für die Ungläubigen, prophetisches Reden aber ein Zeichen nicht für die Ungläubigen, sondern für die Glaubenden. Wenn also die ganze Gemeinde sich versammelt und alle in Zungen reden und es kommen Unkundige oder Ungläubige herein, werden sie dann nicht sagen: Ihr seid verrückt? Wenn aber alle prophetisch reden und ein Ungläubiger oder Unkundiger kommt herein, dann wird er von allen überführt, von allen geprüft; was in seinem Herzen verborgen ist, wird aufgedeckt. Und so wird er niederfallen auf sein Angesicht, Gott anbeten und bekennen: Wahrhaftig, Gott ist bei euch* (1 Kor 14,22-25)!

Nur damit es klar ist: Ich schließe keinesfalls die Auslegung der Zungenrede in der persönlichen Andacht aus. Vielmehr ist es sogar richtig, dass eine Person, die in Zungen Geheimnisse zu Gott spricht

werden ermutigt. Die Äußerung prophetischer Eingebungen ist nämlich dem Willen der Propheten unterworfen" (1Kor 14,27-32 REÜ).

es möglicherweise sehr erbaulich findet, die Auslegung ihres Gebets zu hören, ob es sich nun um intensive Anbetung oder um geistliche Kampfführung handelt. Ich war schon in Treffen, in welchen Zungenrede und Auslegung wie eine Konversation stattfanden. (Das funktioniert besonders gut in Leitertreffen oder kleineren Gruppen wie Hauskreisen.) Einer spricht in Zungen und ein anderer legt es aus, so geht das hin und her und bewegt sich in den Bereichen von Lobpreis, Prophetie und Offenbarung, je nachdem, wofür gerade gebetet wurde. Du kannst das auch für dich selbst praktizieren, bis du dich darin freier fühlst. Ich würde öffentlich nur das tun, was ich privat bereits geübt habe. Erinnere dich daran: Geistliche Gaben sind Werkzeuge, keine Spielzeuge!

Die Verschiedenheiten der Zungenrede und die Verschiedenheiten der Auslegung

> *Es gibt verschiedene Gnadengaben, aber nur den einen Geist. Es gibt verschiedene Dienste, aber nur den einen Herrn. Es gibt verschiedene Kräfte, die wirken, aber nur den einen Gott: Er bewirkt alles in allen. Jedem aber wird die Offenbarung des Geistes geschenkt, damit sie anderen nützt. Dem einen wird vom Geist die Gabe geschenkt, Weisheit mitzuteilen, dem anderen durch denselben Geist ... verschiedene Arten von Zungenrede, einem anderen schließlich die Gabe, sie zu übersetzen. Das alles bewirkt ein und derselbe Geist; einem jeden teilt er seine besondere Gabe zu, wie er will* (1 Kor 12, 4-8;10-11 REÜ; vgl. auch Röm 12,3-8).

Die Kernidee ist Vielfalt – eine unendliche Vielzahl an Sprachen und ein grenzenloses Spektrum an Auslegungen – wie sie vom Heiligen Geist festgelegt und inspiriert werden. Noch einmal: In öffentlichen Situationen sprechen Leute nicht einfach, wann sie wollen in Zungen und legen es aus, sondern nur dann, wenn der Geist sie leitet, es zu tun. Die Koordination ist Gottes Sache!

Grenzen sind wichtig. Deshalb schrieb Paulus diese Anweisungen: *„Wenn man in Zungen reden will, so sollen es nur zwei tun, höchstens drei, und zwar einer nach dem anderen; dann soll einer* *übersetzen. Wenn aber niemand übersetzen kann, soll der Zungenredner in der Gemeinde schweigen. Er soll es bei sich selber tun und vor Gott“* (1 Kor 14,27-28). In einer Gemeindeveranstaltung sind gewöhnlich zwei oder drei Botschaften genug, um den Kern von dem, was der Herr sagen will, klar zu verstehen. (Um es noch einmal zu sagen: Dieser Rat bezieht sich nur auf den öffentlichen Gebrauch der Zungenrede und deren Auslegung, nicht auf die Nutzung für die private Andacht.) Sind mehrere Personen daran beteiligt, die Botschaft zu übermitteln, können zusätzliche Nuancen von Gottes Worten empfangen und geschätzt werden, und es steht nicht ein Einzelner im Rampenlicht.

Da es immer mehr Zungenredner als Ausleger gibt, sind wir dazu aufgefordert, für die Gabe der Auslegung zu beten: *„Wer also in Zungen redet, der bete, dass er's auch auslegen könne“* (1 Kor 14,13 LUT). Vergiss nicht, dass die Gabe von Gott gegeben wird und nicht studiert werden kann, so wie man eine Fremdsprache lernt. Die Auslegung der Zungenrede ähnelt sehr der Gabe der Prophetie, um die wir ebenso bitten sollten: *„Strebt nach der Liebe! Bemüht euch um die Gaben des Geistes, am meisten aber darum, dass ihr prophetisch redet!“* (1 Kor 14,1 LUT).

Wie gesagt, ist diese Art von Auslegung nicht das Gleiche wie eine Wort-für-Wort-Übersetzung. Wurde die Botschaft gesungen, wird vielleicht auch die Auslegung gesungen. Und die Melodie kann auch ganz anders sein. Da ich ein Sänger war, bevor ich ein Prediger wurde, starte ich oft mit dem Singen im Geist, damit sich die Versammelten stärker beteiligen, indem sie ebenfalls im Geist singen. Dies trägt dazu bei, eine Atmosphäre der Offenbarung zu schaffen, in der ich am Ende möglicherweise das gemeinsame Lied auslege. Glaub mir, das ist überwältigend!

Die Auslegung kann oft auch länger oder kürzer sein als die Zungenbotschaft selbst. Das beste Beispiel der Schrift ist Daniels Auslegung der geheimnisvollen Worte „mene, mene, tekel, upharsin“ – seine Auslegung war ungefähr neunmal so lang wie die Originalbotschaft (vgl. Daniel 5,24-28). Manchmal bezweifeln die Leute, ob eine Auslegung korrekt ist, weil die Zungenbotschaft vielleicht drei Minuten gedauert hat und die Auslegung schon nach 15 Sekunden vorbei ist. Aber wir sollten dabei bedenken, dass die Botschaft in

Zungen möglicherweise das Gleiche dreimal wiederholte, während die Auslegung es vielleicht einfach nur zusammengefasst hat. Oder die Zungenrede geschah eventuell in einer „wortreichen" Sprache und benötigt in der Muttersprache längst nicht so viele Silben. Weil die Sprachen sich manchmal erheblich voneinander unterscheiden, kann sich auch die Zeit, in der die Essenz der Botschaft übermittelt wird, von Sprache zu Sprache stark unterscheiden. Es gibt eine sehr große Vielfalt von Zungenreden und Auslegungen, sodass nur Gott allein alle die Möglichkeiten zählen kann!

Die Gabe, bekannte Sprachen zu übersetzen, ohne sie gelernt zu haben

In Kansas City gibt es eine Frau, der die übernatürliche Fähigkeit gegeben wurde, bekannte Sprachen zu übersetzen, ohne sie jemals gelernt zu haben. Sie war einmal Teil einer Gruppe, die einen geisterfüllten, katholischen Priester aus Italien eingeladen hatte. Sie hatten keinen Dolmetscher organisiert. Und als der Priester zu sprechen begann, übersetzte sie ihn. Danach besuchte sie seine Gruppe von Franziskanern in Italien, wo sie in der Lage war, uralte Dokumente zu lesen und zu übersetzen, die in altem Italienisch geschrieben worden waren, demselben Dialekt, den der Heilige Franz von Assisi gesprochen hatte. Sie hatte ihn noch nie zuvor gehört. Die Franziskanerbrüder konnten sie perfekt verstehen – sie führte sie zurück zu ihren Wurzeln.

Einmal diente ich in Guatemala City und sprach zu einer Versammlung von Leitern, als ich den Eindruck hatte, dass wir fünfzehn Minuten laut zusammen in Sprachen beten sollten. Wir fingen also damit an, und weil ich vorne stand, betete ich ins Mikrofon. Plötzlich stoppte mich Harold Caballeros, der apostolische Hauptleiter der Gruppe. „Weißt du überhaupt, was du da sagst?", fragte er mich auf Englisch. Harold kennt eine ganze Menge Sprachen

„Naja", stutzte ich. „Ich spreche in Zungen."

Harold hielt zwei Finger hoch. „Du sprichst zwei verschiedene Sprachen", sagte er. „Als Erstes sprichst du Koreanisch. Und zweitens sprichst du K'iche', die Muttersprache der zentralamerikanischen

Hügelstämme." (Der Name der Sprache klang für mich wie „Kiesch"; ich hatte nie zuvor davon gehört.)

Das war natürlich erstaunlich. Doch es geht noch weiter. Wir gingen dann alle zum Weltevangelisationskongress, der in einem Tagungszentrum in Guatemala City abgehalten wurde. Ich sprach auf dem Podium, als eine Salbung für die Zungenrede auf mich kam. Beinahe augenblicklich kamen ungefähr hundert kleine Männer und Frauen nach vorne gerannt, alle mit dem gleichen bedruckten Stoff gekleidet, was sie als Bewohner des gleichen Dorfes kenntlich machte. Offensichtlich hatte ich wieder in K'iche' gesprochen und sie aufgefordert, nach vorne zu kommen. In diesem Fall war es nicht nötig, die Zungenbotschaft auszulegen, denn K'iche' war ihre Muttersprache, und diese Männer und Frauen verstanden jedes Wort. Der Heilige Geist kam über sie als Gruppe, und sie wurden von seiner herrlichen Kraft überwältigt.

Sei sensibel für den Heiligen Geist

Für das obige Beispiel war keine Auslegung der Zungenrede nötig. Genauso wenig wie am Pfingsttag, denn auch dort verstanden die Leute die Botschaft ganz einfach in ihrer Muttersprache. Aber in Situationen, in denen Auslegung benötigt wird, ist es gut, bereit zu sein. Und der einzige Weg bereit zu werden, ist, in unserer Erfahrung zu wachsen, auf den Heiligen Geist einzugehen, wodurch wir sicherer werden und unsere „geistlichen Muskeln" aufbauen.

Bitte den Geist darum, deine Gabe der Zungenrede auszubauen, indem er dir die Auslegung der Zungenrede gewährt. Erwecke die Gabe und lerne durch jede Gelegenheit etwas Neues. Gerade wenn du ein Anfänger bist, wirkt der Herr oft stärker und klarer. Und wenn du dann sensibler für seine Signale und insgesamt sicherer wirst, verringert sich die Intensität etwas.

Wenn du in deiner persönlichen Zeit mit Gott in „geheimnisvollen Sprachen" sprichst, musst du dich nicht um die Auslegung kümmern. In dieser Zeit ist es absolut richtig, sich in Gott zu verlieren und im Geist zu beten und zu singen (obwohl es natürlich nicht „regelwidrig" ist, eine Auslegung deiner eigenen Zungenrede zu empfangen). Aber versuche in deiner Sensibilität für Gottes Stimme zu wachsen, besonders für die Gelegenheiten, wenn eine öffentliche Botschaft in Zungen eine Auslegung erfordert.

Ein Zeugnis der Gabenfreisetzung

Kürzlich hatte ich gerade eine Physio-Therapiebehandlung hinter mir und war auf dem Weg zum Lebensmitteleinkauf für den Geburtstag meiner ältesten Tochter. Sie wünschte sich Schokoladenkäsekuchen, und ich wusste, wo man den besten bekam. Aber während ich aus dem Parkplatz des Physiotherapeuten manövrierte, kam mir der Name eines anderen Lebensmittelladens in den Sinn. Ich dachte mir: *Das macht doch keinen Sinn ... Das ist nicht der richtige Laden.* Aber der Name kam immer wieder, wie ein hartnäckiges Wort der Erkenntnis, was es auch war. Also fuhr ich zu dem Geschäft, von dem ich wusste, dass es nicht haben würde, was ich kaufen wollte.

Als ich ankam und durch die Schiebetüren hineinging, stand dort eine junge Mutter mit zwei Kindern und strahlte mich an. Sie kam langsam auf mich zu und fragte, ob ich etwa James Goll sei. Ich antwortete ein wenig spaßig: „Manchmal." Ihre Augen leuchteten auf wie ein Christbaum und sie begann zu reden wie ein Wasserfall. Ihre zwei Kids schauten ihre süße Mutter total gespannt an, während sie immer energiegeladener wurde.

Sie erzählte mir, sie sei sehr hungrig nach mehr vom Herrn gewesen und habe letzte Nacht um zwölf im Internet gesurft, um etwas zu finden, was ihr helfen konnte. Sie sagte mir auch, sie sei in einer Gemeinde, welche die Gaben des Geistes, vor allem die der Zungenrede, als „teuflisch" bezeichnete. Ich lächelte, während ich zuhörte.

„Dann sah ich diese TV-Show letzte Nacht", platzte es aus ihr heraus, „in der eine gewisse Patricia King und ein gewisser James Goll über die Kraft des Zungenredens sprachen. Ich sagte zum Herrn: ‚Wenn das von dir ist, dann will ich das!'" Sie wurde augenblicklich im Heiligen Geist getauft und begann in Zungen zu sprechen – und das bis drei Uhr morgens!

Dann war ich dran und erzählte ihr mehr: „Nun, als Sie mit dem Sprechen begannen, war es so etwas wie Französisch. Stimmt's? Später wechselte es dann in eine Art asiatische Sprache, nicht wahr?

Und dann kam eine Kämpfersalbung auf Sie, und Sie begannen in Sprachen für Ihre Familie zu bitten. So war's, oder?" Sie war mächtig aufgeregt. Ich hatte ihre Erfahrung bestätigt und ausgelegt. Wir hatten eine Erweckungsveranstaltung mitten im Gang eines Lebensmittelladens!

„Ja, woher wissen Sie das?", fragte sie

„Oh, ich weiß sowas manchmal einfach", antwortete ich.

Sie erzählte weiter, sie habe nach drei Stunden zum Herrn gerufen und gesagt: „Herr, wenn das wirklich von dir ist, dann lass mich diesen verrückten James Goll heute treffen."

„Bitte, hier bin ich", bestätigte ich. „Und der Heilige Geist führte mich direkt hierher. Ach, apropos, wissen Sie, wo ich hier Käsekuchen finde?" Ich bekam, wofür ich gekommen war, und sie empfing eine Bestätigung dafür, dass ihre Erfahrung echt gewesen war.

Wenige Wochen später diente ich einer lebendigen, neuen und geisterfüllten Gemeinde in meiner Gegend. Am Ende signierte ich ein paar Bücher. Da überraschte mich dieselbe Frau, indem sie an meinen Tisch kam. Sie war sehr aufgeregt und erzählte mir, dass sie jetzt diese wirkliche Gemeinde besuche!

So ist das! Ich wollte nur einen Käsekuchen kaufen. Aber sie wollte „mehr vom Herrn"!

Jetzt nutze deine Gabe

Bist du jetzt dran, die Auslegung der Zungenrede anzuwenden? Hast du „etwas bekommen"? Praktiziere es zu Hause. Trainiere es, während du deine Wäsche erledigst oder dein Auto reinigst. Tu es, wenn du auf Gebetsspaziergängen in der Nachbarschaft unterwegs bist. Bete und singe zuerst im Geist; dann schalte von der Zungenrede in die Auslegung um – bete und singe mit dem Verstand. Es werden sich Geheimnisse offenbaren. Du wirst deine Gebete verstehen und Offenbarung erhalten. Vielleicht geschieht Evangelisation.

Die Wunder warten geradezu darauf auszubrechen, während du dich zwischen dem Natürlichen und dem Übernatürlichen hin und her bewegst!

Herr, ich bin so dankbar, dass du die Gaben des Geistes rund um den Globus ausgießt. Ich bekenne, dass ich hungrig und durstig nach mehr von dir bin. Leite mich darin, wie ich in Sprachen beten und meine Gebete klar auslegen kann. Setze neue Kraft in mir frei. Lass durch mich neue Wege sichtbar werden, wie der Geist uns leitet, wobei deine Frucht und deine Gaben gleichermaßen zum Zug kommen. Die Liebe soll mein Ziel sein und ich verlange ernsthaft nach deinen geistlichen Gaben. Danke, Herr, dass ich in einer Zeit wie dieser leben darf! Amen.

Kapitel 12

Die Gabe der Prophetie

Keine Prophetie hat je ihren Ursprung im Willen eines Menschen gehabt. Vielmehr haben Menschen, vom Heiligen Geist geleitet, im Auftrag Gottes geredet.

2. Petrus 1,21

Vielleicht überrascht dich das, aber Leute mit der Gabe der Prophetie sagen nicht unbedingt zukünftige Ereignisse vorher. Meistens tun sie es nämlich nicht. Auch kamen die meisten von uns, die prophezeien, noch nie auf die Idee, in einem Fellgewand nach Art Johannes des Täufers herumzulaufen! Ungeachtet der populären Vorstellungen von Propheten als einsamen Bewohnern der Wildnis, sind sie heute ganz normale Glieder des Leibes Christi, welche die Fähigkeit haben, einen einfachen „menschlichen Bericht über eine göttliche Offenbarung“[1] vorzulegen.

Die Definition der Gabe der Prophetie

Wie Derek Prince sagte, sind Propheten jene, die gelernt haben „eine übernatürlich verliehene Fähigkeit, die Stimme des Heiligen Geistes zu hören und Gottes Gedanken und Rat auszusprechen“ zu empfangen und zu kultivieren, und zwar „… nicht nur zu einer versammelten

---

[1] Storms, Beginner's Guide, 110.

Gruppe von Gläubigen, sondern auch zu einzelnen Personen." Wie hört sich eine typische prophetische Botschaft an? In einem normalen Ton gesprochen, sind Prophetien kurze, übernatürliche Worte der Hoffnung und Ermutigung, oft für eine Person und immer in Übereinstimmung mit der Wahrheit der Schrift. Sie haben drei Hauptziele: Erstens, die Hörer *zu erbauen* oder aufzubauen, um sie in ihrem Glauben zu stärken und sie in ihrem Bemühen, andere mit dem Evangelium zu erreichen, effektiver zu machen, zweitens, *zu ermahnen* oder zu ermutigen und drittens die Angesprochenen *zu trösten* oder aufzumuntern. Folglich ist Prophetie von unschätzbarem Wert als Mittel zur Überwindung „der beiden größten und am meisten von Satan gegen Gottes Volk benutzten Waffen, nämlich Verdammnis und Entmutigung"[2].

Prophetien werden eher in der Alltagssprache des Propheten und seiner Hörer ausgesprochen, als in unbekannten Zungen. Das griechische Wort für *prophezeien* im Neuen Testament ist *propheteia,* und es bedeutet „das Aussprechen der Gedanken und des Rates Gottes".[3] Prophetie fasst die Ziele und Absichten von Gottes Gedanken in Worte, die jeder verstehen kann. Im Alten Testament wird das hebräische Wort *nābâ'* oft mit *prophezeien* übersetzt und bedeutet „sprechen (oder singen) durch Inspiration (als Vorhersage oder einfache Rede)"[4]. Auch wenn sie herauskommen, bleiben prophetische Äußerungen unter der Kontrolle des Sprechers, dessen Verstand und Wille voll beteiligt sind; sie platzen nicht spontan heraus.

Wie die anderen Gaben auch, sollte Prophetie nie wie eine Fertigkeit, eine menschliche Fähigkeit oder ein Talent betrachtet werden. Es ist eine übernatürliche Befähigung. Propheten sprechen Worte aus, die der Geist ihnen für eine bestimmte Situation gegeben hat, und sie beenden ihr Sprechen, wenn ihnen „die Worte ausgehen". Ich sollte noch bemerken, dass Prophetien nicht auf Prosasätze beschränkt sind; manchmal kommen sie in Gedichtform (wie bei

---

[2] Prince, Gifts of the Spirit, 182–83.

[3] W. E. Vine, Vine's Complete Expository Dictionary of Old and New Testament Words (Nashville, TN: Thomas Nelson, Inc., Publishers, 1984, 1986), 492, Greek #4394. All rights reserved.)

[4] Strong's Talking Greek and Hebrew Dictionary, QuickVerse 10, Hebrew #5012.

einigen alttestamentlichen Propheten), und manchmal auch als Lied mit einer Melodie.[5]

Prophetie im Neuen Testament

Die Gabe der Prophetie erscheint in der Schrift in allen Auflistungen der geistlichen Gaben (vgl. 1 Kor 12,10.28; Eph 4,11; Röm 12,6). Außerdem werden Propheten und Prophetinnen viele Male durch das ganze Neue Testament hindurch erwähnt (vgl. Lk 2,36; 7,24-28; Apg 11,27-28; 15,32; 21,9-11). Der Priester Zacharias – Vater von Johannes, dem Täufer – *„wurde mit dem Heiligen Geist erfüllt und begann, prophetisch zu reden"* (Lk 1,67). Er prophezeite über seinen neugeborenen Sohn, dass er aufwachsen würde, um ein Prophet zu werden: *„Und du, Kind, wirst ‚Prophet des Höchsten' genannt werden. Denn du wirst vor dem Herrn hergehen und ihm den Weg bereiten"* (Lk 1,76; Zacharias gesamte Prophetie, vgl. Verse 67-80). Der Eine, dessen Wege Johannes vorbereitete und den er ankündigte, war der langerwartete Messias, Jesus, dessen Leben und Tod so viele alttestamentliche Prophetien erfüllte, dass diesem Thema ganze Bücher gewidmet wurden.

Nachdem Jesus auferstanden und in den Himmel aufgefahren und der Heilige Geist auf seine Jünger ausgegossen worden war, spielte Prophetie eine wichtige Rolle in der Entwicklung der Gemeinschaft von Gläubigen, denen er sein Werk anvertraut hatte. Die Leiter der wachsenden Urgemeinde verließen sich bei ihren Leitungsaufgaben stark auf Gebet und Prophetie. Viele von ihnen konnten prophezeien, allerdings sind nur wenige Namen überliefert. Als zum Beispiel Barnabas und Saulus für spezielle Aufgaben ausgewählt wurden, berichtet der Evangelist Lukas einfach nur, dass *„der Heilige Geist sagte"*, und nennt nicht den Namen des Propheten, durch den er es sprach: *„Während sie aber dem Herrn dienten und fasteten, sprach der Heilige Geist: Sondert mir nun Barnabas und Saulus zu dem Werk aus, zu dem ich sie berufen habe!"* (Apg 13,2 ELB). Es handelte sich bei diesem Wort um eine prophetische Anweisung; es teilte ihnen mit, was sie tun sollten und wie sie es zu tun hätten.

---

[5] Wimber, „Signs and Wonders."

Später erhielt zum Beispiel Timotheus durch Prophetien Einblicke in seine Berufung zum Dienst oder er wurde dadurch während der Ausübung seines Dienstes im geistlichen Kampf gestärkt. Wir wissen das von Paulus' erstem Brief an Timotheus:

> *Diese Anordnung lege ich dir ans Herz, Timotheus, mein lieber Sohn. Sie schließt sich genau an die prophetischen Worte an, die damals über dich gesagt wurden. Lass dich von ihnen ermutigen, den guten Kampf zu kämpfen. Bleib in deinem Glauben fest und bewahre dir ein reines Gewissen* (1 Tim 1,18-19 NeÜ).

Indem er sich das prophetische Wort des Herrn ins Gedächtnis rief, konnte Timotheus *„das Schwert des Geistes, das Wort Gottes"* (Eph 6,17 NeÜ) in die Hand nehmen, das ein so wichtiger Teil der geistlichen Waffenrüstung ist. Es handelt sich bei diesem Schwert nicht etwa um das geschriebene Wort Gottes, wie manche Leute schlussfolgern, sondern vielmehr um das gesprochene Offenbarungswort, das *Rhema* (welches das griechische Wort ist, das im Epheserbrief verwendet wird). Timotheus war für seinen Dienst ausgestattet worden, als ihm eine Gruppe Ältester die Hände auflegte und betete. Dabei wurde ihm mittels eines prophetischen Wortes eine Gabe von Gott verliehen. Auf diese Tatsache bezieht sich Paulus, als er an Timotheus schreibt: *„Lass die Gabe nicht ungenutzt, die Gott dir aufgrund eines prophetischen Wortes und durch Handauflegung der Ältesten geschenkt hat!"* (1 Tim 4,14 NeÜ).

Paulus selbst empfing während seines Lebens und Dienstes immer wieder persönliche prophetische Anweisungen. Was am Ende seines Lebens geschieht, ist sehr aufschlussreich. Paulus muss die besonderen Nuancen von Gottes prophetischer Botschaft besser gehört haben, als die erfahrenen und anerkannten Propheten um ihn herum. Sie alle hatten gehört, dass Paulus verfolgt werden würde, wenn er nach Jerusalem ginge (vgl. Apg 20,22-23). Agabus und offensichtlich auch die vier prophetischen Töchter des Evangelisten Philippus, gemeinsam mit vielen anderen, warnten ihn davor, den Weg nach Jerusalem fortzusetzen (vgl. Apg 21,4; 8-11). Agabus führte diesbezüglich sogar eine prophetische Handlung aus:

> *Da kam von Judäa ein Prophet namens Agabus herab und suchte uns auf. Er nahm den Gürtel des Paulus, band sich Füße und Hände und sagte: So spricht der Heilige Geist: Den Mann, dem dieser Gürtel gehört, werden die Juden in Jerusalem ebenso fesseln und den Heiden ausliefern* (Apg 21,10–11 REÜ).

Paulus war jedoch keineswegs abgeschreckt. Er hörte sorgfältig zu, was die anderen sagten, aber er bewertete die Lage aufgrund dessen, was der Heilige Geist ihm persönlich mitteilte. Vermutlich versicherte der Heilige Geist ihm, dass er mitten in der Verfolgung gestärkt werden würde, und dass er sich angesichts der aufkommenden Schwierigkeiten nicht zu fürchten brauche. So präzise ihre Worte auch waren, erkannten die Propheten an, dass dies nicht bedeutete, dass sie das ganze Bild vor Augen hatten, und sie respektierten Paulus' Entscheidung. Sie übergingen seinen Willen nicht und zwangen ihm auch nicht ihren Rat auf. In bewundernswerter Weise übernahm Paulus die volle Verantwortung für die Konsequenzen seiner Entscheidung, wofür sowohl persönliche Sicherheit als auch Reife erforderlich waren. Anstatt gegen die Verfolgung zu beten oder vor ihr davonzulaufen, sah er ihr erhobenen Hauptes entgegen. Wir müssen daraus schlussfolgern, dass er in seinem eigenen Geist prophetische Worte der Bestärkung erhielt. Die Leute waren äußerst betrübt, da sie Paulus liebten, doch nahmen sie es hin:

> *Als wir, die wir mit ihm reisten, und die Gläubigen am Ort das hörten, baten wir Paulus inständig, nicht nach Jerusalem zu gehen. Doch er sagte: „Was soll das Weinen? Ihr zerreißt mir das Herz! Ich bin nicht nur bereit, mich in Jerusalem verhaften zu lassen, sondern auch für Jesus, den Herrn, zu sterben." Als uns klar war, dass wir ihn nicht überreden konnten, gaben wir nach und sagten: „Der Wille des Herrn geschehe"* (Apg 21,12-14 NLB).

Im Rest der Apostelgeschichte erfahren wir, dass Paulus in Jerusalem tatsächlich verhaftet wird und damit eine Reihe von Ereignissen beginnt, die schließlich zu seinem Tod führen. Aber wir sehen auch, wie vollkommen der Heilige Geist ihn beschützt und während seines ganzen Weges leitet. Paulus hörte mehr auf die Stimme des Geistes, als dass er auf andere oder auf seine eigenen Gefühle hörte, und er machte seine Sache gut.

Wir sehen also, dass die Gabe der Prophetie von Beginn an zum praktischen Leben der Gemeinde gehörte. Die Leute bekamen diese Gabe häufig gemeinsam mit der Zungenrede als Zeugnis für die Erfüllung mit dem Heiligen Geist. Als Paulus den Gläubigen in Ephesus die Hände auflegte, *„kam der Heilige Geist über sie; und sie redeten in Zungen und in prophetischen Worten"* (Apg 19,6 ZB). Das mag heute nicht unbedingt normal sein, aber ich habe es auch selbst so erfahren. Ich begann schon zu prophezeien, bevor ich über Prophetie gelehrt wurde, bevor ich überhaupt etwas davon gehört hatte und sogar lange bevor ich voll in der Gabe der Zungenrede freigesetzt wurde.

Prophetie bewerten und prüfen

Die meisten Prophetien kannst du nicht ohne Prüfung nehmen, auch wenn sie aufrichtig und einfach erscheinen. Gottes Größe kann niemals von einem menschlichen Wesen in ein paar gesprochene Worte gepackt werden, und jedes begrenzte, menschliche Gefäß ist anfällig für Fehler. Paulus schrieb: *„Denn was wir erkennen, ist immer nur ein Teil des Ganzen, und die prophetischen Eingebungen, die wir haben, enthüllen ebenfalls nur einen Teil des Ganzen"* (1Kor 13,9). Als betagter Mann schrieb Johannes: *„Liebe Freunde, glaubt nicht jedem, der behauptet, seine Botschaft sei ihm von Gottes Geist eingegeben, sondern prüft, ob das, was er sagt, wirklich von Gott kommt. Denn in dieser Welt verbreiten jetzt zahlreiche Lügenpropheten ihre falschen Lehren"* (1 Joh 4,1). Alle Prophetien, ungeachtet dessen, wer sie ausspricht oder wie wichtig sie scheinen, sollten sich anhand der folgenden neun Kriterien der Schrift erhärten lassen:

1. Erbaut, ermahnt oder tröstet die Offenbarung?
2. Stimmt sie mit dem geschriebenen Wort Gottes überein?
3. Verherrlicht sie Jesus Christus?
4. Bringt sie gute Frucht hervor? Bringt der Charakter des Propheten ebenfalls gute Frucht hervor?

5. Wenn sie ein zukünftiges Ereignis vorhersagt, geschieht es dann auch?
6. Führt das prophetische Wort die Leute zu Gott hin oder von ihm weg?
7. Bewirkt es Freiheit oder Gebundenheit?
8. Bewirkt es Leben, oder bringt es Tod?
9. Bestätigt der Heilige Geist die Prophetie als Wahrheit?[6]

Wir sollten niemals die Weisheit ignorieren, die darin liegt, prophetische Worte zu prüfen, besonders solche, die in gewisser Weise richtungsweisend sind. Derek Prince schrieb:

> Als Paulus nach Jerusalem reiste, war es beinahe so, als müsste er eine Reihe von Ampeln passieren. Er kam in einen Ort nach dem anderen und jedes Mal war die Ampel rot – stopp. Also hielt er an und wartete. Sprang die Ampel auf Grün, zog er zum nächsten Ort weiter, wo es wieder eine rote gab. Er wartete auf Grün, und so weiter. In diesem Abschnitt seines Lebens und Dienstes sehen wir durchweg, wie der Geist durch andere Gläubige Paulus bezeugte, was vor ihm lag – in einer Kombination aus Prophetie und anderen Gaben … Man kann sogar sagen, dass diese wunderbaren Gaben des Geistes Paulus in seinem Dienst unterstützten und ihn leiteten.[7]

Das Prüfen prophetischer Worte ist aber nicht nur eine Schutzmaßnahme gegen schlechte Entscheidungen, sondern auch Teil der prophetischen Reifung. Propheten treten jedes Mal, wenn sie ein Wort zu jemandem sprechen, auf ein Hochseil hinaus, aber das gemeinsame Urteilsvermögen spannt dabei ein Sicherheitsnetz auf.

Ziele der prophetischen Gabe

Gott ist unser guter Vater, und er will uns ermutigen und ermahnen (vgl. beispielsweise Hosea 6,1-3). Für jede neue Generation wählt er

---

[6] Siehe z. B. Prince, Gifts of the Spirit, 203-222.
[7] Ebd., S. 192

Propheten aus, um frische Worte freizusetzen, mit denen er seine Ziele erreichen will. Paulus beschrieb die drei Hauptziele der Prophetie: *„Wer aber prophetisch redet, der redet zu Menschen zur Erbauung und zur Ermahnung und zur Tröstung"* (1 Kor 14,3 LUT). Wie wir bereits vorher feststellten, bedeutet *Erbauung*, die Leute in ihrem Glauben aufzubauen und sie zu befähigen, ihren Dienst effektiver ausüben zu können. *Ermahnung* beinhaltet sowohl Warnungen als auch Ansporn zu guten Taten und entspricht Ermutigung. *Tröstung* spendet Trost und lindert manche Nöte.

Prophetische Ermutiger nenne ich gerne „Barnie-Boys" und „Barnie-Girls", nach Barnabas, einem Leiter in der Urgemeinde. „Barnabas" war eigentlich nur ein Kosename, in Wirklichkeit hieß er Josef und war ein Levit von der Insel Zypern (vgl. Apg 4,36). Sein neuer Name bedeutete „Sohn der Ermutigung". So wie Barnabas die Glieder der frühen Gemeinde aufbaute, tun das auch die „Barnie-Boys" der heutigen Zeit (wie mein Feund Mickey Robinson, ein internationaler Autor und Sprecher). Zu meiner persönlichen prophetischen Neigung gehört Ermutigung nicht unbedingt, aber ich bin glücklich, einige Leute wie ihn um mich herum zu haben! Wir können einfach nie zu viel Ermutigung und Erbauung bekommen.

Der Heilige Geist nutzt die Gabe der Prophetie auch, um Menschen von Sünde zu überführen und sie von Gottes guten Absichten für sie zu überzeugen. Folgendes lesen wir in Paulus' Anweisung über die Nutzung der Gabe in öffentlichen Versammlungen:

> *Und dann stellt euch vor, ihr alle verkündet prophetische Botschaften. Wenn jetzt jemand dazukommt, der vom Glauben nichts oder nicht viel weiß, macht alles, was ihr sagt, ihm bewusst, dass er ein Sünder ist. Durch alles, was er hört, sieht er sich zur Rechenschaft gezogen, und seine verborgensten Gedanken kommen ans Licht. Er wird sich niederwerfen, um Gott anzubeten, und wird ausrufen: „Gott ist wirklich in eurer Mitte!"* (1 Kor 14,24-25).

Heute lehren einige Leute fälschlicherweise, die Überführung durch Prophetie sei nur für die Ungläubigen gedacht, wie es in diesem Bibelabschnitt dargestellt ist. Ich glaube allerdings, dass sie sich an uns alle wendet, denn auf unserem Weg der Heiligung müssen wir alle sowohl überführt als auch überzeugt werden. Genauso, wie das Licht Gottes die Herzen von Ungläubigen und Suchenden durchdringt, durchleuchtet es auch unseres – Schicht um Schicht. Während der Heilige Geist wirkt, *„wird er die Welt überführen* (oder überzeugen). *Er wird den Menschen die Augen öffnen über Sünde, Gerechtigkeit und Gericht"* (Joh 16,8 NeÜ). Und eine Art, wie der Geist dies tut, ist durch das Sprechen seines *Rhema*-Wortes – durch Propheten wie dich und mich.

Prophetie ist sowohl eine Offenbarungsgabe, als auch eine Sprachgabe, und Gott nutzt sie, um uns zu lehren und zu unterweisen: *„Auf diese Weise hat ... jeder von euch die Möglichkeit, eine prophetische Botschaft weiterzugeben, sodass dann alle etwas lernen und alle ermutigt werden"* (1 Kor 14,31). Kein einziger Prophet oder Lehrer kann alles lehren – es wird ein ganzes „Bündel von Salbungen" benötigt, um die Sache wirklich gut zu machen. Propheten liefern einer nach dem anderen ihre Puzzleteile an Weisheit und Erkenntnis ab, und wenn sie ihr Tagwerk beendet haben, ist Gottes Volk stärker als vorher geworden.

Wie empfängt man prophetische Worte?

Man kann prophetische Worte auf alle möglichen Arten empfangen, manche sind üblicher als andere. Einige davon beschreibe ich nachfolgend.

1. Durch vorher nicht überlegte Äußerungen.[8]

Viele Prophetien „sprudeln" von innen hervor, inspiriert durch Eindrücke und Gedanken, die ausgesprochen oder aufgeschrieben werden. Bischof Bill Hamon von *Christian International* ist hierin Experte. Er hat möglicherweise mehr Leute in dieser Form der Prophetie aktiviert als irgendein anderer in der Kirchengeschichte. Zwar würde ich einige prophetische Worte, welche durch Warten auf den Herrn empfangen wurden, eher als Worte der Erkenntnis betrachten,

---

[8] Durch Äußerungen aufgrund von inneren, geistlichen Impulsen, ohne sie vorher durchdacht zu haben – Anm. d. Übers.

aber beides bewirkt, dass sich der Sinn Christi herauskristallisieren kann (vgl. beispielsweise 1 Kor 2,12-16).

2. Durch Visionen oder in „Trance"

Prophetie wird nicht immer Wort für Wort empfangen; oft kommt sie in visueller Form. Visionen sind innere Bilder, durch welche Gott kommuniziert und dabei Symbole oder hörbare Anweisungen benutzt. In der jüngeren Geschichte der Gemeinde war Bob Jones, mein „prophetischer Papa", darin ein Vorreiter. Dieser Mann schien Tag und Nacht in den himmlischen Bereichen zu leben, und Visionen vom Herrn waren sein tägliches Brot.

Als Gott den Jünger namens Ananias zu Saul nach Damaskus senden wollte, sprach er *„in einer Vision"* zu ihm (vgl. Apg 9,10-16). Auch andere Beispiele prophetischer Visionen sind reichlich vorhanden, so wie die ehrfurchtgebietende, welche Jesaja empfing: *„Im Todesjahr des Königs Usija, da sah ich den Herrn sitzen auf hohem und erhabenem Thron, und die Säume seines Gewandes füllten den Tempel"* (Jes 6,1; vgl. auch z. B. 4. Mose 24,1-6).

Über Trancen wird nicht so viel gesprochen wie über Visionen, obwohl es dazu viele vertrauenswürdige Beispiele in der Schrift gibt. Eine Trance[9] ist ein seherischer Zustand, in dem das natürliche Bewusstsein und der Wille einer Person aufgehoben und von Gott übernommen werden, damit Gott etwas Wichtiges mitteilen kann. Als zum Beispiel Petrus gesagt wurde, er solle seine jüdischen Vorstellungen bezüglich „Unreinheit" ablegen und das Haus eines heidnischen Hauptmanns aufsuchen, versetzte Gott ihn in eine Trance, bevor er in einer Vision zu ihm sprach:

> *Am folgenden Tag, als jene unterwegs waren und sich der Stadt näherten, stieg Petrus um die sechste Stunde auf das Dach des Hauses, um zu beten. Da wurde er hungrig und wünschte etwas*

[9] Wikipedia, 05.04.2018: Trance (lat. transire hinübergehen, überschreiten) ist ein Sammelbegriff für veränderte Bewusstseinszustände mit einem intensiven mentalen Erleben. In Abgrenzung zum gewöhnlichen Wachbewusstsein sind diese Zustände durch folgende Merkmale gekennzeichnet: eine hochfokussierte Konzentration auf einen Vorgang, bei gleichzeitiger, sehr tiefer Entspannung, eine Ausschaltung des logisch-reflektierenden Verstandes.

zu essen. Während man etwas zubereitete, geriet er in Ekstase[10]*, und er sah den Himmel offen und eine Art Gefäß herabkommen, wie ein großes Leinentuch, das an seinen vier Enden gehalten auf die Erde herabgelassen wird. Darin befanden sich alle möglichen Vierfüßler und Kriechtiere der Erde und Vögel des Himmels. Und eine Stimme ertönte und sagte zu ihm: Steh auf, Petrus, schlachte und iss! Petrus aber sprach: Auf keinen Fall, Herr! Noch nie habe ich etwas Gemeines oder Unreines gegessen. Und wiederum ertönte die Stimme und sagte ein zweites Mal zu ihm: Was Gott für rein erklärt hat, das nenne du nicht unrein. Dies geschah noch ein drittes Mal, dann aber wurde das Gefäß in den Himmel hochgezogen* (Apg 10,9-16 ZB).

Der Apostel Johannes empfing auf der Insel Patmos das gesamte Buch der Offenbarung, während er sich *„im Geist"* (in einer vom Heiligen Geist inspirierten Trance) befand: *„Ich war an des Herrn Tag im Geist, und ich hörte hinter mir eine laute Stimme wie von einer Posaune, die sprach: Was du siehst, schreibe in ein Buch und sende es den sieben Gemeinden"* (Offb 1,10-11 ELB).

3. Durch Träume (nächtliche Visionen)

Ich erhalte eine Menge meiner prophetischen Einsichten durch Träume. Um dies zu erleichtern, bete ich, bevor ich schlafen gehe, und bitte Gott, zu mir zu sprechen, und manchmal mache ich mir auch eine Anbetungs-CD an. Die prophetischen Worte, die ich empfange, sind nicht nur für mich selbst, obwohl ich sagen würde, dass ich einen großen Prozentsatz der Anweisungen, über was und wo

---

[10] Anm. d. Übers: Im Neuen Testament wird der griechische Begriff *ekstasis* verwendet, der in den verschiedenen Übersetzungen mit Ekstase (z. B. Zürcher Bibel), Verzückung (z. B. Elberfelder Bibel) oder Vision (z. B. Neue Genfer Übersetzung) übersetzt wird. In der Worterklärung der Elberfelder Studienbibel von 2005 wird der Begriff unter der Nummer 1595 (NT) u.a. wie folgt erklärt: ekstasis – Außersichsein … Es bezeichnet einen Zustand des Geistes, in dem dieser sozusagen aus sich selbst herausgeführt, außer sich ist und sich selbst verloren hat. So bedeutet es … heilige Ekstase oder Entrückung des Geistes aus sich selbst heraus oder Verzückung, bei der der Gebrauch der äußerlichen Sinnesorgane und das Bewusstsein ausgeschaltet ist und Gott etwas in besonderer Weise offenbart …

ich schreiben oder sprechen soll, durch Träume erhalte. Oft genug empfange ich auch etwas für andere, damit sie ein größeres Verständnis dafür bekommen, wie sehr Gott sie liebt.

Der Herr erklärte, wie er durch prophetische Träume kommuniziert, als er aus der Wolkensäule zu Aaron und Miriam sprach: *„Hört doch meine Worte! Wenn ein Prophet des HERRN unter euch ist, dem will ich mich in einer Erscheinung zu erkennen geben, im Traum will ich mit ihm reden"* (4 Mose 12,6 ELB). Hier noch zwei Beispiele prophetischer Träume, die ich dir empfehle anzuschauen: Daniel 7,1-28 (*„... sah Daniel einen Traum und Visionen seines Hauptes auf seinem Lager. Dann schrieb er den Traum auf ..."*) und 1. Mose 37,5-9 (Josef hatte prophetische Träume über seine Zukunft als Herrscher, vor dem sich seine Brüder verbeugen würden).

Prophetische Träume können sich auch heute noch ereignen, so wie der Herr es durch den Propheten Joel ankündigte (und wie später, an Pfingsten, durch Petrus in Apostelgeschichte 2 zitiert): *„Und danach wird es geschehen, dass ich meinen Geist ausgießen werde über alles Fleisch. Und eure Söhne und eure Töchter werden weissagen, eure Greise werden Träume haben, eure jungen Männer werden Visionen sehen. Und selbst über die Knechte und über die Mägde werde ich in jenen Tagen meinen Geist ausgießen"* (Joel 3,1-2 ELB).

Der verstorbene John Paul Jackson von *Streams Ministries* war einer der Besten von den Besten, wenn es darum ging, Träume zu verstehen. Heute gibt es viele andere, wie zum Beispiel Barbi Breathitt und Doug Addison. Ich glaube, dass Gott in dieser Generation eine echte prophetische Truppe zusammenstellt.

4. Durch den Besuch von Engeln

Ein Beispiel dieser Art von prophetischer Kommunikation sehen wir in den ersten zwei Versen der Offenbarung:

> *In diesem Buch enthüllt Jesus Christus, was ihm von Gott über die Zukunft gezeigt worden ist. Gott hatte ihm den Auftrag gegeben, seine Diener wissen zu lassen, was kommen muss und schon bald geschehen wird. Deshalb sandte Jesus seinen Engel zu seinem Diener Johannes mit der Anweisung, ihn die zukünftigen Dinge sehen zu lassen. Johannes nun berichtet alles so, wie es*

ihm gezeigt wurde und wie er es als Botschaft Gottes von Jesus Christus empfangen hat (Offb 1,1-2).

Zwei weitere Beispiele: Ein Engel brachte dem römischen Hauptmann Kornelius eine Botschaft mit der dringenden Aufforderung, Petrus zu sich einzuladen (vgl. Apg 10,1-7;22), und ein Engel kam zu Paulus an Bord eines sturmgebeutelten Schiffes, um ihm zu versichern, dass er und alle anderen auf dem Schiff bewahrt werden würden, eine Nachricht, die Paulus auch an die angsterfüllten Seeleute weitergab (vgl. Apg 27,23-26).

Wie man prophetische Worte freisetzt

Prophetische Worte können auf vielfältige Weise freigesetzt oder ausgedrückt werden: durch einfaches Sprechen, durch prophetische Gesten und Handlungen, durch Schreiben, durch Singen oder von Musikinstrumenten begleitet und durch beliebig viele Formen der kreativen Kunst.

1. Durch einfaches Sprechen

Der Prophet spricht zu einer Gruppe von Leuten oder zu einem Einzelnen, um das prophetische Wort zu übermitteln (vgl. beispielsweise 1 Kor 14,4.6.19). Einer meiner Freunde war kein großer Bühnenprediger; stattdessen war er ein hervorragender Gesprächspartner in der Geschäftswelt, der denjenigen, mit denen er sprach, ständig prophetische Einblicke weitergab. Genau davon brauchen wir mehr, um alle Teile der Gesellschaft zu erreichen.

2. Durch prophetische Gesten und Handlungen

Ein gutes Beispiel dafür ist das, was der Prophet Agabus tat, um Paulus vor dem zu warnen, was in Jerusalem geschehen würde (vgl. Apg 21,10-11). Als weitere Beispiele kannst du dir 1. Samuel 15,26-28 und Hesekiel 4 anschauen.

3. Durch Schreiben

Oft schreibe ich ein prophetisches Wort auf, damit man es „lesen kann, wenn man vorbeikommt". Der Herr forderte den Propheten Habakuk auf: *„Was ich dir jetzt zeigen werde, sollst du säuberlich auf Tafeln schreiben, damit es jeder mühelos im Vorbeigehen lesen kann"* (Hab 2,2 NLB). Habakuk nutzte einen Griffel und Tontafeln anstatt eines Computers, eines Blogs oder MP3s, aber der Gedanke war der gleiche. Ein Wort aufzuschreiben ist auch ein Mittel, um jemanden um Bestätigung oder Prüfung zu bitten, wenn du dir in Bezug auf das Wort nicht ganz sicher bist, und es ist eine einfache und grundlegende Weise, um aufzuzeichnen, was der Herr gesagt hat.

Zwei weitere Stellen, in denen der Herr seine Propheten anweist, ein prophetisches Wort aufzuschreiben, findet man in Jeremia 36,1-3, wo Jeremia aufgefordert wird, niederzuschreiben, was er empfangen hat, und in Offenbarung 1,10-11, wo Johannes instruiert wird, die umfangreiche Vision aufzuzeichnen, die wir als Buch der Offenbarung kennen.

4. Durch Singen oder von Musikinstrumenten begleitet

Musik hat etwas, was prophetische Inspiration freisetzt. Selbst erfahrene Propheten, wie zum Beispiel Elisa, setzten darauf. Elisa sagte: *„Und nun holt mir einen Saitenspieler. Und es geschah, als der Saitenspieler spielte, da kam die Hand des HERRN über ihn"* (2 Kön 3,15). Ein anderes Beispiel: *„Und David und die Feldhauptleute sonderten aus zum Dienst die Söhne Asafs, Hemans und Jedutuns als Propheten mit Harfen, Psaltern und Zimbeln"* (1 Chr 25,1 LUT). Im Neuen Testament ermutigte Paulus die Gläubigen: *„Das Wort Christi wohne mit seinem ganzen Reichtum bei euch. In aller Weisheit belehrt und ermahnt einander! Singt Gott Psalmen, Hymnen und geistliche Lieder in Dankbarkeit in euren Herzen!"* (Kol 3,16; vgl. auch Eph 5,19). Heutzutage haben wir Pastoren und prophetische Prediger, die zugleich begabte Musiker sind und einige ihrer klarsten Botschaften beim Singen oder zum Beispiel Pianospielen empfangen, wie zum Beispiel Joseph Garlington, Julie Meyer und sogar James Goll (!).

5. Durch beliebig viele Formen der kreativen Kunst

Diese Art, ein prophetisches Wort zu vermitteln, wurde in der Gemeinde heute wiederentdeckt. Es verwundert die Leute nicht mehr, prophetische Tänzer, ein prophetisches Schauspiel oder prophetisches Malen mitten in einer Gottesdienstfeier zu sehen. Die Tänzer, Schauspieler und Künstler lassen sich vom Heiligen Geist inspirieren und setzen „Worte“ frei, die dynamischen, sich entfaltenden Visionen gleichen.

Manchmal werden prophetische Worte als eine Art „Aroma“ in einer Predigt oder einer anderen Mitteilungsform verwendet, beispielsweise in einem Seelsorgegespräch oder einem Fürbittegebet. Oft macht derjenige, der solche Worte ausspricht, dabei keinen Unterschied zwischen ihnen und der normalen Sprache. Aber ungeachtet der Verpackung drückt sich der Heilige Geist auf eine Weise aus, welche die Zuhörer segnet und die erwünschten Ziele erreicht.

Sollte jedes prophetische Wort zum Ausdruck kommen? Ich denke nicht! Manches ist einfach „zu heiß“ für den gegenwärtigen Augenblick und sollte erst mal „abgelegt“ werden, um später – abhängig von Bestätigung und Feinabstimmung – wieder in Erscheinung zu treten. Ich persönlich habe über manche Worte mehr als fünfzehn Jahre gebetet, bevor ich die Erlaubnis verspürte, sie der betreffenden Person mitzuteilen. In den heutigen Weltereignissen geschehen Dinge, die mir bereits 1987 vom Geist mitgeteilt wurden. Ich weiß also, dass Geduld – eine Frucht des Geistes – ihren Lohn hat!

Andere Worte sind einfach zu persönlich, um sie weiterzugeben; sie gehören nur in die Beziehung zwischen dir und dem Herrn, der zu dir als Freund spricht. Bewahre diese Worte wie Maria in deinem Herzen und lass sie dir eine Hilfe sein, deinem Hirten noch enger zu folgen (vgl. Lk 2,19).

In der Gabe der Prophetie reifen

Wie die anderen Geistesgaben funktioniert auch die Prophetie nicht nur im Rahmen einer Versammlung von Gläubigen, wo jemand hinter dem Mikrofon steht und ein Wort Gottes ausspricht.

Wir alle mit der prophetischen Gabe haben aus der Erfahrung gelernt, haben in verschiedenen Situationen „das Terrain sondiert“, während wir in der Gabe gereift sind, und haben uns angeeignet, wachsam für das Wort des Herrn zu bleiben und zu entdecken, wo Gott uns am besten gebrauchen kann.

Einige hören ihn am besten, wenn sie sich allein im Gebet befinden, und viele bekommen dabei gleich eine Anweisung, wie sie auf der Basis ihrer Offenbarungen in die Fürbitte gehen können. Andere sprechen im Umfeld von Gebetsgruppen oder seelsorgerlichen Gebetstreffen. Manche Fürbitter finden heraus, dass die Gabe auf ihren Gebetsspaziergängen fließt, während andere lernen, Gottes Anweisungen bei evangelistischen Einsätzen zu hören (denk einmal darüber nach, wie das bei Jesus und der samaritanischen Frau in Johannes 4,4-40 lief).

Im Blick auf die Reifung in dieser Gabe gibt es vier Kategorien von prophetischer Offenbarung: den *Geist* der Prophetie, die *Gabe* der Prophetie, den *Dienst* der Prophetie und das *Amt* des Propheten. Es ist wichtig, diese verschiedenen Ausprägungen zu verstehen und ihren Platz zu kennen.

1. Der Geist der Prophetie

Der Geist der Prophetie bezieht sich auf die Gelegenheiten, in denen Gottes Geist eine Gruppe von Leuten in seine Herrlichkeit eintaucht. Gott manifestiert in diesem Fall seine Gegenwart in der Mitte einer Versammlung so stark, dass jeder prophezeien kann, ob er ansonsten eine Gabe der Prophetie für sich beansprucht, oder nicht. In der Schrift sehen wir den Geist der Prophetie in der Geschichte von König Saul:

> *Sobald Saul hörte, dass David sich in der Prophetensiedlung in Rama aufhielt, schickte er Männer hin, die David gefangen nehmen sollten. Als sie dort ankamen, weissagten die Propheten gerade unter der Leitung Samuels. Kaum sahen das die Boten Sauls, kam der Geist Gottes über sie, sodass auch sie prophetisch zu reden begannen. Als Saul davon erfuhr, schickte er sogleich andere Boten nach Rama. Doch es ging ihnen nicht anders als den ersten. Und auch die dritte Gruppe, die der König nach Rama sandte, fing sofort an zu reden, was Gott ihnen eingab* (1 Sam 19, 19–21 HFA).

2. Die Gabe der Prophetie

Die Gabe der Prophetie, die wir in diesem gesamten Kapitel betrachtet haben, ist die geistliche Gabe, die Gott seinem Volk großzügig gibt, um es zu erbauen und ihm zu helfen, mit sicheren Schritten des Glaubens voranzugehen (vgl. noch einmal 1 Kor 12,10; 14,6.24.31).

3. Der Dienst der Prophetie

Menschen, welche die Gabe der Prophetie im Laufe der Zeit konsequent ausüben, haben einen Dienst der Prophetie. In ihnen „wohnt" die Gabe sozusagen, unabhängig von Gelegenheiten oder Umständen.

4. Das Amt des Propheten

Das Amt eines Propheten (oder einer Prophetin) geht über den Dienst hinaus. Diese Propheten sollten meiner Ansicht nach auch den Titel „Prophet" tragen. Um einen kurzen Blick darauf zu werfen, wie sie im Neuen Testament wirkten, schau dir folgende Schriftstellen an: Apg 13,13-3; 15,32; 21,10-11; 1 Kor 12,28-29; Eph 2,18-22; 3,4-6; 4,11-13. Sie sind den Propheten des Alten Testaments vergleichbar, welche andere Propheten in „Schulen" um sich scharten.

Leute im Amt des Propheten sind Zurüster; sie können anderen mitteilen, wie die Gabe funktioniert. Viele andere, die prophezeien, können das nicht – sie tun es einfach (einige von ihnen ganz brillant). Propheten im Amt sind wie geistliche Väter und Mütter oder Ausbilder. Neben der Weitergabe der Worte, die Gott ihnen gibt, liegt ihr Schwerpunkt auf der Multiplikation. Sie lehren und leben einen prophetischen Lebensstil vor. Sie haben die Glaubwürdigkeit und die Autorität erworben, um denen, die in den Grundfunktionen der Prophetie operieren (Erbauung, Ermahnung und Ermutigung, Tröstung), Richtungsweisung und Korrektur zu geben.

1. Korinther 12,28 bezieht sich auf das Amt des Propheten: *„Und Gott hat in der Gemeinde eingesetzt erstens Apostel, zweitens* ***Propheten***[11]*, drittens Lehrer, dann gab er die Kraft, Wunder zu tun, dann Gaben, gesund zu machen, zu helfen, zu leiten und mancherlei*

[11] Hervorhebung durch den Autor

Zungenrede" (LUT). Es ist mit dem Amt des Apostels gepaart (vgl. Eph 2,20; 3,5). Die jeweilige Reife und Autorität solcher Propheten entspricht dabei der eines Apostels (nicht so sehr der des Pastors, da diese nur Autorität über eine lokale Gemeinde haben). Apostel sind „Bauleute", genau wie die, welche im Amt des Propheten wirken. Wenn ein bekannter Prophet (hier rede ich jetzt vom Dienst, nicht vom Amt) in eine örtliche Versammlung kommt, sollte er deshalb nicht die Autorität des Pastors an sich reißen, sondern stattdessen die gegebenen Grenzen respektieren. Er sollte segnen und ermutigen, anstatt göttliche Anweisungen und Korrekturen zu geben.

Mit anderen Worten: Es gibt einen Unterschied zwischen Offenbarung und Autorität. Du kannst prophetische Offenbarungen empfangen, aber das autorisiert dich nicht für direkte Entscheidungen im Leib Christi. Wenn du nicht als Prophet im Amt anerkannt bist, fehlt dir nicht nur die geistliche Autorität, sondern auch die Weisheit, um das Wort des Herrn auszulegen und anzuwenden. Das bedeutet nicht, dass du etwas Falsches empfangen hast, sondern nur, dass du nicht so damit handeln kannst, wie wenn du ein reifer Prophet im Amt wärst. (Damit will ich natürlich nicht sagen, dass jeder mit der Gabe der Prophetie auch in das Amt des Propheten eintritt, genauso wenig wie ein Pastor sich unbedingt zum Apostel entwickeln muss. Es hängt von jemandes Berufung ab.)

Fazit: Gott nutzt all die verschiedenen Formen der Prophetie, um in jeder Situation zu seinem Volk zu sprechen. Er nutzt nicht allein das Amt des Propheten, sondern auch den Geist der Prophetie, die Gabe der Prophetie und den prophetischen Dienst.

Das Zeugnis Jesu verkünden

Letztendlich ist jede Prophetie dazu da, das Zeugnis Jesu zu vermitteln. Hier ist Johannes' visionäres Bild aus dem Buch der Offenbarung:

> *Und ich fiel ihm (dem Engel) zu Füßen, um ihn anzubeten. Er aber sagte zu mir: Tu das nicht! Ich bin ein Mitknecht wie du und deine Brüder, die das Zeugnis Jesu festhalten. Gott bete an!* ***Das Zeugnis Jesu ist der Geist prophetischer Rede*** (Offb 19,10 REÜ).

Jesus möchte etwas bezeugen, und er gebraucht dazu Männer und Frauen. Wer ihm als Stimme dient, lenkt die Aufmerksamkeit nicht auf sich selbst, sondern auf die Botschaft und den Botschafter, den Heiligen Geist. Ob die Prophetie sich auf kurz bevorstehende Geschehnisse bezieht oder eine einfache Zusage ist (wie beispielsweise „Fürchte dich nicht!"), sie gibt Zeugnis von dem Lamm, das geschlachtet wurde und nun zur Rechten des Vaters sitzt.

Ja, das Zeugnis Jesu wird durch den Geist der Prophetie weitergegeben. Und ich bin hier, um zu sagen, dass keine der Gaben des Heiligen Geistes aufgehört hat. Wenn du weißt, wo du suchen musst, findest du die Bestätigung, dass alle Gaben heutzutage in beispielloser Weise freigesetzt werden. Ich bin so dankbar für eine neue Generation von Leitern und auch ganz normalen Gläubigen, die in den Offenbarungsgaben, den Kraftgaben und in den Sprachgaben des Heiligen Geistes wirken.

Todd White, der unter denen war, die in der Dokumentation *Holy Ghost* von Darren Wilson gezeigt wurden, wird gebraucht, um die Messlatte höher zu legen und in unseren Tagen prophetische Evangelisten hervorzurufen. Meine Söhne im Glauben, Matt Sorger, Steven Springer und Munday Martin, fließen zusammen mit vielen anderen in großer Leichtigkeit im Prophetischen und Übernatürlichen. Ein neuer Tag hat begonnen! Aber die geistlichen Gaben sind nicht nur für eine kleine Elite, sondern für jeden Gläubigen heute!

Danke, Herr, dass du in dieser Zeit deinen Heiligen Geist ausgießt! Ich bin so dankbar, dass ich in dieser Zeit der Kirchengeschichte leben darf. Gib mir mehr Möglichkeiten, den Wohlgeruch Jesu überall freizusetzen, wo ich hinkomme, und andere durch die Gabe der Prophetie zu ermutigen und zu trösten. Heiliger Geist, komm kraftvoller in mein Leben und in das meiner Familienmitglieder. Bevollmächtige uns in deiner Liebe mit deinen Offenbarungsgaben, um deines Königreichs willen. Preis dem Herrn! Amen!

Ein Aufruf zum Abschluss

Lasst uns in dieser Zeit den Missionsbefehl erfüllen

Darum geht und macht alle Völker zu meinen Jüngern; tauft sie auf den Namen des Vaters und des Sohnes und des Heiligen Geistes und lehrt sie, alles zu befolgen, was ich euch geboten habe. Und siehe, ich bin mit euch alle Tage bis zum Ende der Welt.

Matthäus 28,19-20 REÜ

Die letzten Worte eines Menschen haben stets viel Gewicht. Sie teilen oft das Eine mit, das in ihm brennt, sodass sie einen bleibenden Eindruck bei anderen hinterlassen. Ich weiß das sehr genau. Die letzten Worte, welche ich von meiner verstorbenen Frau, Michal Ann Goll, empfing, kamen auf einer Karte (von einem Engel in ihrem Namen zugestellt!): „Gib niemals, niemals, niemals, niemals auf!" Ich trage die Karte mit diesen eindringlichen Worten in einem blauen Umschlag in meiner Bibel um die ganze Welt. Diese Worte hallen auch nach all diesen Jahren immer noch in mir wider.

Wieviel mehr sollten wir den letzten Worten Jesu aus Matthäus 28,19-20 Beachtung schenken und sie in unseren eigenen Herzen brennen und auch die Motivation unseres heutigen Lebens sein lassen. Wir sollten auch folgende Worte aus der Bibel bedenken: *„Jesus Christus ist derselbe gestern und heute und in Ewigkeit"* (Hebr 13,8). In diese Worte kann man nicht im Geringsten das hineinlesen, was viele Leute heute Jesus quasi in den Mund legen: „Was ich gestern tat, hat gereicht. Es wurde für euch aufgeschrieben, damit ihr's lesen könnt. Ich hab's damals getan, aber, sorry Leute, heute läuft sowas nicht mehr. Ihr könnt über solche großartigen Zeiten leider nur noch lesen!"

Jesus machte, ganz im Gegenteil, kühne Aussagen, die kaum zu überbieten sind, wie zum Beispiel *„Ich versichere euch: Wer an mich glaubt, wird die Dinge, die ich tue, auch tun; ja er wird sogar noch größere Dinge tun. Denn ich gehe zum Vater."* Das kommt nicht von mir, sondern aus Johannes 14,12 im Neuen Testament. Es handelt sich nicht um ein futuristisches Drehbuch über ein imaginäres großes Abenteuer. Es sind die Worte Jesu. Er wartet darauf, dass wir ihm glauben, sodass wir die *„größeren Dinge"* tun können – heute!

Ich trage einen Traum in meinem Herzen. Ich möchte erleben, dass der gesamte, weltumspannende Leib Christi – alle diejenigen, die glauben, dass die Worte Jesu wahr und für jetzt sind – aufsteht, bevollmächtigt durch den Heiligen Geist, um „die Sache anzupacken"! Nicht, um berühmt zu werden (verschon mich damit!), und auch nicht, um ihre Namen ins Licht zu setzen, sondern um die Werke Jesu zu tun, sodass der Ruhm seines Namens weit und breit bekannt wird und die Herrlichkeit des Herrn die ganze Erde bedecken wird, wie das Wasser den Meeresgrund bedeckt (vgl. Habakuk 2,14). Ist mein Traum zu groß? Nun, auch dieser Traum kommt nicht von mir – es ist Gottes Traum!

Ich habe dieses Buch mit einem kurzen Vorwort namens „Tu's einfach!" eröffnet. Nun beschließe ich das Buch mit einem kurzen Aufruf: „Lasst uns in dieser Zeit den Missionsauftrag erfüllen!" Wie bekommt das Leben und die Botschaft Jesu Christi eine Chance, sich in jeder Nation und Volksgruppe auf der ganzen Erde auszuwirken? Wie wird die Weltbevölkerung wahrhaftig verwandelt und zu Jüngern gemacht? Etwa durch das bloße Lesen von Dingen, die Gott in der Vergangenheit tat? Ist sein Name „Jahwe – der Gewesene?" Offenbarte sich Gott als der große „Ich-War"? Ich denke nicht. Er ist der große Ich-Bin!

Springe mitten hinein in das Abenteuer deines Lebens, indem du heute die Gaben des Heiligen Geistes empfängst und freisetzt! Sei um Jesu Christi willen bevollmächtigt, um eine permanente Auswirkung auf die Welt um dich herum zu haben, durch Wort und Tat, mit der wunderbaren, großen Liebe Gottes. Du hast den Auftrag, mit Hilfe der ganzen Palette der geistlichen Gaben die Werke Jesu zu tun – und zwar heute! Ich segne jeden Einzelnen von euch, meine lieben Mit-Arbeiter.

Ich möchte zum Abschluss noch für uns alle beten.

> Vater, wir haben nun das Studium der Gaben deines Heiligen Geistes beendet. So inspiriere nun jeden Gläubigen und jede Gläubige mit der Hoffnungsbotschaft, dass sein bzw. ihr Leben von Bedeutung ist. Lass uns alle von dir initiierte Begegnungen erleben. Herr, du sollst durch alles, was wir tun und sagen, verherrlicht werden. Lass den Wohlgeruch Christi durch unser Leben freigesetzt werden und Auswirkung auf alle unsere Familienmitglieder haben. Bevollmächtige uns wie niemals zuvor, sodass Jesus Christus den Lohn für seine Leiden empfängt. Wir danken dir für die Tage, in denen wir leben. Und wir erklären: „Das Beste kommt noch!" Amen!

James W. Goll

Bibliographie

Bickle, Mike. Growing in the Prophetic: A Practical, Biblical Guide to Dreams, Visions, and Spiritual Gifts. Lake Mary, FL: Charisma House, 2008.

Chavda, Mahesh. The Hidden Power of Healing Prayer. Shippensburg, PA: Destiny Image, 2001.

Fortune, Don, and Katie Fortune. Discover Your God-Given Gifts. Grand Rapids, MI: Chosen Books, 2009.

Goll, James W. Deliverance from Darkness: The Essential Guide to Defeating Demonic Strongholds and Oppression. Grand Rapids, MI: Chosen Books, 2010.

Goll, James W. Living a Supernatural Life: The Secret to Experiencing a Life of Miracles (formerly titled The Beginner's Guide to Signs, Wonders and the Supernatural Life). Ventura, CA: Regal Books, 2013.

Goll, James W. The Lifestyle of a Prophet: A 21-Day Journey to Embracing Your Calling. Grand Rapids, MI: Chosen Books, 2013.

Goll, James W. The Prophetic Intercessor: Releasing God's Purposes to Change Lives and Influence Nations. Grand Rapids, MI: Chosen Books, 2007.

Goll, James W. The Seer: The Prophetic Power of Visions, Dreams, and Open Heavens. Rev. ed. Shippensburg, PA: Destiny Image, 2012.

Goll, James W. and Michal Ann Goll. Angelic Encounters. Lake Mary, FL: Charisma House, 2007.

Goll, James W. and Michal Ann Goll. Dream Language: The Prophetic Power of Dreams, Revelations, and the Spirit of Wisdom. Shippensburg, PA: Destiny Image, 2006.

Goll, James W., and Michal Ann Goll, Jeff Jansen, Patricia King, Mickey Robinson, Ryan Wyatt. Adventures in the Prophetic. Shippensburg, PA: Destiny Image, 2010.

Hagin, Kenneth. The Holy Spirit and His Gifts. 2nd ed. Tulsa, OK: Kenneth Hagin Ministries, 1991.

Ireland, David. Activating the Gifts of the Holy Spirit. New Kensington, PA: Whitaker House, 1998.

Iverson, Dick. The Holy Spirit Today. Portland, OR: City Bible Publishing, 2006.

Johnson, Bill, and Randy Clark. The Essential Guide to Healing. Grand Rapids, MI: Chosen Books, 2011.

Prince, Derek. The Gifts of the Spirit. New Kensington, PA: Whitaker House, 2007.

Pytches, David. Spiritual Gifts in the Local Church. Minneapolis, MN: Bethany House, 1987.

Sandford, John, and Paula Sandford. The Elijah Task. Lake Mary, FL: Charisma House, 2006.

Storms, Sam. The Beginner's Guide to Spiritual Gifts. 2nd ed. Minneapolis, MN: Bethany House, 2012.

Sumrall, Lester. Gifts and Ministries of the Holy Spirit. New Kensington, PA: Whitaker House, 2005.

Wagner, C. Peter. Discover Your Spiritual Gifts. Ventura, CA: Regal Books, 2005.

Wimber, John. „Signs & Wonders & Church Growth" (DVD). Stafford, TX: Vineyard Resources (recorded in the 1980s). (See http://www.vineyardresources. com/equip/.)

Über den Autor

James W. Goll, ist einer, der Jesus liebt. Er ist Mitbegründer von *Encounters Network*, dessen Ziel es ist, durch den Dienst der Prophetie, Fürbitte und Barmherzigkeit das Leben von Menschen zu verändern und Gottes Gegenwart in den Nationen freizusetzen. James ist auch Direktor von *Prayer Storm*, einem 24/7-Gebetshaus, das die neuen Medien nutzt. Und er ist Gründer der *God Encounters Training e-School of the Heart* – wo Glaube und Leben zusammengehen.

Nach einer Zeit als Pastor im Mittleren Westen der USA wurde James in die Rolle eines Zurüsters und Trainers auf internationaler Ebene berufen. Auf vielen Reisen bringt er seine Leidenschaft für Jesus jedem Kontinent. Er ist Mitglied des apostolischen Teams von *Harvest International Ministry* und Berater vieler Dienste in aller Welt. James' Wunsch ist zu erleben, dass der Leib Christi ein Gebetshaus für alle Nationen wird und durch den Heiligen Geist bevollmächtigt wird, die gute Nachricht in jedem Land und Volk zu verbreiten. Er ist Autor zahlreicher Bücher und Handbücher und schreibt für verschiedene Zeitschriften.

James war mehr als 32 Jahre mit Michal Ann Goll verheiratet, bevor diese im Herbst 2008 in ihre himmlische Heimat ging. Sie haben vier wundervolle, erwachsene Kinder, die bereits alle verheiratet sind. James ist jetzt „Opa" von vier hinreißenden Enkelkindern. Er wohnt im südlichen Charme von Franklin (Tennessee) und folgt auch weiterhin leidenschaftlich dem Liebhaber seiner Seele nach.

Mehr Information unter:

www.encountersnetwork.com | www.prayerstorm.com
www.compassionacts.com | www.GETeSchool.com

E-Mail: info@encountersnetwork.com *oder* inviteJames@gmail.com

Weitere Produkte von GloryWorld-Medien

„Himmlische Bücher für die Erde"

James Goll

Der Prophet

Eine gesunde prophetische Kultur fördern und bewahren

216 S., Paperback

Dieses Buch bringt dich im Prophetischen voran, was die Welt gerade jetzt braucht. Es gibt dir Wegweisung, wie du das Prophetische in deinen Einflussbereich hineinbringen kannst, und macht dir auf biblischer Grundlage Mut, deiner Berufung nachzugehen.

James Goll hat eine unbeschreibliche Fülle an Erfahrung als Prophet. Das macht dieses Buch so anders. Er zeigt auf, wie das Prophetische seinen rechtmäßigen Platz in der Gemeinde bekommt – eine Ressource, ohne die wir nicht leben können, wenn wir sie einmal erfahren haben.

Wenn wir im Leib Christi, von Gott geleitet, Propheten in ihre Autorität und in ein Beziehungsumfeld einsetzen können, bringt das Gnade in Situationen hinein und beschleunigt alles, was wir tun.

James Goll

Geistlich wahrnehmen und unterscheiden

Wie wir Offenbarungen empfangen, prüfen und anwenden können; 216 S.

Ich möchte mehr, als nur ein Wort von Gott hören. Ich will dieses Wort werden. Das ist der ultimative Zweck der Offenbarung – dass das Wort Fleisch wird (James Goll).

James Goll erklärt, dass jeder Nachfolger Jesu geistliche Offenbarungen empfangen und prüfen kann, auch wenn einige als Propheten besonders begabt sind.

Im ersten Teil legt er präzise und anschaulich dar, wie wir alle unsere Sinne dem Heiligen Geist hingeben können, damit wir geistlich sehen, hören, fühlen, schmecken, riechen und erkennen können.

Im zweiten Teil geht es um das Prüfen und Anwenden der Offenbarungen. Er erläutert, wie wir zwischen der Stimme Gottes, der Stimme Satans und den Stimmen unserer eigenen Gedanken unterscheiden können.

Und schließlich fordert er uns heraus, das zu werden, was wir von Gott empfangen haben, so wie auch Jesus das fleischgewordene Wort war. Dann werden die Menschen die Botschaft nicht nur hören, sondern in uns sehen.

Für das vertiefte Studium ist ein Arbeitsbuch erhältlich.

Phil Mason, Quanten-Herrlichkeit

Die Wissenschaft von der Inbesitznahme der Erde durch den Himmel; 520 Seiten, Paperback

Quanten-Herrlichkeit erläutert auf eine äußerst spannende Weise die Zusammenhänge zwischen den faszinierenden Erkenntnissen der Quantenmechanik und der Herrlichkeit Gottes, die sich u. a. in Heilungswundern äußert.

Der erste Teil untersucht die subatomare Welt und enthüllt ihren außergewöhnlich komplexen göttlichen Plan, der die Genialität unseres Schöpfers offenbart.

Im zweiten Teil erklärt der Autor ausführlich, wie die Herrlichkeit Gottes in unser physisches Universum eindringt, um Wunder göttlicher Heilung zu bewirken.

Das Buch ist vollgepackt mit verblüffenden Erkenntnissen, aber mehr als das, ist es dazu bestimmt, uns für den übernatürlichen Dienst auszurüsten, damit wir die Herrlichkeit Gottes auf der Erde freisetzen, wie sie im Himmel ist!

Dr. Charity Virkler-Kayembe / Dr. Mark Virkler

Höre Gott durch deine Träume

Gottes Reden in der Nacht verstehen; 288 S., Pb.

In der Bibel finden wir sehr viele Beispiele für Gottes Reden durch Träume. Auch heute möchte er uns durch Träume wichtige Botschaften zukommen lassen. Doch beachten wir sie oft wenig oder wissen nicht, wie sie zu deuten sind.

Diesem Missstand möchte dieses Buches abhelfen. Die Autoren haben sehr viele Erfahrungen im Umgang mit Gottes Reden gesammelt. Das Buch ist ein praktischer, leicht verständlicher und biblischer Leitfaden, um die Sprache zu verstehen, die Gott in unseren Träumen benutzt.

Chris Gore, In Gottes Heilungskraft leben

Wenn Zeichen und Wunder ganz natürlich von uns ausgehen 160 S., Pb.

In Gottes Heilungskraft zu leben und zu wirken, ist einfacher, als wir denken. Chris Gore versucht mit diesem Buch den Heilungsdienst zu „entschlüsseln" mit dem Ziel, dass jeder Christ effektiv für einen Lebensstil der Heilungen und Wunder zugerüstet und aktiviert werden kann.

Wirklich den Charakter Gottes zu kennen, Hindernisse für einen solchen Lebensstil zu überwinden und lernen, darauf zu vertrauen, dass Gott das Übernatürliche tut, sind nur einige der Themen, die angesprochen werden.

Eine wesentliche Erfahrung von Chris Gore ist dabei, dass Durchbrüche im Bereich Heilung darauf beruhen, dass wir eine innige Beziehung zu Gott pflegen und von ihm unsere Identität empfangen. Wenn wir uns darüber im Klaren sind, *wer* wir sind und *wessen* wir sind, werden wir große Fruchtbarkeit erleben.

Bill Johnson / Randy Clark, Berufen zu heilen I

Grundlagen und Praxis des Gebets für Kranke, 240 S., Pb.

Jeder Christ kann von Gott gebraucht werden, um anderen Heilung zukommen zu lassen. Das ist das Anliegen der beiden Autoren. Dazu berichten Sie, wie Gott sie in den Heilungsdienst hineinführte, und legen anschließend klare biblische Grundlagen für das Heilungsgebet. Im umfangreichsten Teil gehen sie auf verschiedene Aspekte ein, die für eine Heilung förderlich sind, erläutern, wie seelische und körperliche Krankheiten zusammenhängen und stellen dann ein in der Praxis bewährtes Modell für das Gebet um Heilung vor, das für alle Christen leicht anwendbar ist.

Blake K. Healy, Unzerstörbar

Führe deine geistlichen Kämpfe aus der Perspektive des Himmels; 192 S., Pb.

Welche Fallen und Taktiken wenden Dämonen an, und wie können wir diese meiden?

Blake K. Healy kann schon seit seiner Kindheit Engel und Dämonen sehen. Dieses Buch fasst zusammen, was er in über dreißig Jahren über die Pläne des Feindes und ebenso die des Himmels gelernt hat.

Wir lernen, wie wir die Komplotte, Pläne und Lügen des Feindes aufdecken und abwehren können und gleichzeitig die Pläne des Himmel vorantreiben können.

Sein Hauptanliegen ist dabei, dass wir den geistlichen Kampf nicht aus eigener Kraft, sondern aus der Perspektive des Himmels führen, und ein Leben aufbauen, das unzerstörbar ist.

Dann können wir in unserem Umfeld – unserem Wohnviertel, unseren Schulen, Städten und Ländern – zu einem Leuchtfeuer der Herrlichkeit Gottes werden.

Henk Bruggeman

Das Herz des Vaters entdecken

Unsere Identität als Söhne und Töchter Gottes empfangen; 208 Seiten, Pb.

Gott sehnt sich mehr denn je danach, seinen Kindern sein Vaterherz zu offenbaren. Er möchte, dass wir ihn nicht nur mit dem Kopf, sondern vor allem mit dem Herzen kennenlernen.

Statt einer Distanziertheit soll eine innige Vertrautheit unsere Beziehung zu ihm prägen. Darüber hinaus möchte er uns aber eine neue Identität schenken: die Identität der Sohnschaft. Wir entdecken mehr und mehr, wie wir als echte Söhne und Töchter Gottes leben können.

Kevin Basconi, Mit den Engeln tanzen, Band 1

Die Grundlagen: Gottes Engel erkennen, einladen und beauftragen; 240 S.; Paperback

Mit diesem Buch stellt uns Kevin Basconi eine inspirierende, glaubensstärkende und praktische Anleitung zur Verfügung, wie ganz normale Gläubige mit Engeln zusammenarbeiten und sie sogar beauftragen können, um den Willen Gottes auszuführen.

Sein Buch ist voller spannender persönlicher Berichte, in denen er uns an seinem wachsenden Verständnis über das Wirken der Engel teilhaben lässt. Er erläutert, wie unsere Fähigkeit, Gottes Willen zu tun, dramatisch zunimmt, sobald wir mit Engeln zusammenwirken.

Das Buch ist eine großartige Hilfe für die Gemeinde, um sie auf die Zeit der Ernte vorzubereiten, in der Engel eine tragende Rolle spielen werden, und sie für die bevorstehenden Heilungserweckungen zuzurüsten.

Jonathan Welton, Die Schule der Seher

Eine praktische Anleitung, wie man ins Unsichtbare hineinsehen kann; 224 S.; Pb.; Vorwort von Randy Clark

Viele Christen haben angefangen, übernatürliche Phänomene zu erleben: Träume, (offene) Visionen, Engel oder Dämonen. Aber es mangelt ihnen an solider biblischer Lehre und sie sind zu dem geworden, was man als *Seherwaisen* bezeichnet: Sie suchen verzweifelt nach jemandem, der sie trainiert, ermutigt und freisetzt.

Das Ziel von Jonathan Welton war deshalb, ein praktisches Handbuch herauszubringen, das den Leib Christi mit den Informationen ausrüstet, die notwendig sind, um in der Dimension des Prophetischen bzw. des Sehers zu wachsen und im Leben im Übernatürlichen Reife zu erlangen.

Paul Manwaring, Die Herrlichkeit Gottes

Was sie ist und wie unser Leben davon geprägt sein kann

260 S.; Paperback; Vorwort von Bill Johnson.

Gott hat eine Leidenschaft: Er möchte, dass wir seine Herrlichkeit kennen, und zwar schon hier auf Erden!

Paul Manwaring, der Leiter des apostolischen Netzwerk der Bethel Church, beschreibt seinen Weg in dieses Verlangen Gottes hinein. Er verfolgt die Spuren der Offenbarung von Gottes Herrlichkeit durch die Bibel hindurch und lädt uns ein, Moses Wunsch an Gott zu folgen: „Zeige mir deine Herrlichkeit."

„Dies könnte das ermutigendste Buch sein, das Sie je lesen werden" (Bill Johnson).

Chris Overstreet, Übernatürlich evangelisieren

Ein Handbuch für die Praxis; 160 S., Paperback;

Vorwort von Bill Johnson

Übernatürlich evangelisieren hat das Potenzial, in uns das Feuer der Liebe Gottes zu entzünden, um Menschen, die Gott nicht kennen, mit seinem Herzen und seiner Kraft in Berührung zu bringen. Wir lernen uns ganz praktisch in das einzuklinken, was Gott mit den Menschen vorhat, denen wir im Alltag begegnen – wie es auch Jesus getan hat.

Zu den behandelten Themen gehören: Eine Reich-Gottes-Mentalität pflegen | Grundwerte des Evangelisierens | Wie wir Menschen zum Herrn führen können | In der Öffentlichkeit für Kranke beten | Prophetisches Evangelisieren | Angst und Ablehnung überwinden. Jedes Kapitel schließt mit einem Anwendungsteil, um das Gelernte zu reflektieren, in der Gruppe zu besprechen und im Alltag anzuwenden.

Beni Johnson, Der glückliche Fürbitter

Mit Gott die Welt bewegen, ohne die Freude zu verlieren

Vorwort von Bill Johnson; 180 S., Paperback

Beni Johnson (die Frau von Bill Johnson) nimmt uns mit auf ihre Reise von einer schüchternen Person zu einer kühnen, aber glücklichen Fürbitterin. Gott offenbarte ihr einen Weg, wie sie aus seiner Gegenwart und seiner Liebe heraus in Einklang mit seinem Herzen effektiv beten kann.

Fürbitte muss nicht dazu führen, dass uns die Anliegen, für die wir beten, unter Druck bringen oder emotional beeinträchtigen. Den Himmel auf die Erde zu holen, kann sogar regelrecht Spaß machen. Unmögliches wird plötzlich möglich – ob es dabei um „kleine" Dinge in unserem persönlichen Umfeld geht oder um die Veränderung des geistlichen Klimas über unseren Städten und Nationen.

Luc Niebergall

Einen prophetischen Lebensstil entwickeln

Werde zum Sprachrohr Gottes für die Welt!

120 S., Paperback

Als Söhne und Töchter Gottes haben wir die übernatürliche Fähigkeit erhalten, seine Stimme zu hören. Zu verstehen, wie er zu uns spricht, ist ein wesentlicher Faktor, um den Herrn als Freund zu kennen.

Der prophetische Dienst ist nicht wenigen Auserwählten vorbehalten, sondern für alle da. Gott erweitert unsere Fähigkeit zu verstehen, wie er mit uns spricht: durch sein (leises) Reden, durch Visionen, Träume und viele andere Wege. Gott weckt unsere geistlichen Ohren, sodass wir sein Sprachrohr für diejenigen sein können, denen er eine Begegnung mit seiner Liebe schenken möchte.

Barry & Lori Byrne, Liebe in der Ehe

Eine tiefere geistliche, emotionale und körperliche Einheit erleben; Vorwort von Bill Johnson; 334 S., Klappenbroschur

Gott möchte, dass die Ehe ein Ort echter Liebe und Vertrautheit ist. Dafür brauchen wir die Hilfe des Heiligen Geistes. Mit ihm können wir die Ursachen unserer Konflikte erkennen und überwinden. Unsere Ehe kann Heilung und Wiederherstellung erfahren, egal, wie der momentane Zustand ist.

Mit klarer biblischer Lehre und vielen praktischen Hilfen packen die Autoren die wichtigsten heißen Eisen an. Viele ermutigende Erfahrungsberichte verdeutlichen die dramatische Heilung und Intimität, die mit Gottes Hilfe möglich ist.

Danny Silk, Erziehung mit Liebe und Vision

Herzensbeziehungen eingehen statt Machtkämpfe austragen

Vorwort von Bill Johnson; 170 S., Pb.

Danny Silk fordert uns in unserem bisherigen Denken über Liebe, Disziplin und Respekt, ja in unserer generellen Vorstellung von Kindererziehung heraus. Er stellt eine Denk- und Lebensweise vor, die eine Leichtigkeit und Frieden in unsere familiären und sonstigen Beziehungen bringt.

Unser Herz spielt dabei die zentrale Rolle. Das Herz der Eltern und das Herz der Kinder. Wenn beide Seiten verstehen, wie sich ihr jeweiliges Verhalten auf das Herz des anderen auswirkt, werden die Herzen geschützt und Beziehungen können gedeihen.

Chris und Liz Gore, Überfließen

Jeden Tag die Fülle des Himmels erleben; 176 S., Pb.

Chris uns Liz Gore möchten allen Gläubigen ganz praktisch dazu verhelfen, das überfließende Leben zu erfahren, von dem Jesus gesprochen hat. Unser Leben soll nicht auf Lügen aufgebaut sein und unsere Vorstellung vom Herzen des Vaters soll auf der Wahrheit beruhen.

Als Bonusmaterial sind einige Lektionen von Insassen eines Hochsicherheitsgefängnisses in den USA enthalten. Als Chris dort diente, begegnete er der Liebe und dem erlösenden Herzen des Vaters auf eine ganz neue Art und Weise.

Phil Mason, Die Ergründung des Herzens

Eine Einführung in die Herzensrevolution; 240 S., Pb.

Band 1 der Reihe „Übernatürliche Transformation"

Willkommen zur Herzensrevolution! Phil Mason bringt uns mit diesem Buch wieder mit dem Herzen Gottes – und somit auch unserem eigenen Herzen – in Verbindung. Begegnen wir der verschwenderischen Liebe des Vaters, erweckt sie in unserem Herzen eine neue Begeisterung und Leidenschaft.

Jesu Modell der Herzensverwandlung stützt sich nicht auf irdische Weisheit und Methoden. Er möchte, dass wir durch eine Begegnung mit der Herrlichkeit und Macht Gottes verwandelt werden.

Phil Mason, Das Wunder der Neuen Schöpfung

Die Grundlage der Herzensrevolution

Band 2 der Reihe „Übernatürliche Transformation"

264 S., Paperback

Was genau passiert bei der Wiedergeburt eines Christen? Welche Segnungen gehen damit einher? Wie kommen wir dahin, vom Geist bestimmt zu werden? Und wie geschieht es, dass wir ganz heil werden und immer mehr Christus widerspiegeln?

Phil Mason legt die umfassende Grundlage dafür, dass jeder Christ die Tatsachen und Prozesse versteht, die uns zu siegreichen Christus-Nachfolgern machen. Das ist Voraussetzung für die Revolution, die Gott in seiner Gemeinde gerade in Gang bringt.

Luc Niebergall, Eine zeitlose Reise

Wie ich den Himmel erkunden und meine Identität empfangen durfte; 144 S., Paperback

Ab dem Alter von 16 Jahren wurde Luc Niebergall eine unglaubliche „Reise" in die Herrlichkeit der Person Jesu zuteil. Durch prophetische Begegnungen durfte er den lebendigen Gott erfahren.

Nach acht Jahren Visionen, Träumen und himmlischen Begegnungen hatte er den Eindruck, Gott wolle, dass er einiges von dem, was er ihm gezeigt hatte, in Form von Geschichten in einem Buch niederschreibt.

Dieses Buch ist ein Aufruf an die Söhne und Töchter Gottes, ihr volles Erbe zu empfangen, das darin besteht, in einer ewigen, intimen Beziehung zu Gott selbst zu leben.

Begegnen wir der intimen Liebe Gottes, des Vaters, fällt die falsche Identität der Waisenschaft von uns ab. Wir werden zu siegreichen Söhnen und Töchtern, welche den Nationen Heilung und Wiederherstellung bringen.